百事说百年党史

张秀娟 梁营 屈婷 著

1921—2021

人民东方出版传媒
People's Oriental Publishing & Media
东方出版社
The Oriental Press

序

今年是中国共产党的百年华诞。

这一百年，中国共产党领导全国各族人民，经历千难万险，从根本上改变了国家和民族的昔日命运，创造出举世瞩目的辉煌成就。这样的人间奇迹是怎样创造出来的？这样的历史巨变，是怎样一步一步走过来的？百年党史，给我们留下异常丰富的精神财富。它使我们更加清楚地看到：这是坚持中国共产党领导和社会主义道路的必然结果，是中国人民经过长期顽强探索和亲身实践作出的正确选择。历史是最好的教科书。党中央要求全党和全国人民广泛深入地开展党史学习教育活动，目的就在于教育人们从前人的历史中汲取经验和智慧，学会在复杂多变的形势下，始终清醒地把握前进方向，果断地作出应对决断，努力实现中华民族的伟大复兴。

本书三位作者，多年在原中央文献研究室从事党史的档案工作。档案是各个历史时期留存下来的原始资料，内容丰富，对史事来龙去脉的记载比较信实可靠。他们在长期工作中对党史的宣传教育抱有很高的热情。建党百年之际，在百年史事中选出百件大事，来叙述党在领导革命、建设、改革、复兴的艰难征程中，是怎样分析情况、作出判断和果断实行的，来总结回顾留下的丰富经验和先驱者们的探索轨迹。作者通过这一方式来普及党史教育,是一种有益的尝试。希望读者通过阅读能从中更进一步领会习近平总书记提出的"学党史、悟思想、办实事、开新局"的要求。

金冲及
2021 年 6 月

| 二十一 | **中国人民站了起来** | 081
开国大典

| 二十二 | **打得一拳开，免得百拳来** | 084
抗美援朝保家卫国

| 二十三 | **新中国反腐第一战** | 088
"三反""五反"

| 二十四 | **迈向社会主义** | 092
完成三大改造

| 二十五 | **一切权力属于人民** | 096
确立人民代表大会制度

| 二十六 | **立宪治邦** | 100
中华人民共和国第一部宪法

| 二十七 | **伟大的政治创造** | 104
中国共产党领导的多党合作与政治协商制度

| 二十八 | **像石榴籽那样紧紧抱在一起** | 108
民族区域自治制度

| 二十九 | **重大创举** | 112
和平共处五项原则

| 三十 | **百废待兴** | 116
"一五"计划展宏图

目录

| 三十一 | 探索建设规律 | 120 |
《论十大关系》

| 三十二 | 中国式社会主义道路 | 124 |
中国共产党第八次全国代表大会

| 三十三 | 从善如流 | 128 |
"百花齐放,百家争鸣"

| 三十四 | 白天出气,晚上看戏 | 132 |
七千人的批评与自我批评

| 三十五 | 落后农业国的赶超 | 136 |
提出"四个现代化"战略目标

| 三十六 | 大漠铸剑 | 141 |
成功研制"两弹一星"

| 三十七 | 小球转动大球 | 145 |
中美关系正常化

| 三十八 | 五星红旗在联合国升起 | 148 |
中国恢复在联合国的一切合法权利

| 三十九 | 受命于危难之际的改革试验 | 151 |
邓小平主持全面整顿

| 四十 | 喜迎科学教育的春天 | 156 |
恢复高考和召开全国科学大会

| 四十一 | **思想解放的号角** 160
真理标准问题大讨论

| 四十二 | **伟大转折** 164
党的十一届三中全会

| 四十三 | **从"武力解决"到"和平统一"** 168
四份《告台湾同胞书》

| 四十四 | **完成拨乱反正** 171
《关于建国以来党的若干历史问题的决议》

| 四十五 | **立国之本** 175
四项基本原则

| 四十六 | **打开窗口** 178
设立经济特区

| 四十七 | **农民的创造** 181
农村家庭联产承包责任制

| 四十八 | **新判断** 184
确立"和平与发展"两大时代主题

| 四十九 | **中国人的脊梁** 188
独立自主、自力更生

| 五十 | **打开一条新路** 192
中国共产党第十二次全国代表大会

| 五十一 | 确定"国家宪法日" | 195
八二宪法

| 五十二 | 百万大裁军 | 198
走中国特色的精兵之路

| 五十三 | 从"输血"到"造血" | 202
持续向贫困宣战

| 五十四 | 铸造国魂 | 206
社会主义精神文明建设

| 五十五 | 认清国情 | 210
社会主义初级阶段

| 五十六 | 蹄急步稳 | 214
"三步走"发展战略

| 五十七 | 第一生产力 | 218
实施科教兴国战略

| 五十八 | 春洒神州 | 222
邓小平南方谈话

| 五十九 | 伟大创举 | 226
建立社会主义市场经济体制

| 六十 | 汪辜会谈 | 230
两岸民间首次公开对话

| 六十一 | **百年梦圆** | 234 |

香港、澳门回归祖国

| 六十二 | **邓小平理论写入党章** | 238 |

中国共产党第十五次全国代表大会

| 六十三 | **人民币不贬值** | 241 |

应对亚洲金融危机

| 六十四 | **西部大开发** | 245 |

实现"两个大局"战略构想

| 六十五 | **到大海中游泳** | 249 |

加入世界贸易组织

| 六十六 | **永葆先进性** | 253 |

以"三个代表"重要思想为指导

| 六十七 | **构建社会主义和谐社会** | 256 |

社会建设纳入中国特色社会主义事业总体布局

| 六十八 | **千年田赋一朝免** | 259 |

全面取消农业税

| 六十九 | **"科学发展观"写入党章** | 263 |

中国共产党第十七次全国代表大会

| 七十 | **满足人民新期待** | 266 |

建立覆盖城乡居民的社会保障体系

目录

| 七十一 | 神话传说成为现实 | 270 |
"嫦娥一号"发射成功

| 七十二 | 时间就是生命 | 274 |
应对汶川大地震

| 七十三 | 中国速度 | 278 |
京津城际铁路开通运行

| 七十四 | 同一个世界，同一个梦想 | 282 |
举办第 29 届夏季奥运会

| 七十五 | 转危为机 | 286 |
积极应对国际金融危机

| 七十六 | 实现中华民族伟大复兴中国梦 | 290 |
中华儿女的共同期盼

| 七十七 | 拓展新视野 | 294 |
"四个全面"战略布局

| 七十八 | 执政新境界 | 297 |
"五位一体"总体布局

| 七十九 | 严作风赢民心 | 300 |
出台"八项规定"

| 八十 | 两个维护 | 304 |
必须遵守的政治纪律和规矩

| 八十一 | **不忘初心、牢记使命** 307
加强思想建设

| 八十二 | **刮骨疗毒** 310
持续推进反腐败斗争

| 八十三 | **"利剑"高悬** 314
一届任期内中央巡视全覆盖

| 八十四 | **激活农村发展新动力** 317
农村承包地和集体产权制度改革

| 八十五 | **自由贸易区** 320
走向更高水平对外开放

| 八十六 | **"三农"工作总抓手** 323
乡村振兴战略

| 八十七 | **国际合作新平台** 326
"一带一路"建设

| 八十八 | **"习马会"** 330
两岸最高领导人首次会面

| 八十九 | **一桥连三地** 334
建设"一国两制"框架下的国际一流湾区

| 九十 | **习近平新时代中国特色社会主义思想写入党章** 337
中国共产党第十九次全国代表大会

| 九十一 | **脱胎换骨** | 341 |

深化党和国家机构改革

| 九十二 | **长治久安的保证** | 345 |

中国特色社会主义制度

| 九十三 | **建设美丽中国** | 349 |

绿水青山就是金山银山

| 九十四 | **再造"试验田"** | 353 |

设立中国特色社会主义先行示范区

| 九十五 | **铸魂强体** | 357 |

走中国特色强军之路

| 九十六 | **全民抗"疫"** | 361 |

抗击新冠肺炎疫情

| 九十七 | **社会生活百科全书** | 365 |

《民法典》颁布施行

| 九十八 | **破解"世界之问"** | 369 |

构建人类命运共同体

| 九十九 | **告别绝对贫困** | 372 |

打赢脱贫攻坚战

| 一百 | **把握新发展阶段** | 376 |

中国共产党第十九届五中全会

一

炮声送真理
马克思主义传入中国

重温历史，复观山河，让我们将历史的画卷翻回至1840年。那一页的画面上赫然出现了一群不速之客，在烈日下向着珠江口疾驰而来。光天化日之下，47艘英国舰船就大摇大摆地停靠在广东的海岸，4000名荷枪实弹的英国远征军，肆无忌惮地践踏着中国这片沃土。英国用坚船利炮轰开了中国闭关锁国的大门，中国逐渐成为半殖民地半封建国家。

翻开那些残留的原始资料，遍布纸面的是荷枪实弹的侵略者，是对准中国同胞的黑色炮筒，是一双双扼住中华民族咽喉的罪恶之手。鸦片战争后，受尽列强凌辱、濒临危亡的旧中国，犹如海上扁舟，上有风雨摧淋，下有狂涛荡激。但奴役和欺凌并没有压垮中华儿女的脊梁，无数仁人志士苦苦探索救国救民的道路，发动了太平天国运动、戊戌变法、义和团运动，只是这些斗争和探索一次一次地失败了。孙中山领导的辛亥革命，结束了中国几千年的君主专制制度，建立了中华民国，使民主共和的观念从此深入人心。辛亥革命促进了中华民族的觉醒和社会的进步，但仍然未能改变中国半殖民地半封建的社会性质和人民的悲惨命运。

如何救民于水火，扶大厦之将倾？苦苦追寻出路的中国先进知识分子，终于在黑暗中看到了火把——十月革命一声炮响，给我们送来了马克思列宁主义！十月革命第一次把社会主义从书本上的学说变成活生生的现实，给予中国的先进分子以新的革命方法的启示。发端于1915年、以民主和科学为口号的新文化运动迅速发展成为以传播马克思主义为中心的思想运动。

在中国举起十月社会主义革命旗帜的第一人李大钊于1919年在《新青年》上发表《我的马克思主义观》，系统介绍和解读了马克思的唯物史观和《资本论》等，主张用科学的态度对待马克思主义。他说写作本文的目的是"使这为世界改造原动的学说，在我们的思辨中，有点正确的解释"，马克思主义不是解释世界的而是改造世界的。这对当时的思想界产生了重要影响，也标志着李大钊从民主主义者转变为马克思主义者。毛泽东曾回忆说，李大钊"是我真正的老师"，"在他的帮助下，我才成为一个马列主义者"。

《新青年》的创办者和新文化运动的精神领袖陈独秀，以极大的热情讴歌俄国十月革命，并在中国的斗争实践和探索中逐步确立了对马克思主义的信仰，实现了由激进的民主主义者向马克思主义者的转变。1920年9月，他发表了《谈政治》，承认用革命的手段建设劳动阶级（即生产阶级）的国家，创造那禁止对内对外一切掠夺的政治、法律，为现代社会第一需要。这表明他已经完全站到马克思主义的立场上来了。

五四运动中的年轻骨干毛泽东在1936年同斯诺谈话时说："我第二次到北京期间，读了很多关于俄国情况的书，我热心地搜寻那时候能找到的为数不多的用中文写的共产主义的书籍。有三本书特别深地铭刻在我的心中，建立起我对马克思主义的信仰。"这三本书是：《共产党宣言》《阶级斗争》《社会主义史》。"1920年冬天，我第一次在政治上把工人们组织起来了，在这项工作中我开始受到马克思主义理论和俄国革命历史的影响的指引。"

赴法勤工俭学的蔡和森，"猛看猛译"马克思主义书籍，成为留法学生中的马克思主义者。

天津学生领袖周恩来到欧洲后，"对于一切主义开始推求比较"，到1921年秋终于定妥自己的目标即共产主义。他说，"我认的主义一定是不变了，并且很坚决地要为他宣传奔走"。

这些早期马克思主义者，通过创办团体、办刊物、写著述、办夜校、开讲座、作演讲等多种途径和方法，用通俗易懂的方式，向大众传播马克思主义，推动马克思主义在中国大地扎根。《新青年》《晨报》《国民》《星期评论》《民国日报》等成为宣传马克思列宁主义的阵地。

1920年，由陈望道翻译，上海社会主义研究社出版的《共产党宣言》中文全译本。

马克思学说研究会、马克思主义研究会、新民学会、觉悟社等是当时研究宣传马克思列宁主义的重要团体。一大批马列原著在中国翻译出版,为当时学习和研究马克思主义创造了条件。其中最有影响力的是陈望道在1920年8月翻译出版的《共产党宣言》中文全译本。1920年春,陈望道带着英译本和日译本的《共产党宣言》秘密回到家乡浙江省义乌市分水塘村,在家中的一间小柴屋中夜以继日地钻研和翻译。一天,他的母亲特意为儿子包了粽子,并叮嘱他蘸着红糖水吃。过了一会儿,母亲在门外问:"粽子吃了吗?"他回答:"吃了吃了,可甜了!"母亲推门去看,却发现儿子嘴边沾满了墨水,手中拿着笔正在奋笔疾书。原来,陈望道过于聚精会神,错把墨水当了红糖水,吃完还浑然不觉。经过废寝忘食的两个多月,陈望道终于将近两万字的《共产党宣言》翻译完成,传播给迫切需要马克思主义指导的中国。

马克思主义的广泛传播和一批具有初步共产主义思想的知识分子的涌现,为中国共产党的创建准备了思想条件和干部条件。

中国在巴黎和会上的外交失败,直接导致了五四运动的爆发。1919年5月4日下午,群情激奋的抗议声回荡在天安门前,一条条书写着"誓死力争,还我青岛""废除二十一条""拒绝在巴黎和约上签字"的条幅,在愤怒的学生的振臂高呼声中,被高高地举到了当政者的门前。这场从北京开始,并以学生罢课游行斗争为先导的运动,很快引爆了中国近代史上第一场由学生、工人和其他群众参加的全国规模的群众性爱国运动,中国工人阶级开始以独立的姿态登上了政治舞台,中国新民主主义革命的大幕拉开了。

二

开天辟地
中国诞生共产党

"中国共产党的全部历史都是从中共一大开启的,走得再远都不能忘记来时的路。"习近平总书记的话让我们把时光的镜头拉回到100年前上海的石库门和嘉兴南湖的游船。

1921年7月23日至31日,中国共产党第一次全国代表大会在上海望志路106号(今兴业路76号)召开。图为会议会址。

1921年7月23日，朦胧暮色中，在上海法租界望志路106号（今兴业路76号）的一幢石库门小楼里，会集了15位来自天南海北的先进分子。他们衣着朴素，操着不同的口音，面色庄重肃穆，围坐在楼下18平方米的客堂中间。他们中年龄最大的45岁，最小的才19岁。这些看似普通的人，却有着不一般的身份，他们是来自北京、长沙、武汉、广州、济南以及旅日学生中的共产党早期组织的代表。虽然人数不多，但是他们却干了一件开天辟地的大事情——召开了中国共产党第一次全国代表大会。

这些人为何会聚在这里召开这次会议呢？这还得从1920年2月的一个清晨说起。那时正是旧历年关，一辆带篷骡车从北京城朝阳门悄悄驶出。车上坐着两位非同寻常的乘客，他们是被称为"北李南陈，两大星辰"的李大钊和陈独秀。五四运动后，随着信仰共产主义的知识分子的成长，建立一个工人阶级的马克思主义政党的强烈要求摆在了中国人面前。作为先进知识分子的主要代表人物，陈独秀和李大钊自然而然地担负起这一历史重任。这天，李大钊为帮助陈独秀摆脱北京政府的迫害，亲自护送他出城。他们假扮成下乡讨账的商人，雇了这辆骡车，先到河北乐亭县大黑坨村暂避，再转道天津前往上海。就在李大钊亲自护送陈独秀离开北京的这辆骡车上，两位共产主义先驱相约在上海和北京南北呼应，组织建党。后来，人们称此行为"南陈北李，相约建党"。当年的8月与10月，陈独秀和李大钊分别建立了上海共产党和北京共产党早期组织。上海共产党组织实际起着发起的作用。此后，共产党早期组织又相继在武汉、长沙、广州和济南等城市以及日本东京、法国巴黎等地成立。与此同时，列宁领导的第三国际派出代表团，为首的维经斯基与陈独秀、李大钊一次次进行深入会谈，对中国的建党工作给予帮助。

瓜熟蒂落，水到渠成，在中国正式成立中国共产党的条件基本具备了。于是，有了各地党组织代表相约齐聚上海石库门这开天辟地的一幕。让我们记住他们的名字：李达、李汉俊、董必武、陈潭秋、毛泽东、何叔衡、王尽美、邓恩铭、张国焘、刘仁静、陈公博、周佛海。还有陈独秀指派的代表包惠僧，共产国际代表马林、共产国际远东书记处代表尼克尔斯基。在马林致辞，对中国共产党的成立表示祝贺后，代表们具体商讨了大会的任务和议程，对党的纲领和实际工作计划进行了较为详尽的讨论。相约建党的"南陈北李"均因公务繁忙而未能出席会议，但他们的名字同这些代表一起写进了中国共产党的史册。

7月30日，一名身穿灰色长衫的中年男子突然闯入会场，掀开门帘朝各位代表扫视了一周，含糊其辞地说要找王主席找错了地方，并表示抱歉后匆匆离去。具有秘密工作经验的马林当机立断停止会议，代表们迅速离开会场。后来证实，这名突然闯入的男子叫程子卿，确为法租界巡捕。代表们撤离十几分钟后，驶来了两辆法租界巡捕房的警车，巡警迅速包围了会场，在搜查无果后，对李汉俊和哥哥李书城的这所住宅布下暗探加以监视。

由于会场遭到了暗探和巡捕的骚扰，安全起见，经李达的夫人王会悟提议，最后一天的会议转移到嘉兴南湖的游船上进行。在细雨清幽的南湖上，大会通过了《中国共产党的第一个纲领》

和《中国共产党第一决议》。纲领的第一条写明"本党定名为'中国共产党'";确定了党的实际工作计划,其中最引人注目的是集中精力领导工人运动;选举产生了党的临时领导机构中央局,陈独秀任书记。缓缓划行的小小红船,承载着人民的重托,民族的希望。

中共一大的召开,意味着一个新的革命火种在华夏大地点燃了。从此,中国出现了完全新式的,以马克思列宁主义为行动指南、以实现社会主义和共产主义为奋斗目标的统一的无产阶级政党。这是中国历史上开天辟地的大事件,中国革命的面貌从此焕然一新。

三

指航定向
第一次提出民主革命纲领

"谁是我们的敌人？谁是我们的朋友？这个问题是革命的首要问题。"这是《毛泽东选集》第一卷第一篇的开篇语。在鸦片战争以来的80多年里，中国没有一个阶级或者政党公开申明帝国主义和封建势力是中国革命的两大敌人。直到1922年7月，刚满一周岁的中国共产党，在第二次全国代表大会上，第一次旗帜鲜明地提出了反帝反封建的民主革命纲领。

党的一大后，党成立中国劳动组合书记部，致力于组织工人运动。在二大前后，党先后发动和领导了香港海员、安源路矿工人、开滦煤矿工人和京汉铁路工人的大罢工斗争，开展了农民运动、青年运动和妇女运动，初步开创出革命斗争的新局面。但当年轻的共产党人怀着为党的纲领而奋斗的信念深入到实际斗争中去时，他们开始认识到：在当时半殖民地半封建的条件下，中国人民的迫切需要还不是进行社会主义革命。中国革命最首要的敌人，是帝国主义和封建军阀。只有推翻这两座大山，国家才能独立，人民才能解放，才有机会实现社会主义、共产主义理想。

1922年7月16日，在与党的一大会址"树德里"仅有一字之差的"辅德里"——上海南成都路辅德里625号，12名心怀远大理想的革命志士会聚一堂，召开了中国共产党第二次全国代表大会第一次全体会议。

出席会议的有中央局委员陈独秀、张国焘、李达，上海的杨明斋，北京的罗章龙，山东的王尽美，湖北的许白昊，湖南的蔡和森，广州的谭平山，中国劳动组合书记部代表李震瀛，中国社会主义青年团临时中央局代表施存统。还有一人名字不详。

党的二大召开时，上海的政治环境十分严峻。辅德里处于公共租界和法租界交会处，那里是共产党在上海尚未暴露的联络站，深巷内前门后门都可通行，周围是整片相同的石库门房屋，便于在有突发情况时进行疏散。接受了"一大"的教训，为了保密和安全起见，为期8天的中共二大以小组讨论为主，基本安排在党员家中；一共召开三次全体会议，每次都更换地点，其他两次因历史久远已无从查考。有史料记载，当年毛泽东就是因为没有找到地方，才

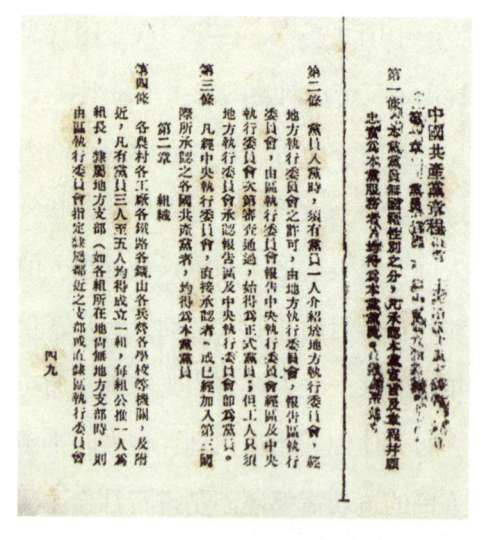

1922年7月，中国共产党第二次全国代表大会通过的中国共产党第一个党章。（根据1922年7月出版的《中国共产党第二次全国大会决议案》影印）

错过了这次大会。他对斯诺回忆说:"我被派到上海去帮助组织反对赵恒惕的运动,那年7月,第二次党代表大会在上海召开,我本想参加,可是忘记了开会的地点,又找不到任何同志,结果错过了这次大会。"

党的二大提出中国共产党是无产阶级的先锋队,在党的历史上诞生了许多的"第一":第一次明确提出民主革命纲领;第一次提出党的统一战线思想——民主联合战线的思想;第一次公开发表《中国共产党宣言》;通过了第一部《中国共产党章程》,明确地阐释了党的民主集中制原则;第一次明确了中国共产党和共产国际的组织关系;第一次喊出了"中国共产党万岁"的口号;创办了中国共产党第一份中央机关刊物《向导》……

而其中最重要的是,党的二大揭示了中国社会的半殖民地半封建性质,提出党的最高纲领是实现社会主义、共产主义,最低纲领是打倒军阀,推翻国际帝国主义的压迫,统一中国为真正的民主共和国。这样,党的二大就在全国人民面前第一次提出明确的反帝反封建的民主革命纲领,指明了中国革命的正确方向。

正如"二大"宣言中那沉重的文字表述,今天我们重读仍然会感到压迫呼吸的苦难:"帝国主义的列强在这八十年侵略中国时期之内,中国已是事实上变成他们的殖民地了,中国人民是倒悬于他们欲壑无底的巨吻中间……百万的中国劳工在那些矿山工厂里,做他们生利的奴隶。……三万万的农民日趋于穷困;数千万手工业者的生活轻轻被华美的机器制造品夺去,而渐成为失业的无产阶级。"正是基于对苦难中国如此透彻的认识,年轻的中国共产党才奋力担起领导的重任,制定出中国革命的最低纲领和最高纲领,虽然当时这个党的党员仅有195人。

民主革命纲领成为党团结各阶级、阶层群众的一面战斗旗帜,是马克思主义基本原理同中国革命实际相结合的良好开端,为后来继续探索中国革命的发展道路奠定了基础。

四

携手开新局
第一次国共合作与大革命高潮

珠江畔,恤孤院路,是一条掩盖在绿树红墙下的寻常巷陌,它曾见证了一段国共携手并肩的峥嵘岁月。1924年,国共两党在这里实现了第一次合作,在中华大地上形成了向着帝国主义和军阀势力猛烈冲击的滚滚革命洪流,势不可当地从南海之滨涌向大江两岸。

党的二大后,面对二七大罢工的失败,年轻的中国共产党越来越清楚地认识到一个事实:面对帝国主义和军阀的强大力量,如果没有强大的同盟军,只依靠工人阶级孤军奋战,要推翻那些势力强大的反动力量是不可能办到的。中国共产党需要寻找朋友,于是积极有步骤地去联合孙中山领导的中国国民党。共产国际和苏联对国共合作也起到了积极的推动作用。1922年8月,中国共产党第二届中央执行委员会在杭州西湖召开会议,根据共产国际的指示,决定在孙中山改组国民党的条件下,共产党员以个人身份加入国民党来实行合作,这是中国共产党在国共合作问题上具有转折意义的一次决策性会议。1923年6月,党的三大确定与中国国民党建立革命统一战线，决定共产党员以个人身份加入国民党，同时规定党必须在政治上、思想上、组织上保持独立性。共产国际代表马林参加和指导了会议。

而此时的孙中山，在遭遇一次又一次的严重挫折后，也在思考出路。在与马林多次长谈后，他讲道：中国革命的唯一实际的真诚朋友是苏俄。孙中山到上海后，李大钊与其进行了推心置腹的交谈。孙中山深感他所领导的革命需要改弦易辙，他感叹道："国民党在堕落中死亡，因此要救活它就需要新鲜血液。"孙中山很快下定决心改组国民党，欢迎共产党员同他合作，欢迎苏联援助中国革命。

1924年1月，中国国民党第一次全国代表大会由孙中山在广州主持召开。会议通过的《中国国民党第一次全国代表大会宣言》重新解释了三民主义，事实上确立了联俄、联共、扶助农工的三大革命政策，标志着第一次国共合作正式形成。这是中国共产党实践民主革命纲领和民主联合战线政策的重大胜利。李大钊、谭平山、毛泽东、林伯渠、瞿秋白等十人当选为中国国民党第一届中

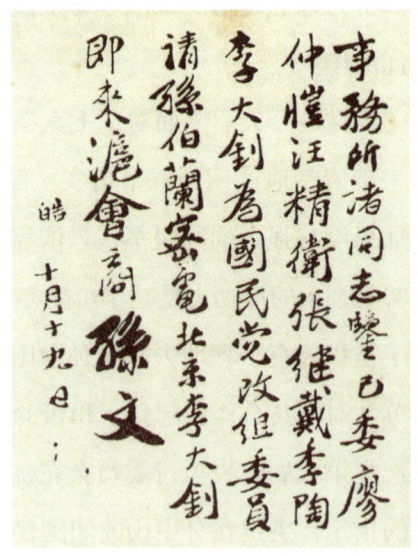

1923年10月19日，孙中山在广州致函国民党上海事务所电邀李大钊到沪与他商谈国民党改组事宜的信件手迹。

央执行委员会委员或候补委员。

国共合作的实现，推动了工农运动的恢复和发展，推动了黄埔军校的创办，这是中国新民主主义革命时期的重大事件。在国共两党的努力下，国民革命的思想在全国范围内以前所未有的规模广泛传播开来，在中国大地上很快出现了向着帝国主义和军阀势力猛烈冲击的革命洪流，中国从此进入了波澜壮阔的"大革命"时期。"大革命"也称国民革命或第一次国内革命战争。1925年5月，中国共产党领导的全国规模的五卅爱国运动和省港大罢工，不仅沉重地打击了外国列强在中国的统治，而且把全国的大革命运动推向了高潮。

推翻帝国主义和封建军阀在中国的统治，实现中华民族的独立、自由、民主和统一，是当时全国人民的共同愿望和国共合作的斗争目标。1926年5月，国民革命军叶挺独立团等作为先头部队出兵湖南，拉开了北伐进军的序幕。1926年7月9日国民革命军的8个军约10万人，兵分三路，从广东正式出师北伐。在中国共产党领导的工农运动和苏联的援助下，在10个月的时间内，北伐军对军阀部队取得了摧枯拉朽式的胜利，消灭了吴佩孚、孙传芳两大军阀的主力，歼敌数十万人，相继占领湖南、湖北、江西、江苏、浙江、福建和上海等地；冯玉祥的国民联军也控制了西北的广大地区。北伐战争是国共两党共同进行的革命的、正义的战争。

随着北伐的胜利进军，共产党领导的南方各省的工农运动迅速高涨起来。上海工人阶级在上海发动了三次武装起义之后，成立了上海特别市临时市政府，这是党领导下最早由民众在大城市建立起来的革命政权。

然而，北伐战争的胜利进军和工农运动的高涨，未能遏制革命阵营内部的危机。蒋介石、汪精卫在帝国主义和封建势力的拉拢下，反共面目日益暴露。中国共产党尚缺乏应对复杂环境的政治经验，党的主要领导人在大革命后期也犯了妥协退让的错误，使党在大革命的危急时刻完全处于被动地位。1927年4月12日，蒋介石在上海发动"四一二"反革命政变，随后在南方各省进行"清党"，包括李大钊在内的大批共产党员和革命群众惨遭杀害，大革命遭受局部失败。7月15日，汪精卫在武汉正式宣布"分共"，对共产党员和革命群众实行大逮捕和屠杀。第一次国共合作全面破裂，持续三年多的轰轰烈烈的大革命画上了失败的终止符。

大革命虽然失败了，但它实际上为仍处于幼年时期的中国共产党提供了正反两方面的宝贵经验，党开始在实践中探索马克思主义中国化的途径，为把中国革命推向土地革命时期准备了必要条件。

五

石破天惊
南昌城头打响第一枪

江西省南昌市中山路380号,一栋灰色大楼静谧而庄严地矗立着,显得格外与众不同。这座建于1924年的大楼,是当时南昌第一高的建筑——江西大旅社,现在是南昌八一起义纪念馆。1927年,发生在这里的故事,被永远写进了历史。

国共合作破裂与大革命失败后,神州大地笼罩在腥风血雨中,中国共产党面临被赶尽杀绝的严重危险。据党的六大时的不完全统计,从1927年3月至1928年上半年,被杀害的共产党员和革命群众达31万人,其中共产党员2.6万多人。

1927年8月1日,周恩来、贺龙、叶挺、刘伯承、朱德等领导和发动了南昌起义。图为南昌起义总指挥部旧址——江西大旅社。

在"还敢不敢革命"和"怎样坚持革命"的严峻拷问下，中国共产党和革命群众没有被吓倒，他们选择拿起武器，以武装斗争投身到新的革命风暴中。他们坚信：赤手空拳，只能坐以待毙；要革命，只有浴血抗争，只有以革命的武装战胜武装的反革命！

1927年7月中旬，刚刚组成的中共中央政治局临时常委会决定将中国共产党所掌握和影响的部队向南昌集中，举行武装起义，并决定暴动后立即南下。不久之后，贺龙的"第一师"租下了整个江西大旅社。7月27日，周恩来抵达南昌，在江西大旅社主持成立由周恩来、李立三、恽代英、彭湃组成的中共前敌委员会。一场起义紧张地酝酿着。

7月31日傍晚，南昌城的嘉宾楼内，觥筹交错，猜拳行令的声音不绝于耳，正在品尝美酒佳肴的是南昌城内手握重兵的第3军第23团团长卢泽明、副团长蒋学文，第24团团长肖胡子等。原来，这是时任第3军军官教导团团长兼南昌市警察局局长的朱德设下的缓兵之计。饭后，朱德还请他们到大士院32号打麻将。这一切都是为了麻痹敌军，确保起义成功。但由于发生叛徒告密和敌情的突然变化，前敌委员会果断决定，提前举行起义。

8月1日零时后，在以周恩来为书记的中共前敌委员会的领导下，贺龙、叶挺、朱德、刘伯承等率两万多人举行起义，起义的枪声在南昌城的各个街头打响了。这石破天惊的枪声划破了南昌城黎明的宁静，也打响了中国共产党武装反抗国民党反动派的第一枪。经过4个多小时的激烈战斗，起义军歼灭国民党军3000余人，于黎明时分即占领了南昌城。南昌人民欢欣鼓舞，纷纷拥上街头，欢庆胜利。在一片胜利的欢呼声中，周恩来庄严宣告：这里的军队从此归共产党领导。这一天，诞生了一支由中国共产党独立领导的人民军队。

为纪念这个特殊的日子，1933年，中华苏维埃共和国临时中央政府决定将南昌起义的这一天，定为中国工农红军成立纪念日。新中国成立后，又将该纪念日定为中国人民解放军建军节。

南昌城头一声枪声，拉开了中国共产党武装反抗国民党反动派的大幕。它像划破夜空的一道闪电，使中国人民在黑暗中看到了革命的希望，在逆境中看到了奋起的力量，南昌起义连同秋收起义、广州起义以及其他许多地区的武装起义，标志着中国共产党独立领导革命战争、创建人民军队的开端。这些起义中坚持下来的部队，转入农村开展游击战争，为后来各地工农红军和农村革命根据地的大规模发展奠定了初步基础。

六

枪杆子里出政权

"八七"方针定乾坤

1927年8月7日，南昌起义后的第六天，20多名代表秘密聚集在武汉汉口旧俄租界一幢西式的银灰色小楼——三教街41号的一栋公寓，召开了一个会期仅为一天的中央紧急会议。这次会议因在8月7日召开，故又称八七会议。

大革命失败后的武汉，弥漫着白色恐怖，街头巷尾的军警穿梭巡逻，便衣暗探在大街小巷挨家挨户盘查。中共中央这时在武汉开会无疑是极其危险的，会议的组织经过了慎之又慎的周密部署。三教街41号公寓，掩藏在一片外国人住宅中，前后均有楼梯便于疏散，一楼有印度人开的百货商店可作为掩护，租住在二楼的是苏联驻武汉国民政府农民问题顾问洛卓莫夫夫妇。为了保密，代表们分三天由地下交通员带入会场，吃干粮、睡地铺，进来后就不能出去。8月，正是武汉最为闷热的酷暑，开会时又门窗紧闭，代表们只能靠一包人丹来防止中暑。

八七会议是中国共产党在民主革命时期一次具有全局性和转折性的重要会议。会议主要目的是审查和纠正党在大革命后期的严重错误，决定新的路线和政策。由于环境极其险恶，会议只开了一天。出席会议的有瞿秋白、张太雷、邓中夏、任弼时、顾顺章、蔡和森、毛泽东、陆定一、王一飞等21人，以及中共中央秘书处处长邓小平。共产国际代表罗明纳兹等也参加了会议。会议确定了土地革命和武装反抗国民党反动派的总方针，纠正了陈独秀右倾机会主义错误，提出了整顿队伍"找着新的道路"的任务，并选举出以瞿秋白为首的新的中共中央临时政治局。

毛泽东在会上作了重要发言，从大革命失败的惨痛教训中，提出了党应当重视军事斗争这个非常重要的问题。他说，秋收暴动非军事不可，此次会议应重视此问题，新政治局的常委要更

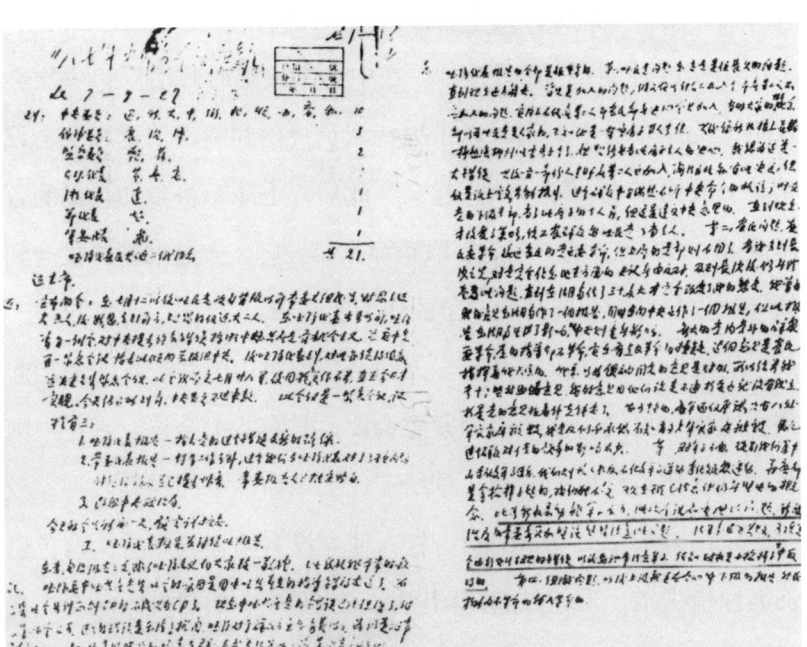

毛泽东在八七会议上发言，指出："要非常注意军事，须知政权是由枪杆子中取得的。"图为会议记录。

加坚强起来注意此问题。"以后要非常注意军事,须知政权是由枪杆子中取得的。"这就是后来被广泛传颂的"枪杆子里面出政权"的著名论断,实际上提出了以军事斗争作为党的工作重心的问题。

八七会议确定的总方针是一个正确的方针,是党在付出了大量鲜血的代价后换得的正确的结论。会后,党派出很多干部分赴各地,恢复和整顿党组织,发动武装起义。各地党组织先后发动100多次武装起义,涉及14省的140多个县市,参加起义的工农群众和革命士兵有数百万人,给国民党反动派的屠杀政策以有力回击。当时主持中央工作的瞿秋白,准备请毛泽东到上海中央机关工作。毛泽东回答:我不愿去大城市住高楼大厦,愿到农村去,上山结交绿林朋友。8月9日,在中共中央临时政治局第一次会议上,毛泽东受中央指派以中央特派员身份到湖南传达八七会议精神,改组省委,领导秋收起义。此后,毛泽东将参加起义的各路武装5000余人统一编为工农革命军第一师,奔赴湘赣,投身到领导秋收起义、开展武装斗争的伟大实践中。

历史上有许多仅仅开了一天的会,但对中国共产党的命运起到决定性作用的为期一天的紧急会议,只有八七会议。它在中国革命处于严重危机的时刻,总结了过去革命斗争的经验教训,及时制定出继续革命斗争的新方针,使党没有因极其严重的白色恐怖而惊慌失措,重新鼓起同国民党反动派斗争的勇气,从而为挽救党和革命作出了巨大贡献。中国革命由此开始了由大革命失败到土地革命战争兴起的历史性转变。

七

勇闯新路
井冈星火照神州

"红米饭那个南瓜汤啰嘿啰嘿,挖野菜那个也当粮啰嘿啰嘿。毛委员和我们在一起啰嘿啰嘿,餐餐味道香啰嘿啰嘿!"这耳熟能详的旋律,经过数十年岁月的洗礼,依旧能把当时奋战在井冈山的军民一心反"围剿"的革命乐观精神传递到我们的心中。

井冈山地处湘赣边界的罗霄山脉中段,是一座雄伟秀丽的山。这里崇山峻岭,林木茂盛;这里远离国民党统治中心,且地势险要,易守难攻;更难能可贵的是这里在大革命时期就建立过党的组织和农民协会,有良好的群众基础。在湘赣边界秋收起义进攻长沙受挫后,毛泽东在浏阳文家市举行的前委会议上果断改变原有部署,转入江西,沿罗霄山脉南行,带领部队到敌人控制比较薄弱的山区寻求立足之地,以保存力量,再图发展。从进攻大城市转到向农村进军,这是一个智勇的抉择,是中国人民革命发展史上具有决定意义的新起点。

1927年9月29日,毛泽东率领起义部队到达江西省永新县三湾村时,决定对队伍进行改编,由党的前敌委员会统一领导全军,将党的支部建在连上;军队内部实行民主制度。三湾改编从组织上确立了党对军队的领导,是把工农革命军建设成为无产阶级领导的新型人民军队的重要开端。

1927年10月,参加湘赣边界秋收起义的工农革命军抵达井冈山,开始创建井冈山革命根据地的斗争。工农革命军担负起打仗消灭敌人、打土豪筹款子、做群众工作三项任务,逐步开创了工农武装割据的局面。1928年4月,朱德、陈毅率领南昌起义军余部和湘南起义农军一万余人到达井冈山,与毛泽东领导的部队胜利会师,成立工农革命军第四军(后改称"工农红军第四军"),毛泽东任军委书记和党代表,朱德任军长。他们领导的红军被称为"朱毛红军",从此,毛泽东和朱德的名字便紧紧地连在了一起。

朱毛会师后,军队实力大大增强,由原来的两千人增加到一万多人,连续打破江西国民党军的三次"进剿"和两次"会剿",根据地得到巩固和扩大。"敌进我退,敌驻我扰,敌疲我打,敌退我追"的十六字诀,就是在这个时期概括提出的,对红军游击战争起到了有效的指导作用。

毛泽东在井冈山革命根据地创立工农兵苏维埃政权,其重要任务是领导土地革命,将八七会议确定的以土地革命作为新时期党领导革命斗争的要求,变为轰轰烈烈的土地革命实践。在这个过程中,逐步形成了一套比较适合中国实际的土地革命路线、政策和方法,如依靠贫农,联合中农,限制富农,消灭地主阶级,变封建的土地所有制为农民土地所有制等。打土豪、分田地,消灭封建土地所有制,实现"耕者有其田",这一条条政策正中广大老百姓的心。第一次解决了温饱的农民,将"共产党万岁"的欢呼声传遍了各个革命根据地,焕发出极大的革命积极性。他们踊跃参加红军,支援革命战争,保卫根据地建设,极大地促进了根据地农业生产的发展。大革命失败后,中国共产党紧紧依靠农民,建立农村根据地,并在根据地内深入开展了土地革命,农村革命根据地的面貌发生了根本性的变化,这是中国革命能够存在和发展的社会基础。

在井冈山,毛泽东也非常重视建党工作,把它看作一切工作的根本;重视人民军队建设,加强对旧军队的改造,把它看作革命成败的关键;重视军民关系,提出"三大纪律、六项注意"(后来发展为"三大纪律、八项注意"),把老百姓视为战胜敌人的重要力量源泉。这些思想和实践是井冈山革命根据地建设成功的关键。

1928年10月,针对在四周白色政权包围中小块红色政权能否存在和发展,以及"红旗到底打得多久"等问题,毛泽东在《中国的红色政权为什么能够存在?》中作了回答。1930年,毛泽东在著名的《星星之火,可以燎原》一文中,阐述了"星星之火,可以燎原"这条道路的历史必然性。星星之火在井冈山革命根据地点亮。

中国共产党在领导红军战争和根据地建设过程中,逐步解决了中国革命的道路问题。这就是:把立足点由城市转入农村,发动和依靠农民群众,在农村建立根据地,开展土地革命和其他建设事业,开展以农民为主体的长期革命战争,发展和壮大革命力量,最后占领城市,夺取全国胜利。在开辟"以农村包围城市、

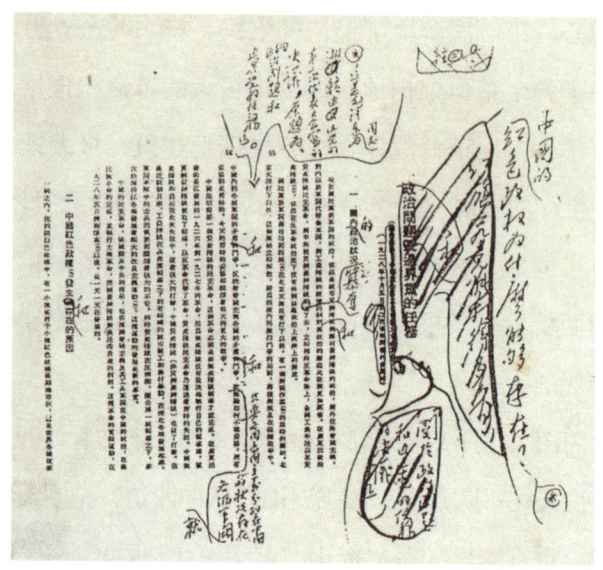

1928年10月和11月,毛泽东在井冈山相继撰写了《中国的红色政权为什么能够存在?》《井冈山的斗争》两篇著作,科学总结了创建井冈山革命根据地的经验,阐明了中国的红色政权能够发生、存在和发展的原因及条件,提出了"工农武装割据"的光辉思想。图为毛泽东《中国的红色政权为什么能够存在?》(修改稿)(首页)。

武装夺取政权"这条前人没有走过的中国革命发展道路的过程中,毛泽东作出了卓越贡献。他不仅在实践中首先把武装斗争的重心转向农村,总结出坚持和发展农村根据地的系统经验,而且从理论上对中国革命道路问题进行了阐述。这是对马克思列宁主义关于武装夺取政权学说的重大发展。

井冈山时期留下的最为宝贵的精神财富,就是跨越时空的井冈山精神,最重要的方面就是坚定信念,艰苦奋斗,实事求是,敢闯新路,依靠群众,勇于胜利。井冈山精神是中国共产党人革命精神的重要组成部分。

八

锻造军魂
古田会议放光芒

古田位于福建省上杭县东北部,是被梅花山南麓莽莽群山环抱着的一个集镇,因俯瞰形似"田"字,故有"古垦之田"之称。90多年前,这里召开了红军发展史上一次十分重要的会议——古田会议。历经岁月洗礼、白墙青瓦的古田会议旧址,如今依旧山峦含黛、层林尽染,散发着庄重古朴的气息。

1929年1月,当湘赣两省的国民党军队3万余人兵分五路向井冈山发动"会剿"之时,毛泽东、朱德率领红军主力下井冈山,向赣南出击,之后又进军闽西,赣西南和闽西的苏维埃政权相继成立,这为后来的中央根据地奠定了基础。

红军到福建后,环境相对比较安全了。这时红四军内部的争论也就显现了出来。争论的主要问题最初是"红四军要不要设立军委的问题",虽然这个问题后来解决了,但争论的本质即红军为什么打仗、是党指挥枪还是枪指挥党的问题,仍然没有得到解决。这个问题的产生,主要是由于当时红军建立时间较短,成分复杂,农民占了主体,还有很多是旧军人,他们带着一些与无产阶级政党及其军队要求不相符甚至背道而驰的烙印，如单纯军事观点、流寇思想、极端民主化、军阀主义残余等。这些旧思想、旧观念和旧作风反映到共产党和红军内部来，损害了党和军队的团结。1929年6月召开的红四军第七次党代表大会，毛泽东的正确主张没有被多数人认识和接受，他还落选了前委书记。

中共中央对红四军内发生的争论十分重视，先后召开三次政治局会议讨论这个问题。在周恩来的主持下，中共中央两次给红四军前委来信。9月28日的指示信（即中央九月来信），对红四军党内发生的争论问题作出了明确的结论，强调"党的一切权力集中于前委指导机关，这是正确的，绝不能动摇"。要求红四军前委和全体干部维护朱德、毛泽东的领导，毛泽东"应仍为前委书记"。

1929年12月28日，福建上杭县古田村迎来一场南方少见的大雪，雪花覆盖了山川和大地，也给廖氏宗祠披上了洁白的盛装。宗祠里生起的几堆篝火，至今还能看到些许痕迹。一个决定红四军命运的会议——红军第四军第九次党代表大会在这里召开了。会议开了两天，重新选举了以毛泽东为书记的党的前敌委员会，一致通过了毛泽东主持起草的八个决议，即《古田会议决议》。这份决议案近3万字，总结了红四军成立以来建设的基本经验。它确立了党对红军绝对领导的原则；强调了红军是一个执行革命的政治任务的武装集团，必须绝对服从党的领导，必须担负起打仗、筹款和做群众工作三位一体的任务。决议着重强调了加强党的思想建设的重要性，全面指出了党内各种非无产阶级思想的表现、

1929年12月底,中国共产党红四军第九次党代表大会在福建上杭古田召开。这次会议是我军建军史上的重要里程碑。图为古田会议会址。

来源及纠正办法。决议规定了红军中政治机关和政治工作的地位。

会议结束后第8天,毛泽东向中央报告说:"大会决议及中央指示,即在理论上克服各种倾向……执行的问题,当待今后的督促与奋斗。此一月的光阴易过,红军在表面上对于政局没有惊人的斗争,但于今后斗争,却建立了基础。"短短几句话,揭示了古田会议的深远意义。

《古田会议决议》是红军建设的纲领性文献,是党和人民军队建设史上的重要里程碑。它系统解决了在农村环境中,在农民为主要成分的情况下,保持党的无产阶级先锋队性质和建设无产阶级领导的新型人民军队问题。此后,其他各路红军也先后照此执行，这支历史上不曾有过的新型人民军队由此浴火重生。

古田是我们党思想建党、政治建军的地方，是我军政治工作奠基的地方，也是新型人民军队定型的地方。古田会议确立的"思想建党、政治建军"原则，赋予了这支新型人民军队强大的军魂。

九

共和国的"摇篮"
中华苏维埃共和国成立

江西省瑞金叶坪村的一座宽敞祠堂——谢氏大祠堂,是中华苏维埃第一次全国代表大会的会址。这座庄严肃穆的祠堂,上中下三厅及天井已垫平连成一片,大门的正上方悬挂着两条绣有铁锤、镰刀的红绸旗帜,其上嵌着两颗巨大的银质五角星。主席台前悬挂着"中华苏维埃第一次全国代表大会"的横幅,左右两侧的柱子上分别写着"勇敢、勇敢、再勇敢""学习、学习、再学习"的标语。大会代表的席位设在祠堂的大厅,代表们坐的是普通的长条木凳。

成立中华苏维埃共和国,是中共中央根据当时革命斗争形势发展的客观需要和现实可能性作出的重大决策。从1930年开始,中共中央曾先后几次决定要召开全国中华苏维埃大会,成立中央临时政府,但都因为时机不成熟而没有实现。1931年,毛泽东和朱德领导的红一方面军取得第三次反"围剿"胜利,赣南和闽西的根据地连成一片,这为大会的召开提供了有利条件。9月28号,毛泽东和朱德等到达瑞金叶坪村。中央决定在这里召开全国苏维埃代表大会，并决定毛泽东为中华苏维埃共和国临时中央政府主席候选人。

1931年11月7日，叶坪村红军广场一片欢腾，中华苏维埃第一次全国代表大会开幕典礼在这里举行，来自各地的600多名代表参加了会议。开幕式之前举行了隆重的阅兵仪式。当天晚上，瑞金县的军民从四面八方举着灯笼打着火把来到叶坪村，举行了精彩纷呈的庆祝晚会，毛泽东、朱德等与欢庆的群众一同唱歌、鼓掌、呼口号。当时为了防范国民党飞机的空袭和轰炸，还在福建长汀设立了一个假会场。果然不出所料，在会议召开的当天上午，国民党的飞机从江西瑞金的真会场上空呼啸而过，直奔长汀假会场，将其炸得面目全非。

毛泽东代表苏区中央局向大会作《政治问题报告》。大会通过了《中华苏维埃共和国宪法大纲》《中华苏维埃共和国土地法令》《中华苏维埃共和国劳动法》等重要文件，选举产生中华苏维埃共和国中央执行委员会，毛泽东当选为中央执行委员会和人民委员会主席。11月20日大会闭幕当天，宣布中华苏维埃共和国临时中央政府于1931年11月7日俄国十月革命纪念节在江西正式成立。

中华苏维埃共和国是工人和农民的民主专政的国家。在苏维埃政权领域内的工人、农民、红军士兵及一切劳苦群众和他们的家属，不分男女、种族、宗教，"在苏维埃法律面前一律平等，皆为苏维埃共和国的公民"。它实行工农兵代表大会制度，乡、区、县、省和全国五级苏维埃政府广泛吸收工农群众参加政权管理，行使当家作主的权利。这种制度，体现了广大人民群众的根本利

1931年12月,中华苏维埃共和国成立后中央执行委员会发布的第一号布告,图为《中华苏维埃共和国中央执行委员会布告(第一号)》。

益和要求。

中华苏维埃共和国在推动各根据地政权、经济、文化教育等方面建设的同时,也注重加强党的自身建设,各级党组织得到健全,并养成了艰苦奋斗、廉洁自律、密切联系群众的好作风,铸就了以坚定信念、求真务实、一心为民、清正廉洁、艰苦奋斗、争创一流、无私奉献等为主要内涵的苏区精神。"苏区干部好作风,自带干粮去办公。日穿草鞋干革命,夜走山路访贫农。"这首流传于当地的民歌,真实表达了苏区老百姓对苏区干部发自肺腑的赞誉。

1933年,临时中央政府机关从叶坪村迁入沙洲坝。平日里,毛泽东等经常帮助群众莳田、割禾、引水抗旱、开荒种菜等。为了解决群众吃水的困难，毛泽东带领红军战士修了一口深度达6米的井。周边群众喝上了清澈的井水，亲切地称它为"红井"。新中国成立后，当地人民在这口井旁立起一座石碑，上面写着"吃水不忘挖井人，时刻想念毛主席"。

中华苏维埃共和国赢得了人民群众的真诚拥护，他们踊跃参军，积极发展生产，支援革命战争，把保卫苏维埃政权视为神圣责任。根据地成为新民主主义共和国的雏形，使陷于苦难深渊的中国人民看到了光明和希望。

习近平总书记在纪念中央革命根据地创建暨中华苏维埃共和国成立80周年座谈会上指出："中华苏维埃共和国是中国历史上第一个全国性的工农民主政权，是我们党在局部地区执政的重要尝试……为我们党在抗日战争和解放战争时期的根据地建设以及新中国的政权建设，提供了宝贵的历史经验，培养了一大批领导骨干和组织、管理人才。"中华苏维埃共和国的成立，标志着中国共产党领导的政权登上了中国的政治舞台，在世界革命史上写下了新的伟大的一页。

十 地球上的"红飘带"
红军长征改变中国

"红军不怕远征难,万水千山只等闲。五岭逶迤腾细浪,乌蒙磅礴走泥丸。金沙水拍云崖暖,大渡桥横铁索寒。更喜岷山千里雪,三军过后尽开颜。"毛泽东这首《七律·长征》,历久弥新,始终是传诵在中华大地的瑰丽诗篇。而它所描述的,正是那震撼世界、彪炳史册的战略大转移——长征。

红军和农村根据地的发展,加上党内"左"倾冒险错误时期红军攻打中心城市的冒险行动,极大地震动了国民党统治集团。从1930年10月开始,国民党调集重兵向各革命根据地发动大规模的军事"围剿",重点是中央革命根据地和红一方面军。在毛泽东、朱德的指挥下,红军胜利粉碎了国民党三次大规模"围剿"。随后,朱德、周恩来又指挥红一方面军粉碎了国民党军队的第四次"围剿"。1934年10月,红军第五次反"围剿"失败,其他根据地也遭受挫折,红军到了危急关头,中国革命到了危急关头,中华民族到了危急关头!

为摆脱国民党军队的"围剿",保存有生力量,实现北上抗日,担负起拯救民族危亡的重任,1934年10月到1936年10月,红军第一、第二、第四方面军和第二十五军踏上了战略转移的征程,这一走就走了两年零五天,这一行就是二万五千里的漫漫长路。

1934年10月10日,中共中央、中革军委率领中央红军第一、第三、第五、第八、第九军团及中央、军委直属纵队共8.6万余人从瑞金、石城等地出发,向湘西前进,准备转移到湖南同西北部的红二、红六军团会合。长征突围远比苏区的战斗更难打。湘江战役是红军长征后经历的第一次大战,也是最惨烈的一次大战。渡过湘江后,红军从出发时的8.6万人锐减至3万人,红军战士用血肉之躯冲破了敌人的四道封锁线。开国少将萧锋曾回忆说,炊事员挑着饭担子,看到香喷喷的米饭没人吃,边走边哭。此时,如果红军按计划北去湘西的话,将有被国民党覆灭的

1935年5月,长征路上毛泽东就从泸定铁索桥过了大渡河。图为泸定铁索桥。

危险。在生死关头,中共中央政治局在黎平举行会议,根据毛泽东的建议,放弃与红二、红六军团会合的计划,改道敌人力量薄弱的贵州,强渡乌江,夺取北部重镇遵义。1935年1月15日至17日,党中央在遵义召开政治局扩大会议,肯定了毛泽东关于红军作战的基本原则,会后不久就成立了毛泽东、周恩来、王稼祥三人小组,负责指挥红军的行动。此后,中央红军四渡赤水、巧渡金沙江、强渡大渡河、飞夺泸定桥,征服了空气稀薄的冰山雪岭,穿越渺无人烟的沼泽草地,摆脱了数十万国民党军队的围追堵截,进入甘肃。1935年10月,终于在吴起镇与陕北红军会师。此前,红二十五军长征已先期到达陕北。至此,中央红军主力行程二万五千里、纵横11个省的长征胜利结束。陕甘根据地成为中央红军主力长征后的落脚点。

1936年10月,红二、红四方面军共同北上,并于10月9日、22日,分别与红一方面军在会宁、将台堡胜利会师。至此,有四支红军参加,历时两年,途经14省,总行程六万五千余里的长征胜利结束。会宁成为1936年10月红一、红二、红四方面军成功实现会师的主要地区,也是长征期间三个方面军到达人数最多、停留时间最长的地区之一。会师联欢会那天,会宁城红旗招展,锣鼓喧天,整个城市都沉浸在欢庆的气氛中。红军三大主力会师的地点选择在会宁,是党中央根据战略部署和会宁的地理位置决定的。毛泽东对周恩来在会宁会师的这一提议非常赞同,他高兴地说:会宁好地名!三军会师,中国安宁。

中央红军长征纵横十余省,长驱二万五千里。这二万五千里,不是地图上标记的数字，而是红军战士用意志信念支撑着双脚一寸一寸丈量出来的。漫漫征途中，红军将士同敌人进行了600余次战役战斗，跨越近百条江河，攀越40余座高山险峰，击退了上百万穷凶极恶的追兵阻敌；风雨如磐的长征路上，平均每300米就有一名红军牺牲，中央红军到达陕北时只剩下了7000人。长征这条红飘带，是无数红军的鲜血染成的。

中国工农红军长征的胜利，是中国革命转危为安的关键。毛泽东形象地评价："长征是历史纪录上的第一次，长征是宣言书，长征是宣传队，长征是播种机。"长征是宣言书，它向全世界宣告了中国工农红军是不可战胜的，宣告了国民党反动派消灭红军的图谋失败，宣告了红军肩负着民族希望，胜利实现了北上抗日的战略转移；长征是宣传队，它向沿途十余省两万万人民宣传了我们党的主张，宣传了革命的真理，播撒下革命的火种，扩大了党和红军的影响，巩固了党同人民群众的血肉联系；长征是播种机，它在十余省播撒红色革命种子，种子不断地发芽、长叶、开花、结果，红军经过的地方，大多组建了红色游击队，为后来开展革命斗争创造了有利条件。

长征的胜利，是中国共产党人理想和信念的胜利，它表明中国共产党及其所领导的中国工农红军是一支不可战胜的力量，是中国革命转危为安的关键。它所构建的伟大的长征精神，为中国革命不断从胜利走向胜利提供了强大的精神动力。

十一 浴火重生

遵义曙光破晓

"在这最关键的时刻,遵义会议,犹如红日东升,把重重的迷雾驱散。毛泽东,我们伟大的舵手,拨正船头,升起风帆,引导我们渡过了急流险滩,胜利向前。"这是大型音乐舞蹈史诗《东方红》的一个片段"遵义城头霞光闪",这也是对我们党历史上生死攸关的伟大转折——遵义会议的形象写照。

那"重重的迷雾"指的是什么呢?1934年10月,由于第五次反"围剿"失败,中央红军被迫实行战略转移。长征开始后,红军顺利突破国民党军的三道封锁线,但在突破敌军第四道封锁线湘江防线时遭到重创,红军从长征出发时的8.6万人锐减至3万人,辎重大部分丢弃。在严酷的事实面前,党和红军内部对错误领导的不满和要求加以改变的情绪与日俱增。一些曾经支持过"左"倾错误的领导人,也逐步改变了态度。这时,博古、李德还要中央红军按预定计划前行,这必将致使红军进入国民党设置的包围圈。

危急关头,毛泽东建议红军转向敌人兵力薄弱的贵州挺进。

12月18日，中央政治局在黎平举行会议，经过激烈争论，毛泽东的提议得到与会多数同志的赞同，通过了《中央政治局关于战略方针之决定》。红军就此改向贵州北部进军。1935年元旦，中共中央在贵州东部的猴场召开政治局会议，明确提出下一步的立足点是"首先以遵义为中心的黔北地区，然后向川南发展"。1月初，红军突破乌江。7日，红军占领黔北重镇遵义城。由于红军突然改变行军方向，围追堵截的敌军一时跟不上，中央机关在遵义得到了十多天的休整时间。就是这个短暂的停留，给了中国革命一次重大的转机。

在遵义老城子尹路96号东侧，有一幢中西合璧的两层楼房，临街而立，高墙垂门，在当时算得上是宏伟建筑。如今，毛泽东题写的"遵义会议会址"六个遒劲有力的大字高悬在会址正门上端。穿过门廊是一个铺满青石的大院，一座由灰砖青瓦、圆柱翘檐、围墙曲栏组成的民国风格的楼房高耸眼前。主楼左侧有一棵分叉长的刺槐，粗壮的枝干如同一个巨型的"V"字，寓意红军从这里走向"胜利"。二楼的一个长方形会客厅里，一张长形木桌，二十把椅子，一个火盆，见证了1935年1月15日至17日中共中央政治局在这里召开的一次扩大会议。这次会议集中全力解决当时具有决定意义的军事和组织问题。会上，博古先作报告，片面地强调了失败的客观原因。周恩来作副报告，指出失败和失利的主要原因是领导的战略战术错误，主动承担责任，作了自我批评。毛泽东作长达两小时的报告，对博古、李德在军事指挥上的错误进行了切中要害的分析和批评，阐述了中国革命战争的战略战术

1935年1月,中共中央政治局在遵义召开扩大会议,确立以毛泽东为代表的新的中央领导。图为遵义会议会址。

问题和当前应采取的军事方针,得到与会多数人的赞同。会议增选毛泽东为中央政治局常委,并委托张闻天起草《中共中央关于反对敌人五次"围剿"的总结决议》。决议明确指出,博古以单纯防御代替了决战防御,以阵地战、堡垒战代替了运动战,是第五次"围剿"不能粉碎的主要原因。决议充分肯定了毛泽东等在领导红军长期作战中形成的战略战术基本原则。会后,红军向云南扎西地区进军。途中,政治局常委决定由张闻天代替博古负中央总的责任,及时向全军传达贯彻遵义会议决议。3月中旬,成立由毛泽东、周恩来、王稼祥组成的新"三人团",以周恩来为首,负责全军的军事行动。

遵义会议的重大决定,是在中共中央与共产国际中断联系的情况下独立自主作出的,标志着中国共产党开始独立自主地运用马克思主义基本原理解决自身在路线、方针、政策上面临的突出问题,在政治上开始走向成熟。作为遵义会议的亲历者邓小平曾说,遵义会议以前,我们党没有形成过一个成熟的党中央。我们党的领导集体,是从遵义会议开始逐步形成的。

遵义会议事实上确立了毛泽东在党中央和红军的领导地位,开始确立了以毛泽东为主要代表的马克思主义正确路线在党中央的领导地位,是我们党历史上一个生死攸关的转折点。它在最危急关头挽救了党、挽救了红军、挽救了中国革命。遵义会议后,党开始进入独立自主解决中国革命实际问题的新阶段。习近平总书记在 2021 年 2 月赴贵州考察时指出:"遵义会议的鲜明特点是坚持真理、修正错误,确立党中央的正确领导,创造性地制定和实施符合中国革命特点的战略策略。这在今天仍然具有十分重要的意义。"

十二

扭转时局的枢纽

和平解决西安事变

1936年12月12日,古城西安发生了一件大事。这天凌晨,东北军一部冲进临潼的华清池,在院外东南山坡一块名为虎畔石的后面,扣留了到西安逼迫东北军统帅张学良和十七路军总指挥杨虎城"剿共"的蒋介石。这就是震惊中外的"西安事变"。

张、杨二人为何要发动兵谏呢?原来就在蒋介石一意孤行,对工农红军围困截堵、穷追猛打之时,日本侵略军发动九一八事变,悍然占领中国东北。此后,欲壑难填的日本侵略军用"渐进蚕食"的方式啃噬中国,很快把战火引到了华北地区,企图把中国变为其殖民地。1935年华北事变爆发后,北平学生悲愤地喊出:"华北之大,已经安放不得一张平静的书桌了。"民族危亡之时,仍然执着"攘外必先安内"的蒋介石越来越激起全国各阶层民众的怒火。以"一二·九"运动为标志,一些局部地区的抗日救亡运动很快发展成为全国规模的群众运动。全国的民众乃至国民党的左派人士,奋起反对蒋介石集团的独裁统治和不抵抗政策,强烈要求停止内战,一致抗日。

与国民党当局截然相反，即便是在艰难的长征途中，中国共产党依旧心系国家利益和民族命运。1935 年 12 月，中共中央在瓦窑堡召开政治局扩大会议，从理论和政策上正式确立了关于建立抗日民族统一战线的总策略。两天后，毛泽东作《论反对日本帝国主义的策略》的报告，提出与民族资产阶级重新结成统一战线的可能性和重要性。1936 年，党对张学良和杨虎城开展统战工作，双方实际上停止了敌对行为。5 月，毛泽东、朱德发表《停战议和一致抗日通电》，公开放弃反蒋口号，将"抗日反蒋"政策转变为"逼蒋抗日"政策。共产党的真诚举措赢得了人民的同情和支持。

张学良、杨虎城在多次劝说蒋介石停止内战、联共抗日被拒绝后，决心采取"兵谏"。张学良对部下说："我们得逼他，把他抓起来逼他抗日。"12 月 12 日凌晨 2 时许，张学良的卫队营乘车直奔华清池。他们原想趁天未亮悄悄摸进去扣押蒋介石，不料刚到门口就被蒋介石的卫士发现，双方展开了激战。蒋介石听到枪声后，深感大事不妙，慌忙越墙逃跑，途中不慎跌进院墙外的沟里，摔伤了脊骨，碰破了脚，跌跌撞撞躲藏到一块大石头旁的草丛中。8 时左右，天已大亮，东北军一名班长发现了蒋介石，将他押往新城大楼。与此同时，西北军解除了国民党驻西安的军、警、宪、特的武装，并囚禁了陪同蒋介石来西安的军政要员。当天，张、杨向全国发出通电，提出关于停止内战、一致抗日的八项主张。

西安事变后，张学良连夜电告中共中央：已将蒋及其重要将

图为中央书记处为调停西安事变给周恩来的指示电。（1936年12月21日）

领陈诚、朱绍良、蒋鼎文、卫立煌等扣留，迫其释放爱国分子，改组联合政府。毛泽东立即派周恩来前往西安共商大计。中共中央以中华民族利益的大局为重，确定了用和平方式解决西安事变的方针。周恩来与张学良、杨虎城共同努力，经过谈判，迫使蒋介石作出停止内战、联合抗日等六项承诺。西安事变得以和平解决，从而结束了国共长达近十年的内战局面。毛泽东在中共七大报告中说：西安事变的和平解决成了时局转换的枢纽；在新形势下的国内合作形成了，全国的抗日战争发动了。

西安事变后，日本侵略者的脚步声越来越近，1937年7月7日，日军从北平西南的卢沟桥开始向中国发起了全面进攻，战争的血与火在刹那间催发了中华民族巨大的凝聚力，国共合作建立抗日民族统一战线的步伐加快。

卢沟桥开战后的第二天，中共中央发表《中国共产党为日军进攻卢沟桥通电》，呼吁："平津危急！华北危急！中华民族危急！只有全民族实行抗战，才是我们的出路！"毛泽东等红军领导人致电蒋介石，请缨抗日。1937年8月22日，国民政府军事委员会发布红军改编命令。8月25日，中共中央革命军事委员会发布命令，宣布红军改名为国民革命军第八路军，以朱德、彭德怀为正、副总指挥。在中共中央的推动下，1937年9月22日，国民党中央通讯社发表《中共中央为公布国共合作宣言》。次日，蒋介石发表谈话，指出团结御侮的必要，实际上承认了中国共产党的合法地位。国共合作宣言和蒋介石谈话的发表，标志着国共两党第二次合作和中国抗日民族统一战线的正式形成。

西安事变的和平解决，不但促进了全国抗战局面的形成，也极大地改变了中国共产党自身的处境和形象。它标志着中国共产党在民族危难之际，秉持民族大义，担负起民族救亡的历史重任。从此，全国的抗日救亡高潮风起云涌。

十三

众志成城
实行全民持久抗战

抗日战争全面爆发后，饱受战争之苦的中国人民无时无刻不期盼着能够早日将日本侵略者从中国的国土上赶出去，夺得抗日战争的胜利。"抗日战争究竟怎么打？怎么才能争取抗战的胜利？"已成为萦绕在每个关心着祖国存亡的中华儿女心头的头等大事。

日军侵华伊始曾叫嚣着"三个月灭亡中国"，但他们低估了中国人民对抗侵略的决心，他们没有料到八路军深入到敌后对他们进行了有力牵制，而国民党在正面战场也对他们进行了顽强的抵抗，快速灭亡中国的计划彻底破产。随着战争形势的起伏变动，各种不同的应对战争的论调慢慢传播开来。这时国内有两种错误论调甚嚣尘上：一种是随着日本侵略军长驱直入、大片国土沦丧，一些颇有身份地位的人认为我们武器装备不如人，大肆宣扬"抗日亡国论"；一种则是八路军平型关之战的胜利和李宗仁指挥的台儿庄战役的胜利，令一些人产生了盲目乐观的轻敌思想，唱起了"速胜论"的调子。这时最重要的，就是解决如何抗日的问题，人民迫切需要正确的引导抗日战争走向胜利的理论。而这个任务，当时执政的国民党并没有完成，而是由中国共产党给出了正确的答案，那就是"全面抗战路线和实行持久战的战略总方针"。

抗战爆发后，国民党从大地主大资产阶级利益出发，实行不愿意实现民主、不敢发动和依靠人民群众的片面的抗战路线。中国共产党则代表中华民族的根本利益，主张实行民主，广泛发动群众和武装群众，实行全体人民参加战争、支持战争的全面抗战路线，也就是人民战争的路线。这两条不同抗战路线的存在，"就是一切中国问题的关键所在"。

1937年8月，中共中央在陕北洛川召开政治局扩大会议，确定八路军的战略方针是独立自主的山地游击战，中国的抗战是一场艰苦的持久战。会议通过抗日救国十大纲领：打倒日本帝国主义；全国军事的总动员；全国人民的总动员；改革政治机构；抗日的外交政策；战时的财政经济政策；改良人民生活；抗日的教育政策；肃清汉奸卖国贼亲日派，巩固后方；抗日的民族团结。会议通过的决定和纲领，标志着中国共产党全面抗战路线的形成，成为中国人民坚持抗战、争取胜利的旗帜。八路军、新四军开赴抗日前线，积极作战，有力打击了日本侵略者。八路军第115师取得平型关大捷，打破了日军不可战胜的神话，极大地振奋了全国军民的信心，提高了共产党和八路军的威望。

实行全面抗战路线，必须明确采取何种军事战略方针才能取得战争胜利。此时毛泽东的心中早已有了定论，他决定写一部专门论持久作战的理论专著。1938年5月，毛泽东把自己关在窑洞中，除了一天两顿稀饭和咸菜外，就是不停地抽着纸烟，埋头写

1938年,毛泽东在延安窑洞撰写《论持久战》。

作。有时实在写得太累太困,就叫警卫员打盆水洗洗脸,或者到院子里转一转,又继续写。一天夜里气温骤降,警卫员给他脚旁放了一盆炭火取暖。待警卫员再去给他送水时,闻到一股浓烈的焦煳味。走近一看,毛泽东脚上的鞋正冒着青烟,但他还在奋笔疾书。警卫员连忙喊了一声,毛泽东这才发现脚很痛。就这样连续五六天,废寝忘食,直熬得双眼布满了血丝,宽阔的面颊明显消瘦下来。一部5万余字的旷世名著《论持久战》就这样诞生了。

毛泽东明确提出了抗日战争是持久的、最后胜利属于中国的论断;科学地预见战争将经过战略防御、战略相持和战略反攻三个阶段;提出实施持久战战略的具体方针是主动、灵活、有计划地执行防御战中的进攻战,持久战中的速决战,内线作战中的外线作战。他还指出"兵民是胜利之本",争取抗战胜利的唯一正确道路是充分动员和依靠群众,实行人民战争。这为战争取得最后胜利提供了正确的指导。中国共产党推动形成了全民族抗战的历史洪流,使日本侵略者陷入了人民战争的汪洋大海中。

毛泽东还在《论持久战》《抗日游击战争的战略问题》中论述了抗日战争全过程中游击战争的重要战略地位。这样,中国的抗日战争逐渐形成战略上互相配合的两个战场,一个是主要由国民党担负的正面战场,一个是由共产党领导的人民军队为主的敌后战场。中国共产党领导的军队在敌后开展的游击战争是世界战争史上罕见的战争。在八年全民族抗战中,八路军、新四军和其他人民抗日武装对敌作战12.5万余次,钳制和歼灭大量日伪军兵力,敌后战场逐渐成为中国人民抗日战争的主战场。到抗战结束,人民军队发展到约132万人,民兵发展到260万余人。党领导的抗日民主根据地发展到19块,总面积达到近100万平方千米,人口近1亿。

抗日战争的实践表明,中国共产党是全民族抗战的中流砥柱,是领导中国人民争取民族独立和人民解放的坚强核心。正是抗日战争,让越来越多的中国人民和世界人民了解和认识了中国共产党,中国共产党在全国社会政治生活中的比重大大增加,这也为在取得中国人民抗日战争伟大胜利的基础上,最终取得新民主主义革命的胜利,创造了前所未有的有利条件。

十四

思想建党
延安整风

1941年的中国，抗日战争正处于紧要关头，敌后抗战进入最为困难的时刻；1941年的延安，既要统筹指挥烽火连天的前线，又要建设政权发展生产，克服严重的经济困难，几无闲暇之时。然而，中共中央却在此时作了一个影响深远的决定，即在全党开展一次整风运动。

为什么要在紧张残酷的战争环境下进行这样一场大规模的整风运动呢？这既有深刻的历史背景，也是现实的需要。从历史看，党的路线在遵义会议后已经走上马克思主义的正确轨道，但还没有在全党范围内对党的历史经验进行系统总结，尤其对曾经给党的事业造成严重危害的主观主义、教条主义还没来得及从思想根源上进行认真的清理。从现实看，一方面，当时正处在抗战最困难时期，需要党内在思想政治上的统一和行动上的一致，共同战胜困难，取得抗战胜利；另一方面，党的队伍中新党员数量不断增多，有很多是农民和小资产阶级，身上存在着各种非无产阶级思想。正如毛泽东所说："他们都不免或长或短地拖着一条小资产

1943年12月，中央党校大礼堂落成后，毛泽东题词"实事求是"，刻石镶嵌在新建大礼堂的正墙上方。图为中央党校大礼堂及墙上的题词。

阶级的尾巴进党来。"即便是老党员，为适应新形势，也需要进一步提高自己。中共中央认为有必要在全党进行一次整风运动。

为聚焦解决思想根子问题，毛泽东为整风运动做了很多准备。1941年三四月间他出版了《农村调查》，重申"没有调查就没有发言权"。5月19日，他在延安干部会议上作《改造我们的学习》的演讲，突出强调"实事求是"的极端重要性。他说："实事"就是客观存在着的一切事物，"是"就是客观事物的内部联系，即规律性，"求"就是我们去研究。"我们要从国内外、省内外、县内外、区内外的实际情况出发，从其中引出其固有的而不是臆造的规律性，即找出周围事变的内部联系，作为我们行动的向导。而要这样做，就须不凭主观想象，不凭一时的热情，不凭死的书本，而凭客观存在的事实，详细地占有材料，在马克思列宁主义一般原理的指导下，从这些材料中引出正确的结论。"

毛泽东这些观点鲜明、措辞尖锐的讲话，在党内并没有引起强烈反响。这使毛泽东进一步意识到问题的严重性，决定整风从统一高级干部的思想入手。1941年9月至10月，党的高级干部开始学习和研究党的历史。中共中央把毛泽东主持编辑的《六大以来》发给高级干部学习，目的是总结党的历史经验，从政治路线上分清是非，形成一致认识，为全党普遍整风做了准备。

全党范围内的整风学习从1942年2月开始，其标志是毛泽东在中央党校开学典礼上所作的《整顿党的作风》的报告和在中央宣传部干部会议上所作的《反对党八股》的报告。在这两个报告中，毛泽东系统地阐述了反对主观主义、宗派主义和党八股的极端重要性。他说：党内的主观主义有两种，一种是教条主义，一种是经验主义，现在是教条主义更为危险。关于反对宗派主义，他要求正确处理党内的各种关系，以达到队伍整齐、步调一致的目的。毛泽东还生动地说："主观主义、宗派主义、党八股，现在已不是占统治地位的作风了，这不过是一股逆风、一股歪风，是从防空洞里跑出来的。""我们要把产生这种歪风的洞塞死，我们全党都要来做这个塞洞工作。"

整风运动分两个层次进行：一个是党的高级干部的整风，一个是一般干部和普通党员的整风。重点是党的高、中级干部特别是高级干部的整风。其主要任务是"反对主观主义以整顿学风，反对宗派主义以整顿党风,反对党八股以整顿文风"。其中最重要的任务是"反对主观主义以整顿学风"。

整风运动贯彻"惩前毖后""治病救人"的方针,以达到既弄清思想又团结同志的目的。毛泽东强调:对于人的处理取慎重态度,既不含糊敷衍,又不损害同志,这是我们党兴旺发达的标志之一。

针对延安文艺界在整风运动中暴露的问题,1942年5月,毛泽东在延安文艺座谈会上发表重要讲话,提出"为什么人的问题,是一个根本的问题、原则的问题"。"我们的文学艺术都是为人民大众的,首先是为工农兵的。"文艺界整风后,广大文艺工作者纷纷奔赴前线,接触群众,体验生活,创作了《白毛女》《兄妹开荒》《王贵与李香香》等一大批反映现实生活的群众喜闻乐见的优秀作品。

在全党范围内的整风运动开始后不久,1942年3月30日,毛泽东专门在中央学习组作了《如何研究党史》的报告,讲明了学习研究党史的目的和意义:"把党在历史上所走的路搞清楚""使我们对今天的路线和政策有更好的认识""创造些新的东西"。在深入研究党的历史、分清路线是非的基础上,1944年5月21日至1945年4月20日,中共六届七中全会召开。历时11个月,先后召开8次全体会议。会议讨论通过了《关于若干历史问题的决议》,对党内若干重大历史问题作出了正确的结论,使全党尤其是党的高级干部对中国民主革命基本问题的认识达到在马克思列宁主义基础上的一致。至此,长达三年的整风运动宣告结束。

整风运动是一次深刻的马克思主义思想教育运动，也是一次破除党内把马克思主义教条化、把共产国际决议和苏联经验神圣化的思想解放运动。通过整风，实事求是的观念深入人心，全党实现了在以毛泽东同志为核心的党中央领导下新的团结和统一，为抗日战争和新民主主义革命的胜利，奠定了重要的思想政治基础。

十五

毛泽东思想写入党章

中国共产党第七次全国代表大会

"西边的太阳快要落山了,微山湖上静悄悄……"当这熟悉的旋律在耳畔响起时,人们不禁回忆起铁道游击队中的这样一个情节:游击队接受了一项艰巨的政治任务,护送胡服同志穿越敌人的封锁线。这位胡服同志就是一路历经险阻前往延安参与筹备党的七大的刘少奇。1942年12月30日,经过九个多月的长途跋涉,穿越103道敌人的封锁线,刘少奇终于安全到达目的地延安。自1939年中央明确要求各地选出代表待命,不久,全国各地的代表就按照中央的指示,日夜兼程向延安进发。由于各抗日根据地被日、伪军分割、封锁,各地党代表赴延安的过程异常艰辛。他们克服交通不便、穿越敌人封锁线、路途遥远、环境险恶等种种困难,有的同刘少奇一样,由八路军、游击队、地下党一程复一程接力护送;有的化装成商人、小贩等,一步一步艰难跋涉;有的绕道穿越7个省,历时15个月,徒步行程1万余里。代表们陆续从祖国的大江南北纷纷赶赴心中的圣地——延安,会聚于宝塔山下。毛泽东在延安专门接见了这些来自四面八方的代表。他风趣地说:"你们过了长江,又过了黄河,过了津浦路,又过了陇海路,还翻过了太行山。中国有名的河流、山川、铁路,都让你们走过来了!我们过去叫长征,你们呢,也是长征,人数少一点,是小长征。"

1945年4月23日,阳光明媚,春风和煦。547名正式代表和208名候补代表怀着无比喜悦与激动的心情、肩负着全国120多万党员的重托,充满信心地走进会场。他们平均年龄只有36.5岁,年龄最大的69岁,最小的23岁。他们中有军事家、革命家及各地区各级党政军领导,还有来自基层的战斗英雄、劳动模范和国统区的地下工作者。

这一天,杨家岭的中央大礼堂格外庄严肃穆。主席台上悬挂着毛泽东和朱德的巨幅画像,六面鲜红的党旗分挂两侧,会场后面挂着毛泽东题写的"同心同德",靠墙边的"V"字形旗座中插着24面党旗,象征着共产党24年的奋斗历程。在主席台的正上方,悬挂着一条引人注目的横幅:"在毛泽东的旗帜下胜利前进!"

在热烈的掌声中,毛泽东以《两个中国之命运》为党的七大开篇:"我们这个大会有什么重要意义呢?我们应该讲,我们这次大会是关系全中国四亿五千万人民命运的一次大会。中国之命运有两种:一种是有人已经写了书的;我们这个大会是代表另一种中国之命运,我们也要写一本书出来。""我们应当用全力去争取光明的前途和光明的命运,反对另外一种黑暗的前途和黑暗的命运。"

1945年4月23日至6月11日，中国共产党第七次全国代表大会在延安举行。图为七大代表进入延安杨家岭中央大礼堂会场。

毛泽东所说的书是指蒋介石署名出版的《中国之命运》。毛泽东在此针锋相对地提出了中国共产党规划的"中国之命运"——光明的中国。

第二天，毛泽东向大会作政治报告，他没有照读会议报告，而是将《论联合政府》的书面报告发给大家，实际上也是为了向代表们征求意见，他在会上仅就其中的路线问题、政策问题和党内的几个问题作了口头报告。这个报告也是经过反复征求意见、多次修改才定稿的。值得一提的是，毛泽东在《论联合政府》报告中指出："以马克思列宁主义的理论思想武装起来的中国共产党，在中国人民中产生了新的工作作风，这主要的就是理论和实践相结合的作风，和人民群众紧密地联系在一起的作风以及自我批评的作风。"这就是影响深远、意义重大的党的"三大作风"。

党的七大明确提出党的政治路线是："放手发动群众，壮大人民力量，在我党的领导下，打败日本侵略者，解放全国人民，建立一个新民主主义的中国。"大会选举毛泽东、朱德、刘少奇、周恩来、任弼时为中央书记处书记，毛泽东为中央委员会主席，形成了党的第一代领导集体成熟而稳定的核心，从而使全党在马克思列宁主义、毛泽东思想的基础上达到了空前的团结。

这次大会历时50天，成为党的历次代表大会中会期最长的一次。其间大会与小会穿插进行，民主气氛十分浓厚。朱德、刘少奇、周恩来、林伯渠等都在会上作了报告和讲话。日本共产党领袖冈野进也发表讲话。许多代表纷纷要求发言，也有的代表反映讨论的时间不够，所以主席团决定延长大会时间。就这样，从春末到盛夏，党的七大跨越了两个季节。

党的七大最重要的历史贡献是确立毛泽东思想为党的指导思想并写入党章。5月14日，刘少奇作《关于修改党章的报告》，指出：毛泽东思想，就是马克思列宁主义的理论与中国革命的实践之统一的思想，就是中国的共产主义，中国的马克思主义。毛泽东思想是中国共产党集体智慧的结晶，实现了马克思主义中国化的第一次历史性飞跃，而毛泽东是马克思主义中国化的伟大开拓者。

毛泽东那篇家喻户晓的《愚公移山》是这次大会的闭幕词，他这样评价这次会议："我们开了一次很好的会议。这是一次团结的大会，一次胜利的大会。"党的七大以"团结的大会、胜利的大会"被载入了史册，为取得抗日战争的彻底胜利和新民主主义革命在全国的胜利奠定了坚实的基础。

十六

偏向虎山行

毛泽东赴重庆谈判

"毛泽东先生来了!"

1945年8月28日,一向多雾的重庆却是个大晴天。下午3时36分,经过3个多小时的飞行,476650号军用飞机在重庆机场安然着陆。身着蓝布中山装、头戴灰色拿破仑帽的毛泽东第一个走出机舱,他坚定自信的形象迅速出现在重庆各大报纸的头条。毛泽东到重庆谈判的消息,立即传遍山城的角角落落。整个山城沸腾了,整个中国沸腾了。

毛泽东之所以来重庆谈判,皆因蒋介石接连发出的三封电报。1945年8月14日,蒋介石发出第一封信,邀请毛泽东去重庆共同商讨和平问题。国民党的假谈判是毛泽东预料之中的。8月16日,毛泽东复电蒋介石,表示待蒋介石对八路军"就原地驻防待命"一事接受中国共产党的意见后,将考虑与其会见问题。蒋介石于8月20日、23日又连续发出两次邀请函。毛泽东于8月22日复电:兹为团结大计,特先派周恩来同志前来晋谒。8月24日再次复电:鄙人极愿与先生会见,商讨和平建国大计,俟飞机到,恩来同志立即赴渝晋谒，弟亦准备随即赴渝。这看起来是个简单的书信往复的过程，实际上却是一个较量和抉择的过程。

对于毛泽东来说，赴重庆谈判是一次艰难的抉择。抗战胜利后国内人民强烈期待和平建设，国际上也不希望中国发生内战。但中共中央清醒地认识到，蒋介石邀请毛泽东赴重庆谈判，是缓兵之计。抗战刚刚胜利，蒋介石一方面还来不及完成内战的战略部署，另一方面也不想把发动内战的责任放到自己身上。而且他还断定毛泽东是不敢来重庆谈判的。所以他一边调兵遣将，一边制造谋求和平的假象。

中共中央政治局在8月23日、26日先后举行两次会议，进一步明确了党在新环境下所应采取的方针和对策，对是否赴重庆与蒋介石谈判、怎么谈判作出了决定。毛泽东在第一次会议上说："先派恩来同志出去。我出去，决定少奇同志代理我的职务，书记处另推陈云、彭真同志为候补书记。以便我和恩来同志出去后，书记处还有五人开会。"在第二次会议上，毛泽东表示：可以去，必须去。这样可以取得全部主动权。必须做一定的让步，在不伤害双方根本利益的条件下才能得到妥协。由于有我们的力量、全国的人心、蒋介石自己的困难、外国的干预四个条件，这次去是可以解决一些问题的。可见，中共中央对谋求和平是真诚的、积极推动的。为了统一党内思想，毛泽东还为中共中央起草了关于同国民党进行和平谈判的通知，提出我方给以必要的不伤害人民根本利益的让步。无此让步，我方不能击破国民党的内战阴谋，不能取得政治上的主动地位，不能取得国际舆论和国内中间派的同情，不能换得我党的合法地位和和平局面。在我党采取上述步骤后，如果国民党还发动内战，它就在全国全世界面前输了理，我党就有理由采取自卫战争，击破其进攻。

抗日战争胜利后，中国面临两个前途、两种命运的斗争。为了争取光明的前途，中国共产党顺应人民渴望和平的愿望，于1945年8月25日发表《对目前时局的宣言》，提出和平、民主、团结的三大口号，阐明了中国共产党争取和平、反对内战独裁的方针。

毛泽东决定要为人民的和平冒一次险。8月28日，他与周恩来、王若飞一起飞抵重庆。毛泽东带着事前精心准备好的谈判方案，就两党关系、和平建国等问题同十九载未见的蒋介石进行了多次商谈。具体谈判主要由周恩来、王若飞和国民党政府代表王世杰、张群、张治中等进行。但由于国民党对此次谈判并没有十足的诚意，也没有准备像样的方案，双方的方案相去甚远，谈判异常艰难，遇到关键问题经常僵持不下。从8月29日开始，历时43天，国共双方终于在10月10日正式签署《政府与中共代表会谈纪要》，又称"双十协定"。国民党表示接受中共提出的"和平建国的基本方针"，同意召开各党派代表及社会贤达参加的政治协商会议共商和平大计等。军队和解放区政权问题是谈判双方争执的焦点，虽然中共中央对解放区土地和人民军队数量等作出了必要的让步，但由于国民党执意要取消解放区的人民政权和人民军队，这两个问题无法达成协议，只得作为悬而未决的问题留待继续商谈。

1945年在重庆谈判期间,毛泽东与蒋介石、赫尔利等合影。右起:
毛泽东、王世杰、张群、蒋介石、蒋经国、赫尔利。

毛泽东启程回延安之前发表谈话:中国问题是可以乐观的,困难是有的,但是可以克服的。10月11日下午,刚刚回到延安的毛泽东即主持召开中央政治局会议,在谈到双十会谈纪要的意义时说:这个东西,第一个好处是采取平等的方式,双方正式签订协定,这是历史上未有过的。第二,有成议的六条,都是有益于人民的。

毛泽东不顾个人安危,带着谋求和平的诚意亲赴重庆,这是一件轰动国内外的大事,得到社会各界的广泛赞誉。诗人柳亚子赋诗，称颂毛泽东的这一行动是"弥天大勇"；张治中称此为"中国历史上一件大事"。辛亥革命的功臣、中国民主同盟主席张澜对毛泽东说：蒋介石在前几年曾威胁说"只有共产党才讲民主"，现在形势一变，他也喊起"民主"来了。毛泽东风趣地回答："民主也成了蒋介石的时髦货！他要演民主的假戏，我们就来他一个假戏真做，让全国人民当观众，看出真假，分出是非，这场戏也就大有价值了。"

国民党假民主、真独裁的面目很快暴露出来。1946年6月，蒋介石撕毁"双十协定"，向中原解放区大举进犯。人们力求避免的全面内战还是爆发了。

十七

地覆天翻
实行耕者有其田

1947年7月至9月,在河北平山县西柏坡一块相对比较平坦的空地上,有一个摆放着四个旧条桌和几把椅子的简陋会场。炎炎烈日下,没有会标、没有音响、没有麦克风的露天会场上,却召开了一个在中国土地改革运动史上产生划时代影响的重要会

1947年7月中共中央工作委员会召开全国土地会议,9月通过了《中国土地法大纲》,图为河北阜平县易家庄的农民在墙上书写宣传《中国土地法大纲》。

议——全国土地会议。

会议从 7 月 17 日开始到 9 月 13 日结束，历时 59 天。中共中央工委书记刘少奇主持。朱德、董必武、彭真等出席。东北、冀热辽、山东、晋冀鲁豫、晋察冀、晋绥、陕甘宁等解放区的主要领导人，以及华北地区的大多数地委和晋察冀野战军各旅的代表共 100 余人参加。代表们有的自带板凳，有的直接搬用河边的石头做凳子，刘少奇还把自己的躺椅也搬至会场。代表开会时头顶不仅有炎炎烈日，还有敌机不时呼啸而过。就在这样充满危险又艰苦的环境下，会议总结了土地改革运动的经验，讨论通过了《中国土地法大纲》。

抗日战争时期，大敌当前，中国共产党实行的是减租减息、合理负担和没收汉奸财产的政策。这一政策的实行，减轻了农民负担，但没有没收地主的土地，在减租减息的同时农民也缴租缴息。抗战胜利后，解放区的面积有所扩大，其中相当部分还是从日本侵略者手中收复的，这些地区没有实行过减租减息，恶霸地主依然占有大量土地。即便是经过减租减息的老解放区，农民也希望满足他们对土地的需要。1946 年春，山西、河北、山东、华北等解放区，特别是新解放区，农民纷纷起来，在反奸、清算、减租、减息等斗争中，从地主手里获得了大量土地。全面内战爆发在即，如何最大限度地动员广大解放区人民支持解放战争，成为中国共产党必须回答的问题。而这个问题的关键点，就在于解决解放区农民最关心的土地所有权问题。1946 年 5 月 4 日，中共中央召开工作会议，通过了《中共中央关于土地问题的指示》，称之为"五四指示"。指示提出：我党应坚决拥护群众在反奸、清算、减租、减息、退租、退息等斗争中，从地主手中获得土地，实现"耕者有其田"。这是中国共产党土地政策的重要转变。各级党组织遵照中央指示，纷纷抽调大批干部组成工作队，到农村领导土地改革运动。获得土地的农民，极大地提高了发展生产和支援解放战争的积极性。

但在"五四指示"中，没有明确提出废除封建土地所有制问题。1947年人民解放军由战略防御转为战略进攻，为取得战争胜利，必须在短时间内彻底解决农民的土地问题。全国土地会议就是在这样的大背景下召开的。会议通过的《中国土地法大纲》最突出和鲜明的特点是：废除封建性及半封建性剥削的土地制度，实行耕者有其田的土地制度。

《中国土地法大纲》是在全国范围内彻底消灭封建土地制度的纲领性文件。它从法律上废除了一切地主的土地所有权；废除一切祠堂、庙宇、寺院、学校、机关及团体的土地所有权；废除一切乡村中在土地制度改革以前的封建债务，由乡村农会接收地主的牲畜、农具、房屋、粮食及其他财产，并征收富农的上述财产的多余部分，分给缺乏这些财产的农民及其他贫民。这是一场中国共产党领导中国人民从根本上摧毁中国封建制度根基的社会大变革。据统计，到1949年6月，在拥有2.7亿人口、面积约230万平方千米的解放区内，完成土地改革的地区约有1.5亿人口，其中1亿农民分得了土地，有的还获得了房屋和粮食。

在土改运动迅猛发展的过程中，也出现了一些侵犯中农和工商业者利益、对地主乱打乱杀等"左"的偏向。中共中央发现后及时采取坚决措施加以纠正，并明确规定了土改工作的总路线总政策，即依靠贫农，团结中农，有步骤有分别地消灭封建剥削制度，发展农业生产。此后，土改运动走上健康发展的轨道。

《中国土地法大纲》是中国农民期盼了几千年的根本大法。摆脱了封建枷锁的翻身农民，迸发出难以估量的革命热情。他们踊跃参军参战，担负起巨大的战争勤务，并以粮草、被服等物资支援自己的子弟兵，正如歌中所唱，"最后一碗米送去做军粮，最后一尺布送去做军衣，最后老棉被盖在担架上。最后亲骨肉送他上战场"。1948年10月，毛泽东宣布，在前两年，共产党"已经动员了大约160万分得土地的农民参加人民解放军"。

当时，美国的《密勒氏评论报》曾这样报道，"中国内战战场的真正分界是在这样两种不同的地区中间：一种是农民给自己种地，另一种是农民给地主种地"，它"不但决定国共两党的前途，而且将决定这个国家的命运"。

中国是农民人口占多数的国家，革命的实质问题是农民问题。如果没有广大农民的全力支持，中国人民的革命斗争也会失去力量源泉而不可能战胜强大的敌人。土地制度改革，让农民认识到中国共产党是他们利益的坚决维护者，为打败蒋介石、建立新中国奠定了最深厚的群众基础。

十八

大决战
辽沈、淮海、平津战役

流经河北平山县的滹沱河,在太行山深处拐了个弯,环抱起一个静谧的村庄——西柏坡村。村子里有间十几平方米的普通农家小屋,这就是中央军委的作战室,中共中央在新中国成立前最后一个农村指挥所。如果没有标识牌,很难有人会想到国共两党之间惊心动魄的生死大决战,中国革命战争史上一幅幅气势磅礴、波澜壮阔的画卷就是在这里谋划绘就的。

在这间低矮的作战室里,摩肩接踵地挤满了身着军装的人,从这里发出的一封封电报,通过电波传到了三大战役前线。周恩来曾风趣地说:"我们这个指挥部可能是世界上最小的指挥部,我们一不发人,二不发枪,三不发粮,天天发电报,就把国民党打败了。"从1948年9月12日至1949年1月31日的142天里,党中央在这里指挥了震惊中外的辽沈、淮海、平津三大战役,共发出408封电报,争取起义、投诚、接受和平改编与歼灭国民党173个师,合计154万余人。人民解放军以横扫千军如卷席之势,创造了平均一天战胜敌军近一个师的战争奇迹,打出了一个新中国。

1947年上半年，战争形势发生了重大变化。中共中央作出决策：以主力打到外线去，将战争引向国民党区域，由战略防御转入战略进攻。中共中央选择地处中原的大别山作为主要突击方向，于是有了刘邓大军千里跃进大别山、三路大军挺进中原之战。这是一个了不起的决策。1948年3月23日，毛泽东率中央机关和人民解放军总部东渡黄河后进驻西柏坡。9月8日到13日，中共中央在西柏坡召开政治局扩大会议，明确提出，现在战争进入第三年，这是争取五年胜利中关键的一年。我们既不能因胜利太快

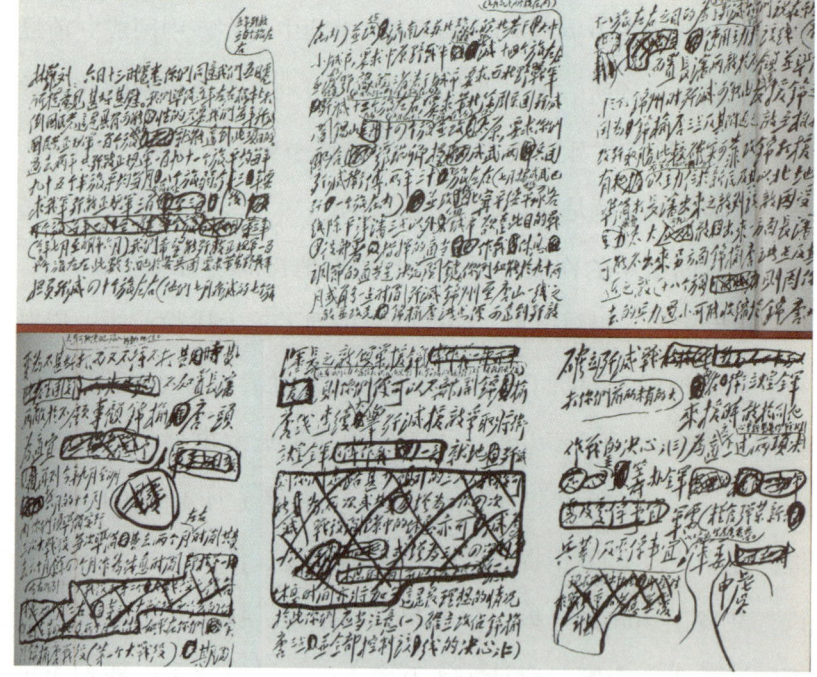

1948年9月12日至11月2日，毛泽东指挥东北野战军开展辽沈战役，历时52天，歼灭国民党军47.2万人。图为毛泽东《关于辽沈战役作战方针》电文手稿。

而无准备，也不能因为胜利稍慢而没有耐心。根据会议精神，人民解放军从9月开始，先后在东北、华东、中原、华北和西北战场发起秋季攻势，并取得济南战役的胜利。济南战役是中国人民解放军攻克敌人重点设防的大城市的开始，也是蒋介石以大城市为主的"重点防御"体系总崩溃的开始。中共中央抓住战略决战的有利时机，推动人民解放战争进入夺取全国胜利的决定性阶段。

第一场战略大决战是从辽沈战役开始的。毛泽东把大决战的首战选在东北，主要考虑到东北人民解放军实力雄厚，而且有着巩固的后方。东北战场的决战从哪里打起？当时有两种选择——长春和锦州。毛泽东果断决定攻打东北国民党守军的致命之地——锦州。林彪对攻打锦州却顾虑重重。1948年9月7日，中共中央电告林彪、罗荣桓、刘亚楼，要在九、十两月或再多一点时间内歼灭锦州至唐山一线之敌，并攻克锦州、榆关、唐山诸点。10月10日，再次电告林、罗、刘："你们的中心注意力必须放在锦州作战方面，求得尽可能迅速地攻克该城。即使一切其他目的都未达到，只要攻克了锦州，你们就有了主动权，就是一个伟大的胜利。"在毛泽东和中央一封封标有AAAA的代表十万火急的电报的催促下，林彪才开始一心一意攻打锦州。从1948年9月12日到11月2日，辽沈战役历时52天，歼灭国民党精锐部队47.2万人，解放了东北全境，从此全国的军事形势出现了一个新的转折点。辽沈战役结束后第十二天，毛泽东撰写了题为《中国军事形势的重大变化》的新华社评论，信心满满地说："只需从现在起，再有一年左右的时间，就可能将国民党反动政府从根本上打倒了。"12月30日,他又用两天时间为新华社写了题为《将革命进行到底》的新年献词,毫不含糊地指出,必须"用革命的方法,坚决彻底干净全部地消灭一切反动势力"。

辽沈战役一结束,作为南线决战的淮海战役便打响了。最早提议发起淮海战役的是华东野战军代司令员兼代政治委员粟裕。他曾两次致电中央军委,建议暂缓渡江,分两个阶段进行淮海战役。中央军委最终采纳了粟裕的建议,于1948年11月9日复电粟裕等:"应极力争取在徐州附近歼灭敌人主力,勿使南窜。"这是一个重大的决策,把原来仅限于两淮、海州地区的作战,扩大到了徐州、蚌埠,"小淮海"变成了"大淮海"。中原野战军突然攻克安徽宿县,标志其开始与华东野战军协同作战。随后成立了由刘伯承、陈毅、邓小平、粟裕、谭震林组成的总前敌委员会,邓小平任书记。两大野战军在统一领导下协同作战在我军历史上还是第一次。毛泽东曾说:"两个野战军联合在一起,就不是增加一倍力量,而是增加好几倍的力量。"淮海战役从1948年11月6日发起,至1949年1月10日结束,经过三个阶段66天的紧张艰苦战斗,歼敌55.5万人,创造了中外战争史上的奇迹。

淮海战役鏖战正酣,平津战役已在11月29日拉开战幕。林彪率领东北解放军挥师入关,按照中央军委"先取两头、后取中间"的原则,首先攻克西线的新保安、张家口。在东线,1949年1月15日,全歼天津国民党守军13万余人。经过解放军和中共北平地下党的耐心工作,傅作义率部接受改编,北平和平解放,平津战役胜利结束。平津战役历时64天,歼灭或改编国民党军队

52万余人。北平这个文化古都被完整地保存了下来。

三大战役，基本上摧毁了国民党赖以维持其反动统治的主要军事力量，大大加快了解放战争在全国胜利的进程。1949年4月21日，中国人民解放军正式发起渡江战役。4月23日解放南京，延续了22年的国民党反动统治宣告覆灭。

十九

进京赶考

党的七届二中全会

1949年3月5日下午,白灰砸顶、土坯垒就的西柏坡中央办公大院机关食堂门口,摆放着一台法国制造的手摇式摄影机。吱吱悠悠的转轮声中,党的七届二中全会的珍贵影像被永久地保存

1943年3月,中共七届二中全会在西柏坡召开。图为邓小平在西柏坡出席中共七届二中全会时与陈毅、张鼎丞等同志在一起。

下来。在黑白影像中,我们几乎看到了当时中国共产党所有的高层领导人,他们身着粗布棉袄,或面带微笑,或手持香烟,在镜头中留下了轻快的步伐和年轻的面庞。当毛泽东、朱德、刘少奇、周恩来、任弼时连同34位中央委员、19位中央候补委员,走进为迎接胜利而召开的七届二中全会会场时,无论从他们的神态还是着装,我们看到的都是朴素下的从容坚定。他们正在筹划的是一个新中国的未来。中国共产党在解放战争时期唯一一次中央全会就这样召开了。

面对胜利,党内会不会有骄傲自满的情绪、以功臣自居的情绪、停顿起来不求进步的情绪、贪图享乐不愿再过艰苦生活的情绪?毛泽东在著名的《在中国共产党第七届中央委员会第二次全体会议上的报告》中说:"可能有这样一些共产党人,他们是不曾被拿枪的敌人征服过的,他们在这些敌人面前不愧英雄的称号;但是经不起人们用糖衣裹着的炮弹的攻击,他们在糖弹面前要打败仗。我们必须预防这种情况。夺取全国胜利,这只是万里长征走完了第一步。如果这一步也值得骄傲,那是比较渺小的,更值得骄傲的还在后头。"

在一个多小时的时间里,毛泽东一共讲了十个问题,几乎囊括了执政党即将面临的任务的所有方面,包括了政治、经济、外交等。对于在座的一些身上还散发着硝烟味道的代表来说,经济产值和私人资本这些概念都是首次听说。对于中国共产党来说,城市还是一个陌生的地方,有些问题的确是全新的领域。面对这些问题,毛泽东在报告中还指出:"从一九二七年到现在,我们的工作重点是在乡村，在乡村聚集力量，用乡村包围城市，然后取得城市。从现在起，开始了由城市到乡村并由城市领导乡村的时期。党的工作重心由乡村移到了城市。""必须用极大的努力去学会管理城市和建设城市。"在城市中，一切工作都是围绕生产建设这一中心并为这个中心服务的。如果不能使生产事业尽可能迅速地恢复和发展，就不能维持政权，就会失败。

这篇报告是一篇建设新中国的纲领性文献，为中华人民共和国设计了宏伟蓝图。细读这份报告，尽管在胜利的前夜，文字中显现的却不是胜利的欣喜，而是深刻的思考和谨慎的态度。毛泽东在讲话的最后，连续用了两个语气副词告诫全党："务必使同志们继续地保持谦虚、谨慎、不骄、不躁的作风，务必使同志们继续地保持艰苦奋斗的作风。"他充满激情地鼓舞大家，"我们能够学会我们原来不懂的东西。我们不但善于破坏一个旧世界，我们还将善于建设一个新世界。中国人民不但可以不要向帝国主义者讨乞也能活下去，而且还将活得比帝国主义国家要好些"。

1949年3月23日，党的七届二中全会闭幕10天后，毛泽东等率中共中央机关和人民解放军总部离开中国革命的最后一个农村指挥所——西柏坡，向北平进发。临行前，毛泽东对周恩来说，今天是进京的日子，进京"赶考"去。周恩来说，我们应当都能考试及格，不要退回来。毛泽东坚定地说，退回来就失败了，我们决不当李自成，我们都希望考个好成绩。党的七届二中全会前后，以顺利接管沈阳、天津、北平、上海等大城市为标志，中国共产党开始成功地实现工作重心由农村到城市的转移。

二十

新中国的召唤
中国人民政治协商会议

中南海怀仁堂是一个小院子。1949年9月21日晚,中国人民政治协商会议第一届全体会议在这里召开,装扮一新的小院迎来了天南海北的各界代表和来宾。小院中临时搭起了顶棚,门前彩色气球和墨绿色的飘带随风挥舞,会场内宫灯、日光灯、水银

1949年9月,中国人民政治协商会议第一届全体会议在北平(今北京)举行。图为各界群众聚集在新华门前庆祝新政协会议召开。

灯交相辉映，主席台上悬挂着巨幅会标和政治协商会议会徽。会徽的下方，并排悬挂着孙中山和毛泽东的巨幅画像。庄严瑰丽的会场，正以崭新的面貌期待着即将到来的人们。当毛泽东来到签名处，四周灯光齐亮，数个摄像机镜头对准了他，郭沫若、李济深、马寅初等人簇拥在他的身旁，见证了作为中共正式代表的他在最前方庄重地写下"中国共产党"和"毛泽东"几个大字。

1948年中共中央发布"五一口号"，提出召开新政治协商会议、成立民主联合政府的主张。从1949年春起，经中共中央邀请，各民主党派、各人民团体的代表人物和无党派民主人士，从各地出发先后抵达擘画伟大历史事件的中心——北平。参加会议的代表共662人（含候补代表），包括中国共产党、各民主党派、无党派、各人民团体等45个单位的代表及特邀人士，此刻会议厅中可谓八方会聚、群贤毕至。时任筹备会秘书处副处长的王仲方回忆政协第一届全体会议代表出席的场景时说：56岁的宋庆龄"步履轻快，庄重和蔼，激动而不外露，使人敬重"；"七君子"中的沈钧儒、史良、章乃器、沙千里等人受到众人关注，沈钧儒虽然年长，胡子又长，但走路和上台阶都比别人轻快；梅兰芳是最受瞩目者之一，脱去戏装后依然风采照人。

在新民主主义革命夺取全国胜利的历史转折中，共产党人以海纳百川的政治胸怀，把全国各党派的民主力量会聚在一起，使这次政治协商会议具有了代表全中国人民的性质。毛泽东在讲话中指出：中国人民政治协商会议宣布自己执行全国人民代表大会的职权。

晚7时，中国人民政治协商会议第一届全体会议正式开幕。军乐队齐奏中国人民解放军进行曲，同时场外鸣放礼炮54响。全体代表起立，热烈鼓掌达5分钟之久。随后，毛泽东用洪钟般的声音致开幕词，他以沉稳、缓慢的语调豪迈而庄严地宣告："我们有一个共同的感觉，这就是我们的工作将写在人类的历史上，它将表明：占人类总数四分之一的中国人从此站立起来了。让那些内外反动派在我们面前发抖吧，让他们去说我们这也不行那也不行吧，中国人民的不屈不挠的努力必将稳步地达到自己的目的！""我们的民族将从此列入爱好和平自由的世界各民族的大家庭，以勇敢而勤劳的姿态工作着，创造自己的文明和幸福，同时也促进世界的和平和自由。我们的民族将再也不是一个被人侮辱的民族了，我们已经站起来了。我们的革命已经获得全世界广大人民的同情和欢呼，我们的朋友遍于全世界。"伴随着这洪亮而令人振奋的声音，怀仁堂内响起雷鸣般的掌声，许多代表眼里噙着激动而兴奋的泪花。

会议通过了《中国人民政治协商会议共同纲领》，对中华人民共和国的国体和政体、军队和军事建设、经济建设的根本方针、文化教育、民族政策、外交政策等作出具体规定。《中国人民政治协商会议共同纲领》成为中国人民的大宪章，在一个时期内起着新中国临时宪法的作用。

会议经过充分民主协商，还一致通过《中华人民共和国中央人民政府组织法》《中国人民政治协商会议组织法》：定北平为首都，并改名为北京；采用公元纪年；以五星红旗为国旗；以《义勇军进行曲》为代国歌。会议还决定在首都天安门广场建立一座人民英雄纪念碑，以表示对革命先烈的崇敬和缅怀。会议选举了中国人民政治协商会议第一届全国委员会委员：毛泽东、刘少奇、朱德、周恩来、张澜、李济深等180人当选；选举毛泽东为中央人民政府主席，朱德、刘少奇、宋庆龄、李济深、张澜、高岗6人为副主席；讨论和通过了中国人民政治协商会议第一届全体会议宣言和给中国人民解放军的致敬电。30日下午，中国人民政治协商会议第一届全体会议在怀仁堂举行闭幕会。

一个实行工人阶级领导的、以工农联盟为基础的、团结各民主阶级和国内各民族的人民民主专政的国家，一个人民当家作主的新国家——中华人民共和国诞生了！中国的历史从此翻开了全新的一页。

二十一

中国人民站了起来

开国大典

建于1417年的天安门,矗立在古都北京的中轴线上,曾俯瞰中华民族500余年的辉煌与苦难。1949年10月1日,历史赋予这座古朴庄严的建筑以新的历史使命——被称为"开国大典"的中华人民共和国成立典礼在这里举行。随后,10月1日被定为中华人民共和国国庆日。

10月1日下午2时,毛泽东在中南海勤政殿主持召开中央人民政府委员会第一次会议,宣布接受《中国人民政治协商会议共同纲领》为中央人民政府的施政纲领。会议选举林伯渠为秘书长,任命周恩来为政务院总理兼外交部部长,毛泽东为中央军事委员会主席,朱德为中国人民解放军总司令,沈钧儒为最高人民法院院长,罗荣桓为最高人民检察署检察长。

在同一时间内,焕然一新的天安门广场上彩旗招展、鲜花拥簇,歌声、口号声此起彼伏,30万首都军民会聚于此,等待着"开国大典"这场旷世盛典的开幕。

下午3时,刚刚宣布成立的中央人民政府委员会的全体委员,

1949年10月1日,中华人民共和国开国大典时,毛泽东同志庄严宣布:中华人民共和国成立了!图为毛泽东在开国大典上讲话。

沿着天安门城楼西侧的古砖道拾级而上,缓步登上天安门城楼。中央人民政府秘书长林伯渠宣布典礼开始。毛泽东走到麦克风前,用洪亮的声音向全中国、全世界庄严宣告:中华人民共和国中央人民政府成立了!"本政府为代表中华人民共和国和全国人民的唯一合法政府。凡愿意遵守平等、互利及互相尊重领土主权等项原则的任何外国政府,本政府均愿与之建立外交关系。"

伴随着几十万人的注视和雷鸣般的掌声,毛泽东按动电钮,在代国歌《义勇军进行曲》的雄壮旋律中,升起中华人民共和国第一面国旗五星红旗。与此同时,早已布置在天安门广场上的54门礼炮齐鸣28响——象征着中国共产党带领全国各族人民走过的28年艰苦卓绝的奋斗历程。

随后，阅兵仪式正式开始。中国人民解放军总司令朱德一身戎装，精神焕发地检阅了人民解放军陆海空三军组成的方队。由中国人民解放军陆海空三军组成的受阅部队，威武雄壮地由东向西从天安门城楼前通过。年轻的中国人民解放军空军17架飞机编成的战斗机、轰炸机和教练机三个梯队，在天安门广场凌空掠过，与地面的战车方队遥相呼应，引起了广场上人们的阵阵欢呼。在外国媒体的报道中，他们声称发现"一共有26架飞机参加了编队飞行"，甚至惊呼"中共一夜之间有了自己的空军"。但他们不知这是周恩来使用的一个"障眼法"，为了达到阅兵的最佳效果，他提议可以让领队的战斗机飞两遍。于是，阅兵当天17架飞机中的9架飞过天安门广场后不降落，转个大圈接在第三梯队后，成为第四梯队，再次飞过天安门广场。从战争的硝烟中走过来的人民解放军向全国人民展示了威武雄壮的阵容。

阅兵式结束，天色完全暗了下来。此时，长安街上华灯初上，天安门变成了彩灯的海洋，数不清的彩色花炮从四周飞射到天空中绽放。提着灯笼、举着火把的群众游行队伍中，有人抑制不住内心的激动，向着主席台的方向翘首高喊："毛主席万岁！""人民共和国万岁！"毛泽东挥舞着双手，在天安门城楼上来回走动着，在扩音机前大声地回应着："同志们万岁！"中国人民将永远铭记这一珍贵的历史时刻。

中国共产党团结带领中国人民经过28年的浴血奋战，建立了中华人民共和国，标志着中国人民从此站起来了，中华民族发展进步从此开启了新纪元！

二十二

打得一拳开，免得百拳来

抗美援朝保家卫国

"雄赳赳，气昂昂，跨过鸭绿江。保和平，卫祖国，就是保家乡。中国好儿女，齐心团结紧，抗美援朝打败美帝野心狼！"这首《中国人民志愿军战歌》的熟悉旋律，穿过70载的时光，将我们带回到新中国作出抗美援朝这个艰难决定的时刻。

1950年10月1日，在新中国一周岁的这天晚上，中南海丰泽园菊香书屋里，毛泽东手持电报眉头紧皱。就在这天，美军无视中国政府的严正警告，悍然越过"三八线"，大举向朝鲜北部进犯，企图迅速占领整个朝鲜。危急关头，朝鲜劳动党和政府请求中国出兵支援。

当天夜里，中共中央政治局召开紧急会议协商是否出兵朝鲜的问题。开完会议的毛泽东，辗转反侧，一夜无眠。此时的新中国立国未稳，百废待兴。中国绝不希望朝鲜半岛发生战事，但是战争还是于1950年6月25日爆发了。战争爆发初期，毛泽东就作出判断：朝鲜战争有两种可能性，一种是朝鲜人民军速战速决，迅速统一朝鲜半岛全境，结束战争；另一种是美国迅速投入兵力，使战争陷入僵持状态甚至发生逆转,进而把战火扩大到中国。事实正如毛泽东所料,美军不仅在仁川登陆,还于10月2日下达了越过"三八线"的作战命令,危急关头,朝鲜劳动党和政府请求中国出兵支援。

10月2日,毛泽东起草了一份给斯大林的电报:"我们决定用志愿军名义派一部分军队至朝鲜境内和美军及其走狗李承晚的军队作战,援助朝鲜同志,我们认为这样做是必要的。因为如果让整个朝鲜被美国占去了,朝鲜革命力量受到根本失败,则美国侵略者将更为猖獗,于整个东方都是不利的。"但这封电报没有发送出去。10月2日,中央书记处会议分歧很大,未能达成共识。10月4日和5日,中央政治局连续开会。毛泽东在会上说:你们说的都有理由。但是别人处于国家危急时刻,我们站在旁边看,不论怎样说,心里也难过。

彭德怀在会上说:出兵朝鲜是必要的,打烂了,等于解放战争晚胜利几年。

最后,中共中央书记处和政治局统一了认识:对于朝鲜问题,我们不能置之不理。美帝要把三把尖刀插在中国身上,如果我们对朝鲜问题置之不理,美帝必然得寸进尺,走日本侵略中国的老路。我们抗美援朝,就是保家卫国!

1950年10月8日,一支特殊的军队——"中国人民志愿军"诞生,彭德怀任司令员兼政治委员,部队的任务是"迅即向朝鲜境内出动,协同朝鲜同志向侵略者作战并争取光荣的胜利"。

同一天,周恩来、林彪秘密访问苏联,协商援朝问题。10月

11日，周恩来从莫斯科发来电报说明了苏联的态度：提供军事装备，但不打算兑现出动空军的承诺。这意味着志愿军将在没有空军掩护的情况下作战。

10月13日，毛泽东召开中央政治局委员会议，再次讨论出兵朝鲜问题。会议决定，即便苏联不出动空军支持，中国还是要出兵援朝。

1950年10月19日，第一批入朝援战志愿军，在没有空军掩护的情况下，雄赳赳，气昂昂，跨过鸭绿江，进入朝鲜境内，与朝鲜人民军并肩抗击侵略者。10月25日，志愿军打响入朝后的第一仗，以光荣的胜利揭开了伟大的抗美援朝战争的序幕，这一天后来被定为中国人民志愿军抗美援朝纪念日。

从1950年10月开始，中国人民志愿军与朝鲜人民军并肩作战，在8个月内先后与以美国为首的"联合国军"进行5次大的战役，共歼敌23万余人，把战线稳定在三八线附近。在志愿军入朝参战的同时，国内掀起轰轰烈烈的抗美援朝运动，全国人民踊跃参军参战，捐献飞机大炮，开展增产节约运动，有力支援了前线。1951年7月，战争进入"边打边谈"阶段。经过两年的相持阶段，交战双方于1953年7月27日签署停战协定。抗美援朝战争取得伟大胜利。

抗美援朝战争是一场保卫和平、反对侵略的正义之战，创造了以弱胜强的范例。240万平均年龄只有28岁的志愿军战士，用最简陋的武器和最顽强的意志对抗世界上武器装备最先进的美国士兵。197653名英雄儿女年轻的生命埋葬在异国他乡。人民不会

1950年10月起,周恩来协助毛泽东组织和指挥中国人民志愿军抗美援朝。图为1958年10月,周恩来和陈毅元帅在北京火车站欢迎中国人民志愿军凯旋。

忘记抱起炸药包与敌人同归于尽的杨根思,用胸膛堵住敌人火力点的黄继光,被敌人燃烧弹烧身却强忍剧痛一动不动的邱少云,为抢救落入冰河的朝鲜少年而牺牲的罗盛教……这些"最可爱的人",用青春、生命和鲜血为祖国拼回了家国安宁、山河无恙。

抗美援朝战争是新中国的立国之战,是智慧和勇气之战。这一战,打出了民族尊严,打出了新中国的国威,是中国人民站起来后屹立于世界东方的宣言书,是中华民族走向伟大复兴的重要里程碑。经此一战,中国人民粉碎了侵略者陈兵国门,进而将新中国扼杀在摇篮之中的图谋。打一拳,免百拳,帝国主义再也不敢作出武力进犯新中国的尝试,新中国真正站稳了脚跟。

二十三 新中国反腐第一战

"三反""五反"

"可能有这样一些共产党人,他们是不曾被拿枪的敌人征服过的,他们在这些敌人面前不愧英雄的称号;但是经不起人们用糖衣裹着的炮弹的攻击,他们在糖弹面前要打败仗。"这是毛泽东在中共七届二中全会上向全党干部发出的警告。这个警告很有预见性。新中国成立后,确实有一些领导干部没有经受住考验,贪污、浪费和官僚主义倾向在党内滋生蔓延。

1951年10月23日,毛泽东在政协第一届全国委员会第三次会议开幕词中发出要求:增加生产,厉行节约,以支援中国人民志愿军。

在增产节约运动的深入检查中,各地揭发出大量令人震惊的贪污、浪费和官僚主义现象。毛泽东看到了中共中央东北局的一份报告,说东北查出严重的贪污浪费和官僚主义行为。对此他极为重视,11月20日,他在批转这个报告时指出:"在此次全国规模的增产节约运动中进行坚决的反贪污、反浪费及反官僚主义的斗争。"

根据毛泽东的要求，中共中央作出《关于实行精兵简政、增产节约、反对贪污、反对浪费和反对官僚主义的决定》，"三反"运动在全国展开。"三反"运动重点是打击大贪污犯。处理的最大的案件，就是被称为"共和国肃贪第一案"的刘青山、张子善贪污案。刘青山时任中共天津地委书记，张子善是天津行署专员。两人都是20世纪30年代初入党的高级干部。他们领导过农民暴动，组织过狱中绝食斗争，曾在敌人面前表现出共产党员的英雄气概。但是进城后，他们利用职权，盗用公款，盘剥民工，共贪污、盗窃、挪用公款171.6亿元（旧人民币，1万元等于现在的人民币1元，以下同）。最终，党送给这两个贪污犯的是两颗结束生命的子弹。

谈及此事，毛泽东说：正因为他们两人的地位高，功劳大，影响大，所以才要下决心处决他们。只有处决他们，才能挽救二十个、两百个、两千个、两万个犯有各种不同程度错误的干部。

在历时半年多的时间里，共查处贪污1000万元以上的贪污

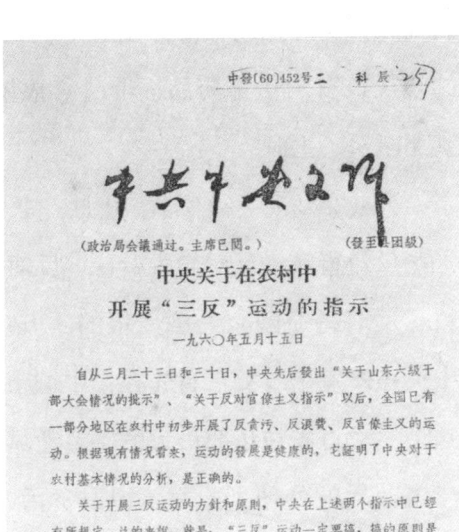

《中央关于在农村中开展"三反"运动的指示》（首页）（一九六〇年五月十五日）。

分子105916人，贪污总额达6万亿元。这场斗争，是党在执政情况下保持共产党人和领导干部清廉、惩治腐败的初战。这个运动教育了干部的大多数，挽救了犯错误的同志，清除了一批党和国家干部队伍中的贪污腐败分子，对保持党政机关清正廉洁，形成良好的党风政风和社会风尚起了很大的作用。

"五反"运动是在"三反"运动中引发出来的。"三反"运动揭发出来的贪污分子中，每个受贿者背后总有一个行贿者，这些人大多是不法资本家。在"三反"运动深入开展的过程中，不法资本家的行贿、偷税漏税、盗骗国家财产、偷工减料、盗窃经济情报的"五毒"行为被越来越多地揭发出来。当志愿军在抗美援朝前线英勇斗争时，居然出现了送到前线的铁锹、铁镐一用就坏的情况；有的伪劣药品、带菌急救包，使一些战士致病、致残，甚至断送了生命。

为此，1952年1月至10月，中央在私营工商业者中开展了一场反对行贿、反对偷税漏税、反对盗骗国家财产、反对偷工减料、反对盗窃国家经济情报的"五反"运动。1月26日，中共中央正式发出《关于首先在大中城市开展"五反"斗争的指示》。这个运动首先在华北最大的工商业城市天津开展起来，四天内天津工商界就处理了检举、坦白贪污、行贿、偷税漏税案件6115件。"五反"运动有力地打击了不法资本家的"五毒"行为，在工商业者中普遍进行了一次守法经营教育，巩固了工人阶级和国营经济的领导地位，推动在私营企业中建立工人监督和民主改革的进程。

"三反""五反"运动在新中国成立初期，对清除旧社会遗留的污毒，树立起健康的新道德、新风尚发挥了重要作用，也为后来用和平方式逐步改造资本主义工商业作了重要铺垫。

二十四

迈向社会主义
完成三大改造

"从中华人民共和国成立,到社会主义改造基本完成,这是一个过渡时期。党在这个过渡时期的总路线和总任务,是要在一个相当长的时期内,逐步实现国家的社会主义工业化,并逐步实现对农业、对手工业和对资本主义工商业的社会主义改造。"这是中国共产党在1953年根据毛泽东的建议正式提出的路线,又被称为过渡时期总路线。它是从新民主主义社会向社会主义过渡的基本纲领和路线,毛泽东将其喻为照耀各项工作的灯塔,是团结和动员全国人民共同为建设一个伟大的社会主义国家而奋斗的新纲领。1954年2月,党的七届四中全会正式批准这条总路线。1954年,过渡时期总路线的基本思想被载入《中华人民共和国宪法》。

过渡时期总路线是社会主义工业化和社会主义改造并举的总路线。它的中心内容被概括为"一体两翼"和"一化三改"。实现社会主义工业化是总路线的主体,实现对农业、手工业和资本主义工商业的社会主义改造是总路线的两翼。

这是一条适合中国特点的向社会主义过渡的道路。1953年到

1956年，怀着对未来的美好憧憬与向往，年轻的人民共和国把注意力转移到工业化这个总路线主体的要求上来，并加快了社会主义改造的步伐。

在农业方面，分散、脆弱的个体农业经济，既无法抵抗自然灾害的威胁，更无法满足即将开展的大规模工业化建设的需要。只有组织农民互助合作，才能发展生产，实现共同富裕。1951年12月15日，中共中央作出关于农业生产互助合作的第一个决议，提出三种互助合作形式：一是简单的劳动互助，主要是临时性的，季节性的；二是常年的互助组；三是以土地入股为特点的农业生产合作社。在决议指导下，农业生产互助合作运动快速展开。1953年过渡时期总路线提出后，中共加快农业集体化步伐，开始进行农业社会主义改造。1953年12月，党中央通过《中共中央关于发展农业生产合作社的决议》，强调党在农村工作的根本任务，就是逐步实行农业的社会主义改造，必须把个体经济的积极性引到互助合作积极性的轨道上来，把注意力更多地转向兴办初级农业生产合作社。决议认为，以土地入股为特征的初级农业生产合作社已经显示出优越性，可以成为引导农民过渡到土地公有的完全社会主义性质的高级社的适当形式。很快，农村掀起大办合作社的热潮，轰轰烈烈的农业合作化运动在中国农村开展起来了。1955年春，初级社发展到67万个。到1956年底，全国加入农业合作社的农户达96.3%，农业社会主义改造基本完成。

从1953年11月开始，手工业的合作化之路也逐步开展，从手工业生产合作小组到手工业供销生产合作社再到手工业生产合

对资本主义工商业的社会主义改造,是通过从国家委托加工订货、统购包销到公私合营的多种国家资本主义形式,实现对资产阶级的和平赎买。图为1956年1月10日,毛泽东视察上海公私合营申新九厂时和荣毅仁交谈。右三为上海市市长陈毅。

作社,一步一步,由小到大,由低到高,逐步进行改造。到1954年底,全国手工业合作社(组)发展到4.17万个,拥有社(组)成员121.35万人,当年产值11.7亿元,较1953年增长1.2倍,劳动生产率提高20%到30%。到1955年下半年,随着农业合作化运动的高潮兴起,手工业领域的合作化速度也大大加快,这一年全国手工合作社比上年增长近一倍。到1956年底,手工业领域的合作化也基本完成。

资本主义工商业是新民主主义社会经济结构的重要组成部分,

在轻工业和国内商业方面占有相当大的比重。从1953年6月开始，通过采用委托加工、计划订货、统购包销、委托经销代销、公私合营等一系列从低级到高级的国家资本主义形式，中国实现了马克思和列宁曾经设想的对资产阶级的"和平赎买"。另外在相当一段时期内，让资本家继续从企业分得一部分红利和股息，逐步将民族资本主义经济转变为社会主义经济。到1956年1月底，全国50多个资本主义工商业比较集中的大城市都相继实行了全市性的全行业公私合营。

被誉为中国"煤炭大王"和"火柴大王"的刘鸿生，谈及当时的感受时说："问我为什么拥护共产党？我是一个企业家，我的企业，无论水泥、毛纺、码头、火柴、煤矿、银行业目前都在发展着，规模远较过去大得多。共产党能够推动企业，能使中国变成工业化的国家，这是我过去五十年的梦想，我为什么不拥护它？"

1956年底，随着对农业、手工业、资本主义工商业社会主义改造的基本完成，全民所有、集体所有、公私合营三种社会主义公有制经济达到93%，中国的社会经济结构发生了根本变化，社会主义基本制度建立起来。在党的带领下，中国进入了社会主义社会，成功实现了中国历史上最深刻最伟大的社会变革。社会主义基本制度的建立，为当代中国的一切发展进步奠定了政治前提和制度基础。

二十五

一切权力属于人民

确立人民代表大会制度

1954年9月15日,北京进入逐渐转凉的夏末秋初,但在曾举办过多次重要会议的中南海怀仁堂里,却呈现出朝气蓬勃、庄严热切的气氛。下午3时,第一届全国人民代表大会第一次会议在这里隆重开幕。1226名人民代表从车床边、从田间地头、从矿井里、从海岸的哨所会聚到这里,他们放下钳子、放下犁耙、放下镐头、放下笔杆,肩负亿万华夏儿女的期盼,代表全体人民的共同意志,同党和国家领导人共商国是,以主人翁的身份行使国家的最高权力。

只是,这一刻的到来,如此不易。从1840年鸦片战争后,中国近代史上无数仁人志士艰辛探索适合中国国情的政治制度模式,从君主立宪制、帝制复辟、议会制、多党制再到总统制,各色人物上场下场,各种思想潮起潮落……可"山穷水尽诸路皆走不通",中国依然是山河破碎、积贫积弱,中国人民依然生活在苦难和屈辱之中。中国共产党的成立,为黑暗中的中华民族点亮了希望的火炬,创造性地把马克思主义基本原理同中国具体实践相结合，对民主政治制度模式进行了积极探索和实践。大革命时期，建立了罢工工人代表大会、农民协会，进行政权建设的最初探索；土地革命战争时期，建立了工农兵苏维埃政权，实行工农兵代表大会制度，具有了人民代表大会制度的基本形态；抗日战争时期，在陕甘宁边区实行了以"三三制"为原则的参议会制度，初步提出建立人民代表大会制度的构想；解放战争时期，各解放区相继召开人民代表会议，向正式建立人民代表大会制度过渡。1949年《中国人民政治协商会议共同纲领》规定，中华人民共和国的政体即国家政权的组织形式是人民代表大会制度。在普选的全国代表大会召开前，由中国人民政治协商会议全体会议代行全国人民代表大会的职权。一届全国人大一次会议召开后，中国人民政治协商会议的这一职权任务宣告结束。

经过几年的过渡和积累，召开全国人民代表大会的条件逐渐成熟。1953年1月13日，根据中共中央的提议，中央人民政府委员会通过了《关于召开全国人民代表大会及地方各级人民代表大会的决议》，规定"于1953年召开由人民普选方法产生的乡、县、省（市）各级人民代表大会，并在此基础上接着召开全国人民代表大会。在这次全国人民代表大会上，将制定宪法，批准国家五年建设计划纲要和选举新的中央人民政府"。会议还决定成立以毛泽东为主席的宪法起草委员会和以周恩来为主席的选举法起草委员会，由共产党、各民主党派及其他方面的人士组成，具有广泛的代表性。这年，全国开展了大规模人口普查、选民登记、基层选举，第一次自下而上逐级召开了人民代表大会，经过普选产生了全国人民代表大会代表。

水到渠成，第一届全国人民代表大会第一次会议于1954年9月15日在北京隆重召开。中南海怀仁堂会场上传出毛泽东充满激情的话语："我们正在做我们的前人从来没有做过的极其光荣伟大的事业。我们的目的一定要达到，我们的目的一定能够达到。"向全世界传达出中国人民的自豪感和坚定信心。

大会首要的任务是审议通过《中华人民共和国宪法（草案）》。正如所料，大会以全票通过了期盼已久的新中国第一部宪法。这部社会主义类型的宪法明确规定：中华人民共和国是工人阶级领导的，以工农联盟为基础的人民民主国家。中华人民共和国的一

1954年9月15日，第一届全国人民代表大会第一次会议在北京中南海怀仁堂隆重开幕。图为毛泽东在开幕式上。

切权力属于人民,人民行使国家权力的机关是全国人民代表大会和地方各级人民代表大会,国家的一切重大问题都应经过人民代表讨论和决定。全国人民代表大会、地方各级人民代表大会和其他机关,一律实行民主集中制。至此,全国人民代表大会正式成为中华人民共和国的最高权力机关。

大会选举毛泽东为中华人民共和国主席,朱德为副主席,刘少奇为全国人大常委会委员长,宋庆龄等13人为副委员长;决定周恩来为国务院总理。

"在中国实行人民代表大会制度,是中国人民在人类政治制度史上的伟大创造,是深刻总结近代以后中国政治生活惨痛教训得出的基本结论,是中国社会100多年激越变革、激荡发展的历史结果,是中国人民翻身作主、掌握自己命运的必然选择。"2014年9月5日,习近平在庆祝全国人民代表大会成立六十周年大会上的重要讲话,深刻揭示了我国实行人民代表大会制度的历史必然性和重大历史意义。历史证明,作为我国的根本政治制度,共产党领导的、人民当家作主的、民主集中制的人民代表大会制度是最适合中国国情的根本政治制度。

二十六

立宪治邦

中华人民共和国第一部宪法

1953年12月24日,毛泽东和宪法起草小组成员乘专列离开北京,于27日夜抵达风景如画的杭州,开始做一项为新中国法制建设奠定千秋基业的大事。在隆隆行驶的列车上,毛泽东对随行人员这样说:"治国,须有一部大法。我们这次去杭州,就是为了能集中精力做好这件立国安邦的大事。"新中国第一部宪法的起草由此拉开了序幕。

新中国成立后,1949年9月通过的《中国人民政治协商会议共同纲领》一直起着临时宪法的作用。随着国民经济的逐渐恢复,制定中华人民共和国宪法的任务很快提上日程。1953年1月13日中央人民政府委员会决定毛泽东为宪法起草委员会主席。宪法的起草工作推迟了将近一年,这期间,毛泽东的主要精力用在解决过渡时期总路线及有关问题上,这是制定宪法的指导思想和基本依据。他一时腾不出手来起草宪法。但过渡时期总路线宣传提纲的审定工作一结束,他便立刻投入到宪法的起草工作中来。

西子湖畔,北山街84号,一个青砖叠砌、洋瓦盖顶的朴素小院,见证了中华人民共和国第一部宪法的起草。1954年元旦后,宪法起草工作启动。毛泽东每天下午3点从驻地刘庄出发,前往北山街84号大院的办公地,一直忘我工作到第二天凌晨。毛泽东和起草小组成员大量阅读、钻研、比较了世界各类宪法,有中国的,有外国的;有社会主义的,有资本主义的。毛泽东坚持实事求是,把他对中国发展方向和道路的思考寓于这部宪法中。经过一个多月的日夜苦战,2月17日完成了宪法草案的初稿。毛泽东又带领小组成员通读通改,3月9日完成"四读稿",交给由刘少奇在北京主持的中央政治局扩大会议讨论。随后,毛泽东回到北京,立即召集宪法起草委员会会议,讨论宪法草案,正式提出《中华人民共和国宪法草案(初稿)》。

宪法起草过程反反复复,数易其稿。经过汇聚500多名高级干部和8000名社会各阶层人士的意见后,宪法草案于1954年6月14日正式公布。这时,毛泽东又作出了一个意义重大的决定,他认为宪法是全国人民的宪法,理应让全国人民参与讨论。这也正好切合了他对起草小组的要求:要用白话文写,要让能听的人听得懂,能看的人看得懂,要让老百姓都能理解宪法。在毛泽东心中,这是一部真正代表人民利益的大法、治国安邦的大法。

6月16日,《人民日报》刊登了宪法草案全文并发表了题为《在全国人民中广泛地展开讨论中华人民共和国宪法》的社论,全民宪法大讨论就这样轰轰烈烈地开始了。

正在亟待汇集全国人民意见的重要时刻,天公却开起了"玩笑"。1954年的夏天,大雨滂沱,我国发生了严重的洪涝灾害,人民群众积极参加抗洪抢险。但这并没有阻挡他们讨论宪法的热情，大家光着脚在抗洪大堤上开会讨论，场面热烈感人。可当一条条意见被收集整理后，因公路、铁路被洪水冲断，各地雪花般的意见无法送到北京。这引起了党中央的高度重视，党中央还专门派专机到各地取回装满群众意见的油纸包。全国有1.5亿人参加了讨论，提供了118万条意见。这些征集到的修改、补充意见和问题"几乎涉及宪法草案的每一个条款"。占全国人口四分之一的公民亲自参与了中国第一部宪法的制定，这在世界制宪史上极为罕见。

激动人心的历史时刻到了，1197名代表，1197张同意票。1954年9月20日，第一届全国人民代表大会第一次全体会议全票通过《中华人民共和国宪法》，因在1954年颁布，故称"五四宪法"。宪法中明确规定："中华人民共和国是工人阶级领导的，以工农联盟为基础的人民民主国家。""中华人民共和国依靠国家机关和社会力量，通过社会主义工业化和社会主义改造，保证逐步消灭剥削制度，建立社会主义

1954年9月20日，第一届全国人民代表大会通过投票表决的方式，一致通过《中华人民共和国宪法》。这是中国第一部社会主义类型的宪法。图为《中华人民共和国宪法》精装本。

社会。"这是新中国第一部"人民的宪法",第一部"社会主义性质的宪法"。中国人民终于有了一部代表自身权益,遵循民主和社会主义原则的宪法,这是中国人民政治生活中的大事,它以根本法的形式确定了中国人民行使当家作主权利的政治制度。

这部由毛泽东亲自主持起草、经过社会广泛讨论和反复修改的宪法,开创了我国社会主义民主与法制建设的新阶段,指明了为建立社会主义社会继续奋斗的正确道路。

二十七

伟大的政治创造

中国共产党领导的多党合作与政治协商制度

若论西方政党对中国共产党存在的种种疑惑中,什么是让他们最为不解的,那中国长期坚持由中国共产党领导的多党合作和政治协商制度,必在榜单之上。

由中国共产党领导的多党合作和政治协商制度,是从近代中国土壤中自然生长出来的果实,也是民主党派自主选择的结果,具有历史的必然性、伟大的独创性。中国共产党在领导新民主主义革命走向胜利的斗争中,确立了在中国各种政治力量中的核心领导地位。各民主党派、无党派民主人士在长期实践中经过比较,郑重地选择了中国共产党的领导。1948年,新中国成立在即。那时,经历了沧桑巨变的中国,终于在共产党的领导下完成了其他党派都未能完成的历史任务,结束了封建主义和帝国主义的压迫,取得了新民主主义革命的胜利。4月30日一篇刊登在《人民日报》头版头条的《中共中央纪念"五一"劳动节口号》,格外引人注目。中国共产党在这篇共23条、不到1500字的"五一口号"中,旗帜鲜明地提出召开政治协商会议、成立民主联合政府的提议。此文一经发布，就得到各民主党派和无党派人士热烈拥护和响应，他们纷纷表示"愿在中共领导下，献其绵薄，贯彻始终，以冀中国人民民主革命之迅速成功，独立、自由、和平、幸福的新中国之早日实现"，并接受邀请奔赴解放区，与中共共商建国大计。这标志着民主党派自主地选择接受中国共产党的领导，为实现多党合作奠定了政治基础。

1949年9月中国人民政治协商会议第一届全体会议的召开，标志着中国共产党领导的多党合作和政治协商制度正式确立。中国共产党与各民主党派和无党派人士共同参加国家政权建设。1954年正式实行人民代表大会制度后，中国人民政治协商会议不再代行全国人民代表大会的职能。那么，政治协商会议是否继续存在？它的性质是什么？它的任务是什么？这些问题，成为人们关注和议论的事情。12月19日，毛泽东专门召集了一个党内外人士座谈会，开门见山地说："政协的性质有别于国家权力机关——全国人民代表大会，它也不是国家的行政机关。"有人提出政协全国委员会的职权要相等或大体相等于国家机关，才说明它是被重视的。毛泽东说："不能这样看。如果把政协全国委员会也搞成国家机关，那就会一国二公，是不行的。要区别各有各的职权。""政协是全国各民族、各民主阶级、各民主党派、各人民团体、国外华侨和其他爱国民主人士的统一战线组织，是党派性的。""人民代表大会是权力机关，有了人大，并不妨碍我们成立政协进行政治协商。各党派、各民族、各团体的领导人物一起来协商新中国的大事非常重要。"毛泽东强调政协有五项任务，即协商国际问题；商量候选人名单；提意见；协调关系；学习马列主义。毛泽东的这些意见，使中国人民政治协商会议这个经过历史考验的统一战线组织形式，在全国人民代表大会召开以后，仍然长久地延续下来，发挥着重要作用，成为一种在中国共产党领导下的具有中国特色的各民主党派、各人民团体和各界人士进行民主协商、参政议政的政治制度。

这次座谈会的两天后，中国人民政治协商会议第二届全国委员会第一次会议召开了。会议通过的《中国人民政治协商会议章程》，明确了人民政协的任务是在中国共产党领导下，继续通过各民主党派、各人民团体，更广泛地团结全国各族人民，共同努力，克服困难，为建设一个伟大的社会主义国家而奋斗。通过这次人

1954年12月21日至25日，全国政协二届一次会议在北京举行。会议推举毛泽东为名誉主席，选举周恩来为主席，宋庆龄等16人为副主席。图为毛泽东主持会议开幕式。

民政协一部分职能和任务的转变，解决了人民政协与人民代表大会、与政府机构之间相互分工、相互配合的关系问题，为我国长期坚持中国共产党领导的多党合作和政治协商的基本政治制度奠定了基础。人民政协是中国共产党领导的多党合作和政治协商制度的重要机构，是中国共产党把马克思列宁主义统一战线理论、政党理论、民主政治理论同中国实际相结合的伟大成果。

1956年社会主义改造基本完成后，中国的阶级关系和民主党派的地位发生了深刻变化。中国共产党在总结我国多党合作经验的基础上，提出了"长期共存、互相监督"的方针。社会主义条件下中国多党合作的基本格局由此确立，人民政协继续在国家政治生活和社会生活中开展卓有成效的工作。

"履不必同，期于适足；治不必同，期于利民。"1989年中共中央明确中国共产党领导的多党合作和政治协商制度是我国一项基本的政治制度。从"长期共存、互相监督"到"长期共存、互相监督、肝胆相照、荣辱与共"，历史和实践都证明，与西方政党制度不同，这一基本政治制度是适合我国国情、根植于我国土壤的新型政党制度，体现了中国社会主义制度的特点和优势。

二十八

像石榴籽那样紧紧抱在一起

民族区域自治制度

"五十六个星座,五十六枝花,五十六族兄弟姐妹是一家……"每当这耳熟能详的旋律响起,人们的脑海中总会浮现身着五颜六色、款式各异的民族服饰的兄弟姐妹们,脸上洋溢着幸福的笑容,载歌载舞的欢庆场面。在五千年的华夏文明史中,在960多万平方千米的土地上,多民族聚集一直是中华民族的特色。他们生活在广袤草原、雪域高原、边陲海岛,他们勤劳勇敢、热情好客、能歌善舞。五十六个民族在地理上交错杂居、文化上兼收并蓄、经济上相互依存、情感上相互亲近,共同开发了祖国的锦绣河山、广袤疆域,共同创造了悠久的中国历史、中国文明、中国文化,早已形成了你中有我、我中有你,谁也离不开谁的大杂居、小聚居的局面。中华民族和各民族的关系,是一个大家庭和家庭成员的关系。各民族之间的关系,是一个大家庭里不同成员的关系。

对于如何带领中华民族大家庭去建设多民族的国家，中国共产党进行了不懈的探索。党从成立以来就意识到了民族平等、民族团结对于革命事业的重要性。红军长征途中，帮助少数民族建立了甘孜博巴政府、豫海回民自治政府等。抗日战争时期，党在陕甘宁边区建立了若干小范围的民族自治地方。1945年10月，中共中央在关于内蒙古工作方针的指示中指出："对内蒙古的基本方针，在目前是实行区域自治。"1946年2月，针对东蒙自治问题更明确地指出："根据和平建国纲领要求民族平等自治，但不应提出独立自决口号。"在这一方针指导下，1947年5月1日，成立了党领导下的第一个省一级的民族自治区——内蒙古自治政府。这些探索为中国共产党解决民族问题提供了成功范例。

在《中国人民政治协商会议共同纲领》起草过程中，毛泽东提出，要考虑到底是搞联邦，还是搞统一共和国，实行少数民族区域自治，并就此向党内征询意见。李维汉经过调查研究，向党中央和毛泽东建议：中国与苏联国情不同，国内各民族始终都是一个统一的国家，没有经过民族分离，不宜实行联邦制。中共中央最终决定实行民族区域自治，并写入具有临时宪法作用的《中国人民政治协商会议共同纲领》。规定各少数民族聚居地方实行区域自治，即在国家的统一领导下，"各少数民族聚居的地区，应实行民族的区域自治，按照民族聚居的人口多少和区域大小，分别建立各种民族自治机关"。实行民族区域自治而不是联邦制，作为解决中国民族问题的基本原则，确保了祖国统一和民族团结，共同发展经济文化事业，也保证了各民族的平等地位，满足了各少数民族自己当家作主的愿望。这标志着民族区域自治作为国家的基本政治制度已经在我国确立。

1952年，中央人民政府颁发《民族区域自治实施纲要》，使民族区域自治走出法律化、制度化的第一步。1954年召开的第一届全国人民代表大会，把"各少数民族聚居的地方实行区域自治"载入了《中华人民共和国宪法》。将民族自治地方规范为自治区、自治州、自治县三级，县以下的少数民族聚居区设民族乡。最早成立的内蒙古自治政府，在1949年12月改称为内蒙古自治区人民政府。1955年10月成立了新疆维吾尔自治区。1958年先后成立广西壮族自治区、宁夏回族自治区。西藏自治区是在西藏和平解放后于1965年9月正式成立的我国第五个民族自治区。5个民族自治区和相关自治州、自治县（旗）的先后建立，标志着民族区域自治制度得以实现。

中国人民革命的胜利和中华人民共和国的成立，把国内各民族更加紧密地团结在了一起。各民族人民从历史的教训中认识到只有彻底摆脱帝国主义压迫、走进社会主义祖国统一的大家庭中，各民族才能发展和兴旺起来。截至2007年，中国共建立了155个民族自治地方，包括5个自治区、30个自治州、120个自治县。

"各民族像石榴籽一样紧紧抱在一起"，在党的十九大报告中，习近平总书记这个生动形象的比喻，正是全国各族人民在民族区

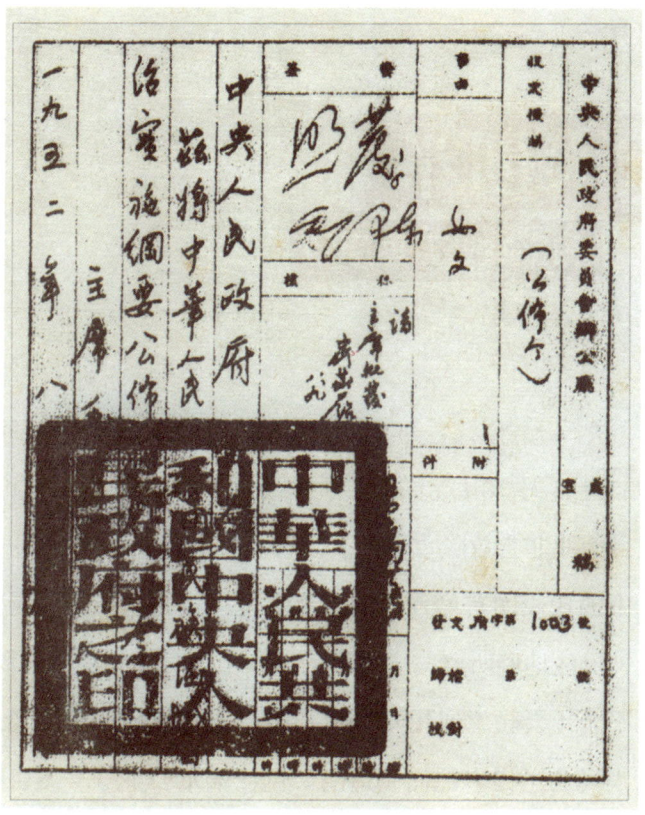

1952年8月9日,毛泽东签发的关于公布《中华人民共和国民族区域自治实施纲要》的中央人民政府命令。

域自治制度下同呼吸、共命运的真实写照。民族区域自治制度作为国家的一项基本政治制度,确立了平等团结互助和谐的社会主义民族关系,促进了各民族各项事业的发展进步,这对保障祖国统一、领土完整和国家长治久安具有重要而深远的意义。民族区域自治制度是中国共产党解决民族问题的一项重大创造,也是中国特色社会主义的一大政治优势。

二十九

重大创举
和平共处五项原则

1955年4月18日,在印度尼西亚群山环抱的秀丽城市万隆,举世瞩目的亚非会议隆重召开。会场上有来自29个国家约340名代表。中国代表团首席代表周恩来端坐在代表席中,目光坚定有神,全神贯注地聆听着与会代表的发言。此时如此淡定的周恩来,怎么也不会让人联想到几天前的4月11日,刚刚阴差阳错地躲开了台湾当局为了谋害他而制造的"克什米尔公主号"飞机爆炸事件。事件发生时他正在昆明,闻讯后丝毫没受影响,依然如期抵达万隆。不出所料,当天下午的会上,有的国家代表发出反对和平共处、反对共产主义的言论,提出"认真对待共产主义危险的严重性"的问题,会场气氛逐渐变得紧张。各国代表团成员的注意力都集中到中国代表身上,中国作何反应,各代表团成员都在观望着。

周恩来没有急于反驳其观点,只是沉着冷静地聆听并不时地在本子上记录着要点。第二天,周恩来将拟好的发言稿改作书面材料散发,在会上作了补充发言。

"中国代表团是来求团结而不是来吵架的。"周恩来讲出的第一句话就让会场的气氛为之一变,不卑不亢的声音,像一块巨大的磁铁,吸引住了全场所有人的注意力。他继续讲道:"中国代表团是来求同而不是来立异的。……我们并不要求各人放弃自己的见解,因为这是实际存在的反映。但是不应该使它妨碍我们在主要问题上达成共同的协议。"周恩来针对两天来在三个问题上对中国的责难,即不同的思想意识和社会制度问题、有无宗教信仰问题以及所谓颠覆活动的问题,说明了中国政府的原则。

周恩来短短18分钟的发言获得了雷鸣般的掌声,驱散了两天

1955年4月,亚非29个国家在印度尼西亚召开了亚非会议(即"万隆会议")。这是第一次没有殖民国家参加的亚非国家会议。周恩来在会上大力倡导和平共处五项原则,坚持"求同存异"方针,促使会议获得圆满成功。图为周恩来在会上发言。

来笼罩着万隆会议的阴霾，友好谅解、求同存异的精神主导了会场。4月24日，亚非会议圆满结束，一致通过《亚非会议最后公报》，形成各国和平相处、友好合作的十项原则。万隆会议使中国睦邻友好的和平外交打开了新局面。

这次会议上被屡次提及的和平共处五项原则，是中国共产党在1953年朝鲜战争停战后，为创造有利的国际和平环境、开展有计划的经济建设而首创的重要外交原则，是对毛泽东在新中国成立前后提出的同一切国家建交原则的发展。周恩来对和平共处五项原则的概括、提出和推广，作出了最重要的贡献。

1953年12月31日，周恩来会见印度代表团时，代表中国政府第一次提出和平共处五项原则，并写进了双方达成的《关于中国西藏地方和印度之间的通商和交通协定》的序言中。1954年6月25日，周恩来利用日内瓦会议休会期间，访问印度和缅甸。6月28日，中印两国总理发表联合声明，确定中印两国之间的关系原则，即互相尊重领土主权、互不侵犯、互不干涉内政、平等互利、和平共处。中缅两国总理发表的声明中也确认了这五项原则。这是国际关系史上的重大创举。

万隆会议打开了新中国同亚非国家广泛交往的大门。而在这之前的1954年的日内瓦会议，是新中国成立后第一次以大国身份参加的重要国际会议。中国派出以周恩来为团长的代表团参加了这次会议。在朝鲜问题经过51天的讨论没有达成任何协议的情况下，周恩来积极斡旋，促使会议达成恢复印度支那和平协议。

1954年7月7日，周恩来向中央政治局报告日内瓦会议情况时说："原想再关一年的门，现在看来是关不了的！新中国的声誉是很高的，苏联也很希望我国能参与国际事务，有欲关不能之势。"毛泽东同意这个看法，说："关门关不住，不能关，而且必须走出去。"新中国成立初期，毛泽东曾提出"打扫干净屋子再请客"，作为外交工作的重要方针。现在要走出去，既是一个重大的战略决策，更是一项极其复杂艰巨的任务。毛泽东和中共中央首先把重点放在同亚非国家的友好合作和睦邻关系上。到1959年底，许多亚非国家如尼泊尔、埃及、叙利亚、柬埔寨等纷纷与新中国建立外交关系。与此同时，更多的国家和人民逐步消除了对刚刚成立的"红色"中国的敌意。这一切，都为新中国营造了更加和平稳定的外部环境。

和平共处五项原则，作为新中国登上国际舞台、处理国与国之间关系的基本准则，在制止侵略、反对干涉他国内政、缓和紧张局势、保障亚洲和世界和平、促进国际友好合作等方面发挥了巨大作用，也逐渐成为公认的处理国际关系的共同准则。2014年6月28日，习近平总书记在和平共处五项原则发表60周年纪念大会上说："我们应该把本国利益同各国共同利益结合起来，努力扩大各方共同利益的汇合点，不能这边搭台、那边拆台，要相互补台、好戏连台。要积极树立双赢、多赢、共赢的新理念，摒弃你输我赢、赢者通吃的旧思维，'各美其美，美人之美，美美与共，天下大同'。"

三十

百废待兴
"一五"计划展宏图

1953年是新中国经济史上的一个重要分水岭——"一五"计划开始实施。在属于那个年代的记忆里,机器的轰鸣声不绝于耳,共和国几乎每一天都有新的建设项目开工上马,其中许多是中国过去没有的新工业,如汽车制造厂、飞机制造厂、拖拉机厂、大型发电设备生产厂,祖国大地到处都是一派生机盎然的景象。

谈起这热火朝天、干劲十足的局面,还要从1952年完成国民经济恢复的任务之后,共和国领导人为了准备进行有计划的经济建设,着手编制第一个五年计划说起。

新中国一成立,就面临以美国为首的西方国家的孤立和封锁。当时现代工业不到国民经济的10%,钢产量只有15.8吨。"现在我们能造什么?能造桌子椅子,能造茶碗茶壶,能种粮食,还能磨成面粉,还能造纸,但是,一辆汽车、一架飞机、一辆坦克、一辆拖拉机都不能造。"毛泽东的一番话,生动再现了当时中国的工业发展状况。

1951年2月正值抗美援朝期间,中共中央已经开始谋划大规模经济建设问题。毛泽东在1月28日召开的中共中央政治局扩大会议上提出了"三年准备,十年计划经济建设"的思想,首次明确提出了编制国民经济发展计划的设想。会议决定,自1953年开始实行发展国民经济的第一个五年计划,并要求立即开始准备编制五年计划。会议成立了由周恩来、陈云、薄一波、李富春、聂荣臻、宋劭文组成的领导小组,负责编制工作。

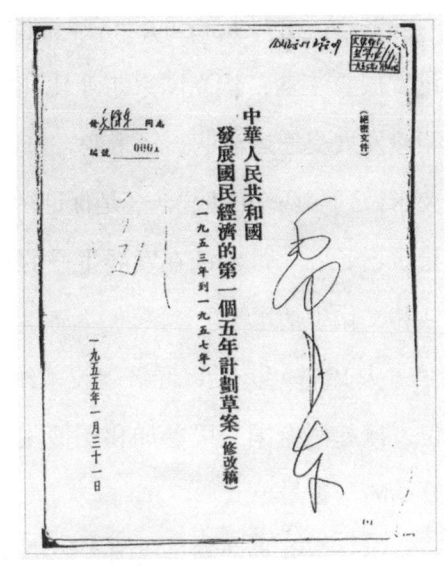

《中华人民共和国发展国民经济的第一个五年计划草案(修改稿)》(封面)(一九五五年一月三十一日)。

关于编制五年计划的目的,中共中央在《关于编制一九五三年计划及五年建设计划纲要的指示》中明确指出:"国家大规模的经济建设业已开始。这一建设规模之大,投资之巨,在中国历史上都是空前的。为了加速国家建设,除应动员全国力量,集中全国人力和财力以赴外,必须加强国家建设的计划工作,使大规模建设能在正确的计划指导下进行,避免可能发生的盲目性。"

"一五"计划,从1951年着手编制,1953年起一面开始实施、一面继续讨论修改,到1954年9月基本定案,到1955年7月一届全国人大二次会议正式审议通过,历时四载,五易其稿。

"一五"计划确定的经济建设指导方针，突出强调集中主要力量发展重工业，建立国家工业化和国防现代化的初步基础，同时相应发展交通运输业、轻工业、农业和商业，相应培养建设人才。要求做到"两个保证"，一是保证国民经济中社会主义成分的比重稳步增长，一是保证在发展生产的基础上逐步提高人民的物质生活和文化生活水平。

从 1953 年开始，经济建设工作在整个国家生活中处于首要地位，掀起了全国人民参加和支援工业化建设的热潮，出现了本篇开始的一番景象。

第一个五年计划是我国大规模现代经济建设的开端。到 1957 年底，"一五"计划全面提前超额完成，工业、交通运输业和基本建设各条战线喜报频传。五年间，全国实际完成基本建设投资 588.47 亿元。许多建设项目在很长一段时期内都是中国现代化工业的骨干，其中有不少是旧中国没有或实力极弱的制造工业。以苏联援建的 156 个（后增至 166 个）重点项目为中心、由 694 个大中型项目组成的工业建设，为我国社会主义工业化建设奠定了初步基础。新中国迅速建立起前所未有的新兴工业部门，如飞机、汽车、重型机器、发电设备、精密仪表、新式机床等。中国中部地区建立起一大批新的钢铁、煤炭、电力、机械、有色金属、化工和军工企业，构成中国工业布局的基本框架。从 1953 年底开始，我国逐步对粮食、棉花、油料等主要农产品实行了有计划的统一收购和统一供应（简称"统购统销"），在稳定市场、保证人民生活的基本供应、满足国家工业化建设对大宗粮食和农产原料的需要方面发挥了作用。

"一五"期间，五年间工业发展取得的成就，远超旧中国的一百年，经济建设取得了举世瞩目的成就。可以说，"一五"计划为中国建立独立完整的工业体系奠定了坚实基础，为社会主义建设积累了宝贵经验。

三十一

探索建设规律
《论十大关系》

在贫穷落后、人口众多的中国，怎样建设社会主义，从马克思列宁主义的书本上找不到现成答案，照抄照搬苏联的模式又不符合中国国情。这个问题，只能从实践中逐步认识、深刻总结。《论十大关系》就是毛泽东总结我国社会主义建设经验、探索适合中国国情的社会主义建设道路的开篇之作和代表作，是他运用普遍联系观点阐述社会主义建设规律的典范。

这篇讲话，是毛泽东为了准备中共八大的召开和迎接大规模经济建设，在1956年2月14日至4月24日连续听取国务院35个部委关于工业生产和经济工作汇报的基础上形成的。听取汇报期间，恰逢苏共召开二十大，揭露和批判斯大林领导苏联社会主义建设中的严重错误以及对他的个人崇拜导致的严重后果。这无疑给正在寻求适合自身社会主义建设道路的中国共产党提供了重要的警示。毛泽东对中央书记处的同志强调，要把马克思主义的基本原理同中国实际进行第二次结合，要吸取苏联的教训，更加从中国的国情出发，系统掌握中国社会主义革命和建设的规律，探索符合客观规律的正确道路。

当时的毛泽东已经60多岁,身体也大不如前,但他在数十天的"连续作战"中,依然表现出惊人的毅力和工作精神。他每天起床后就听汇报,一听就是四五个小时,听完汇报再上床休息,用他自己的话说,当时他几乎每天都是"床上地下,地下床上"。就这样在紧张疲劳的状态下,毛泽东度过了这难得又十分重要的几十个日日夜夜。正是在充分细致调查的基础上,毛泽东才逐渐形成了这篇对中国社会主义建设具有全局性长远性指导意义的《论十大关系》。

1956年4月25日,毛泽东主持召开中共中央政治局扩大会议,除了政治局委员,各省、区、市党委第一书记也参加了会议。

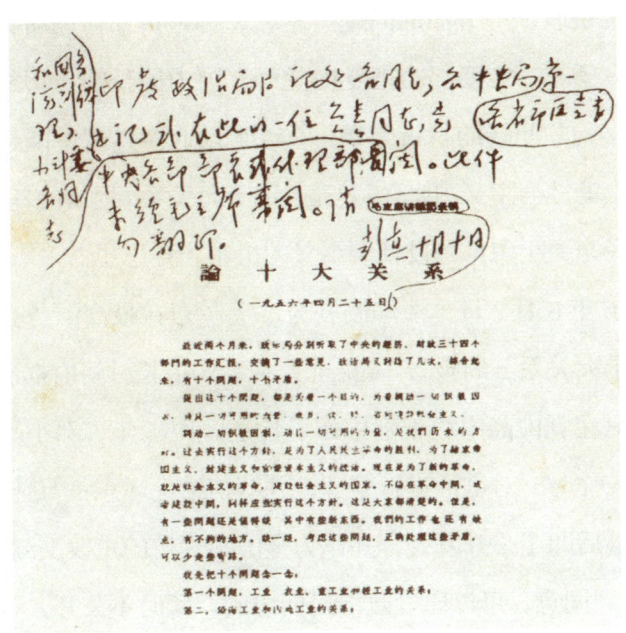

毛泽东《论十大关系》讲话记录稿(首页)(一九五六年四月二十五日)。

在会上，毛泽东发表了《论十大关系》讲话。讲话的基本思想就是"以苏为鉴"，根据中国的国情走自己的路。

《论十大关系》，重点讨论经济问题，也讨论与经济建设相关的政治等方面的问题。毛泽东把这些概括成十大关系，即重工业和轻工业、农业的关系，沿海工业和内地工业的关系，经济建设和国防建设的关系，国家、生产单位和生产者个人的关系，中央和地方的关系，汉族和少数民族的关系，党和非党的关系，革命和反革命的关系，是非关系，中国和外国的关系，等等。这十大关系中，又以工业和农业，沿海和内地，中央和地方，国家、集体和个人，国防建设和经济建设这五大关系为主要关系。

《论十大关系》，前五大关系主要讲经济方面的问题，后五大关系主要讲政治等方面的问题。总之，都是讲如何调动各方面积极因素，即"一定要努力把党内党外、国内国外的一切积极的因素，直接的、间接的积极因素，全部调动起来，把中国建设成为一个强大的社会主义国家"。这是《论十大关系》提出的基本方针，也是毛泽东关于怎样建设社会主义的根本指导思想。

1956年5月2日，经修改补充，毛泽东在最高国务会议上作了《论十大关系》的报告。《论十大关系》很长时间内都没有公开发表，只在党内高中级干部中作了传达。1975年，邓小平主持中央日常工作时，对讲话进行整理，并写信给毛泽东："希望早日定稿，定稿后即予公开发表，并作为全国学理论的重要文献。"毛泽东批示："同意。可以印发政治局同志阅，暂时不公开，可以印发全党讨论，不登报，将来出选集再公开。"1976年12月26日，毛泽东亲自审定的《论十大关系》由《人民日报》公开发表。

《论十大关系》是毛泽东关于社会主义建设的代表作。它的发表，标志着以毛泽东为主要代表的中国共产党人对怎样建设社会主义有了自己新的重要认识，对当时和以后的社会主义建设都有很强的针对性和理论指导作用，也为中共八大的召开作了重要的思想和理论准备。

三十二

中国式社会主义道路
中国共产党第八次全国代表大会

1956年注定是不平凡的一年。这一年，中国完成了社会主义三大改造，由新民主主义社会进入社会主义社会。这一年，苏共二十大的召开及波匈事件的发生，对整个社会主义阵营产生了强烈冲击。新生的社会主义中国如何走一条符合自己国情的社会主义建设道路？1956年9月，在北京全国政协礼堂召开的中国共产党第八次全国代表大会给出了答案。

从延安杨家岭中央礼堂到北京全国政协礼堂，从七大到八大，已经过去了11个年头。八大是中国共产党成为执政党后召开的首次全国代表大会，出席会议的1026名代表，代表了全国1073万党员，党员人数比七大时整整增加了8倍。从政协礼堂留下的珍贵历史镜头中可以看到主席台上嘉宾如云，有远道而来的五十多个国家的共产党、工人党、劳动党和人民革命党等代表团，还有国内各民主党派和无党派民主人士的代表。会议发言期间，穿插安排了中国国民党革命委员会主席李济深代表各民主党派和无党派人士致辞，并给大会献礼。礼物是象牙雕刻的红军长征强渡大渡河的场景，李济深说："我们用这件礼物来象征我们各民主党派在中国共产党领导下，同舟共济，胜利地过渡到繁荣幸福的社会主义和共产主义社会。"

在9月15日的大会开幕词中，毛泽东宣布这次大会的任务是：总结七大以来的经验，团结全党，团结国内外一切可能团结的力量，为了建设一个伟大的社会主义的中国而奋斗。他重申中国共产党一贯的思想原则是，把马克思列宁主义的理论和中国革命的实践密切地联系起来。为了迎接即将到来的全面建设高潮，毛泽东向全党发出"必须善于学习"的号召。短短的开幕词，被30余次掌声打断。

刘少奇代表中央委员会作政治报告。政治报告以毛泽东的《论十大关系》为指导思想，突出经济建设的主题，集中体现了中国共产党在探索社会主义建设道路过程中提出的新的理论观点和方针政策。政治报告凝聚了全党的经验与智慧，"达到了当时可能达到的最高认识水平"。

周恩来作《关于发展国民经济的第二个五年计划的建议的报告》。建议要求到1962年，工农业总产值比1957年原计划增长75%左右，钢产量达到1050万—1200万吨，粮产量达到25000万吨，国民收入增长50%左右。建议为全国人民描绘了社会主义发展的宏伟蓝图。

邓小平作《关于修改党章的报告》。报告强调，党的领导工作能否保持正确，决定于它能否采取"从群众中来、到群众中去"的方法。报告强调，坚持民主集中制和集体领导制度，反对个人崇拜、反对突出个人。报告要求党的全国代表大会实行常任制，每届任期五年，每年开一次全国代表大会会议。这是党的八大的一个重要决策和重大贡献。

与会广大代表思想活跃，围绕即将展开的大规模社会主义建设建言献策。陈云提出"三个主体、三个补充"思想，董必武郑重谈了有法可依、有法必依的问题，等等。这些都是八大在怎样建设社会主义问题上的探索成果。党的八大使刚刚进入社会主义

1956年9月15至27日，中国共产党第八次全国代表大会在北京举行，对进入社会主义后中国社会的主要矛盾和党面临的任务，作出正确的论断，展现了中国共产党探索建设中国自己的社会主义道路的初步成果和经验。图为1956年9月，邓小平和朱德（左二）、董必武（右一）、林伯渠（左一）在八大会议期间。

的中国人民无比兴奋。会议开得很活跃，也比较透明。西方媒体发表评论称中共八大"是充满了信心、喜悦、乐观和团结"的。

这次大会的最大贡献在于，针对中国社会主要矛盾的分析和据此而作出的关于主要任务的规定。大会指出，中国国内的主要矛盾，已经是人民对于建立先进的工业国的要求同落后的农业国的现实之间的矛盾，已经是人民对于经济文化迅速发展的需要同当前经济文化不能满足人民需要的状况之间的矛盾。基于此，中国共产党和中国人民当前的主要任务，就是集中力量发展生产力，满足人民对于经济文化迅速发展的需要，把中国尽快地从落后的农业国变为先进的工业国。党的八大坚持既反对保守又反对冒进即在综合平衡中稳步前进的经济建设总方针，着重提出在全国执政的条件下加强党的建设问题。党的八大的许多新的方针和设想是富于创造精神的。

八大，是"党的历史上第一次以社会主义全面建设为主题的代表大会"，它"宣告了社会主义革命的基本完成和社会主义制度的基本确立，宣告了社会主义全面建设新时期的开始"。八大针对当时中国的国情和复杂的国际环境，制定了一条正确的政治路线，提出的许多新方针和新设想是富于创造精神的。这在中国共产党的历史上，在中国的历史上，都具有划时代的意义。

三十三

从善如流
"百花齐放，百家争鸣"

"百花奖"这个熟悉的奖项名称，是中国历史最悠久和最具群众基础的电影大奖，时至今日仍是电影作品梦寐以求的一项极不平凡的奖项。由中国电影家协会和中国文联联合主办的"大众电影百花奖"评选活动创办于1962年，它的名字正是来源于"百花齐放、百家争鸣"方针，故名"百花奖"。

"百花齐放、百家争鸣"方针，是中共中央确定的繁荣和发展社会主义科学文化事业的指导方针，规定了对知识分子和教育科学文化工作的正确政策。这个方针的酝酿提出有一个发展过程。

1950年底，全国戏曲工作会议召开，会议代表对京剧和地方戏应该以哪个为主发生了激烈争论。1951年4月，中国戏曲研究院成立，请毛泽东题词。毛泽东题词祝贺："百花齐放，推陈出新。"同年5月，政务院发出指示，根据"百花齐放，推陈出新"的方针，鼓励各种戏曲形式的自由竞赛，促成戏曲艺术的"百花齐放"，戏曲界的争论得到解决。

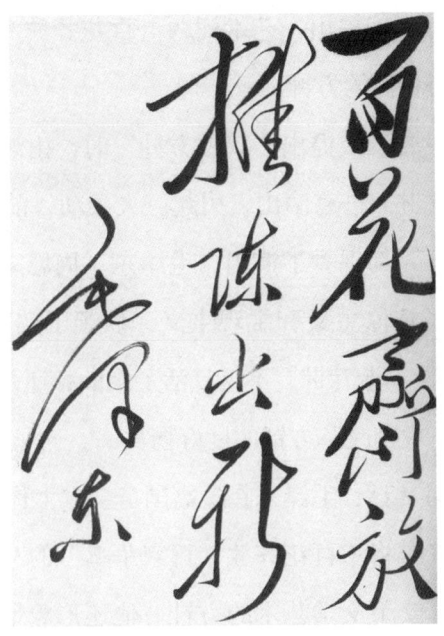

1951年,毛泽东为中国戏曲研究院成立题词"百花齐放,推陈出新"。

1953年8月5日,中共中央批准设立中国历史问题研究、中国文字改革研究、中国语文教学研究三个委员会。负责中国历史问题研究委员会工作的陈伯达向毛泽东请示委员会的工作方针,毛泽东强调要坚持"百家争鸣"。

1956年初,党和国家面临的迫切任务是调动一切积极因素建设社会主义,迅速发展我国的经济、科学和文化。4月,中央政治局扩大会议讨论毛泽东《论十大关系》的讲话。陆定一发言提出,要把政治思想问题同学术性质的、艺术性质的、技术性质的问题区分开。陈伯达发言提出,在文化和科学上,要贯彻毛泽东过去分别提过的"百花齐放"和"百家争鸣"两个口号。毛泽东在作总结发言时明确提出：艺术问题上百花齐放，学术问题上百家争鸣应该成为我们的方针。

正当中共中央酝酿提出"双百方针"时，由浙江昆苏剧团编排的昆曲《十五贯》进京演出，引起巨大轰动，前后连续演出46场。许多中央领导都观看了演出，毛泽东、周恩来均先后看了两次。该剧讽刺了官僚主义和主观主义，歌颂了实事求是的精神。《人民日报》称赞《十五贯》不仅复活了昆曲，还是贯彻"百花齐放，推陈出新"戏剧改革方针的良好榜样。

1956年5月2日，毛泽东在最高国务会议上作《论十大关系》报告时，正式宣布将"百花齐放，百家争鸣"的"双百方针"作为党发展科学、繁荣文学艺术的方针。他还形象地说：现在春天来了嘛，一百种花都让它开放，不要只让几种花开放，还有几种花不让它开放，这就叫百花齐放。百家争鸣，是说春秋战国时代，两千年以前那个时候，有许多学派，诸子百家，大家自由争论。现在我们也需要这个。

"双百方针"一经提出，立即在知识界和艺术界引起强烈反响。在"双百方针"的指导下，科技领域和文学领域，出现了朝气蓬勃的繁荣景象。学术界围绕中国的历史分期、人口学、社会学、遗传学等一些问题展开了热烈的探讨和争论。文学艺术界思想活跃，涌现出一大批人民喜闻乐见的文学作品。如王蒙的《组织部新来的年轻人》、陆文夫的《小巷深处》、宗璞的《红豆》、邓友梅的《在悬崖上》，这些文学作品在现代文学史上留下了光辉的印记。老舍的话剧作品《茶馆》、郭沫若的历史剧《蔡文姬》、杨沫的长篇小说《青春之歌》，以及电影《五朵金花》《女篮五号》《北国江南》等，这些优秀的文艺作品极大地丰富了人民的文化生活。

"双百方针"，不仅是中国共产党领导文学艺术工作的基本方针，也是领导科学研究工作的基本方针，它同中国共产党关于文艺、学术为人民服务、为社会主义服务的方针以及在科学文化领域的其他重要方针一起，是中国社会主义科学文化事业繁荣进步的保证。

三十四

白天出气，晚上看戏

七千人的批评与自我批评

粮食哪里去了？北京告急，上海、天津告急！1961年11月，各地上交中央的粮食只完成了不到四分之一。马上就要断粮的报告，不断地被送到周恩来和李先念的办公桌上。为解决粮食问题，中共中央于11月6日至10日专门召开中央局第一书记会议商讨办法。会上，中南局书记陶铸建议，把全国的地委书记找到北京来开一次会，以"打通思想"。毛泽东不仅同意这个建议，而且提出把县委书记也找来，一个县来两个人，地委来三个人，省市来四个人，中央局来四个人。毛泽东还表示，他准备在大会上讲话，中央各同志和中央局的同志都要讲一讲，要把会议当作小整风，几年来中央在工作上犯了什么错误要讲。要鼓气，总结经验、鼓足干劲，把大家的思想统一起来。七千人大会呼之欲出！

1962年1月11日至2月7日，中共中央扩大的工作会议在北京召开。参加会议的有中央，各中央局，各省市自治区党委、地委、县委，重要厂矿党委及军队的负责干部，共7118人。这是

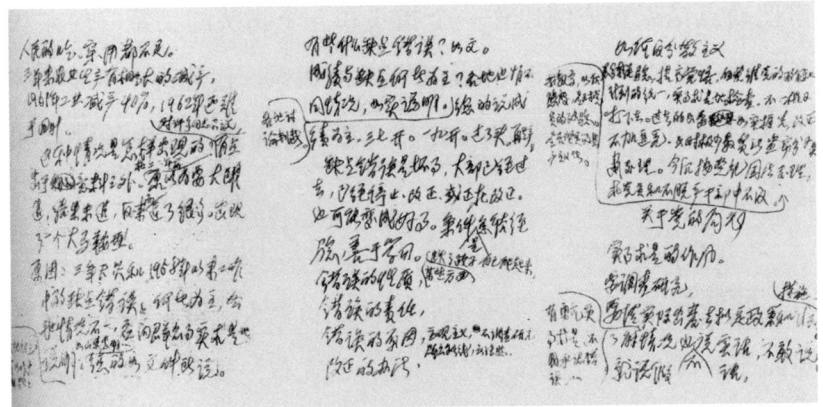

1962年初,中共中央召开了扩大的工作会议(即七千人大会)。图为刘少奇在"七千人大会"上的讲话提纲(手稿)。

中国共产党成立以来召开的最大规模的一次工作会议。人们习惯称之为"七千人大会"。会议的目的是进一步总结"大跃进"以来的经验教训,开展批评和自我批评,统一思想,动员全党更加坚定地执行调整方针,为战胜困难而奋斗。

按照毛泽东的意见,大会没有举行开幕式,而是直接把刘少奇代表中共中央提出的书面报告草稿发给与会者阅读,分组讨论,征求意见。报告系统总结了"大跃进"以来经济建设工作的经验教训,指出了工作中发生的诸多缺点和错误,比如工农业生产计划指标过高,国民经济比例严重失调,急于过渡和刮"共产风",等等。

1月27日,举行第一次全体大会,刘少奇对书面报告作口头说明。他讲了四个问题:一是国际形势,二是国内形势,三是集中统一问题,四是党的作风问题。他坦诚地说,过去我们经常把缺点错误和成绩比作一个指头和九个指头的关系，现在从全国讲，恐怕是三个指头和七个指头的关系。他还讲，造成经济困难的原因，一方面是自然灾害，另一方面是工作中的缺点和失误。

1月29日，继续召开全体会议，毛泽东主持。他尖锐地指出，有一些地方的同志，主要是县、地两级负责人，对省委领导有意见而不敢讲，不能畅所欲言。为此，他宣布，要大家出气，畅所欲言，把话说完，趁热打铁，延长会期。他风趣地说：我主张集体在北京过一个春节，白天出气，晚上看戏，两干一稀，大家满意。

1月30日，仍是召开全体会议，毛泽东发表讲话，把整个会议推向了高潮。他重点讲了民主集中制问题。他说："不论党内党外，都要有充分的民主生活，就是说，都要认真实行民主集中制。""没有民主，意见不是从群众中来，就不可能制定出好的路线、方针、政策和办法。"他还做了自我批评。他说："凡是中央犯的错误，直接的归我负责，间接的我也有份，因为我是中央主席。我不是要别人推卸责任，其他一些同志也有责任，但是第一个负责的应当是我。"毛泽东还强调，在社会主义建设上，我们还有很大的盲目性。中国的人口多，底子薄，经济落后，要使生产力很大地发展起来，要赶上和超过世界上最先进的资本主义国家，没有一百多年的时间，我看是不行的。毛泽东的讲话在会上引起强烈反响，受到与会者一致的热烈拥护。

从1月31日到2月2日，各省、区、市、部委听取地、县两级的意见，同时检讨过去几年的缺点错误，展开批评与自我批评。根据毛泽东的提议，中央常委也分别参加了几个省的会议。

2月6日至7日，继续召开全体会议。在会上，邓小平着重讲了党的建设问题，朱德着重讲了反对现代修正主义问题，周恩来着重讲了国民经济存在的困难和克服的办法等问题。最后由毛泽东宣布大会闭幕。

七千人大会，是一次团结的、民主的、批评和自我批评的大会，是新中国成立以来中国共产党历史上一次具有重大意义的盛会，它不仅以涵盖到县委书记的空前规模而被载入史册，更因其通过上下通气和上下互动的民主讨论来解决现实难题、总结工作经验而启发了后人，在动员全党团结奋斗战胜困难方面起了积极作用。

三十五

落后农业国的赶超
提出"四个现代化"战略目标

倘若光阴可以做一个记号,当我们翻看许多20世纪60年代、70年代的共同记忆时,会发现人们都曾满怀期待和憧憬地盼望着这样一个特殊的年份:2000年。因为,在他们的童年回忆中,敬爱的周恩来总理曾说过:到了2000年,我们国家要实现"四个现代化"。

"四个现代化"是我国社会主义建设过程中提出的经济发展的战略目标。它的提出是一个渐变的过程,反映了党的第一代中央领导集体在探索社会主义建设规律过程中,应对国内外形势发展情况的变化,对新中国走什么样的发展道路呈现变化而逐渐清晰的路径选择,是落后农业国加快发展的战略目标。

萌芽阶段的现代化概念,始于我们党在旧中国伤痕累累一穷二白的基础上,谋划建设一个工业化的新中国。可以说,实现国家工业化,是近代以来无数仁人志士的理想,也是新中国实现独立和富强的必由之路。1954年9月,毛泽东在第一届全国人民代表大会第一次会议上致开幕词时说:"准备在几个五年计划之内,将我们现在这样一个经济上文化上落后的国家,建设成为一个工业化的具有高度现代文化程度的伟大的国家。"也是在这次会议上,周恩来在政府工作报告中提出:"我国的经济原来是很落后的。如果我们不建设起强大的现代化的工业、现代化的农业、现代化的交通运输业和现代化的国防,我们就不能摆脱落后和贫困,我们的革命就不能达到目的。"这就是"四个现代化"提法的雏形,以后它的内涵又经过不断的调整与充实。

后来,毛泽东在1957年发表的《关于正确处理人民内部矛盾的问题》中,改变了这个表述,提法是:"建设一个具有现代工业、现代农业和现代科学文化的社会主义国家。"1958年中共八届二次会议的决议采用了毛泽东的提法。这个提法没有提国防现代化。

为了更好地认识理解马克思主义基本经济理论,1959年至1960年初,毛泽东等国家领导人号召国内各级干部读《苏联社会主义经济问题》《马克思恩格斯列宁斯大林论共产主义社会》《政治经济学教科书》等书目,由读书引发的理论思考不断发展了中国共产党关于现代化的经济社会发展理念。这次毛泽东提出"要加上国防现代化",这样,对"四个现代化"就形成了比较完整的表述。

从现有材料看,在党和国家的正式文件里首次公布"四个现代化"完整概念的是1961年9月份发布的《中共中央关于当前工业问题的指示》。并且,在这个阶段的许多场合,毛泽东、周恩来较为完整地提出了"工业现代化、农业现代化、国防现代化、科

1964年12月20日至1965年1月4日，三届全国人大一次会议在北京举行。周恩来在《政府工作报告》中明确提出实现农业、工业、国防和科学技术"四个现代化"的宏伟目标。图为周恩来在会议上发言。

学文化现代化"四个现代化的概念。此时，与萌芽阶段的"四个现代化"理念相比，交通运输业现代化并入了工业现代化，新增了科学文化现代化的概念。

1964年12月21日，周恩来在全国人大三届一次会议上作《政府工作报告》时，正式公开宣布今后的战略目标是："把我国建设成为一个具有现代农业、现代工业、现代国防和现代科学技术的社会主义强国。"此时，中国共产党认识到现代科学技术的重要性和对工业、农业、国防现代化的重大影响，把"科学文化现代化"表述为"科学技术现代化"，一直沿用了下来。改革开放后，邓小平曾说：我们现在讲的四个现代化，实际上是毛主席提出来的，是周恩来在他的政府工作报告里讲出来的。

对于怎么实现"四个现代化"，什么时候实现现代化，毛泽东在1963年夏提出：1963年到1965年作为一个过渡阶段。3年过渡之后，搞一个15年的设想，就是基本上搞一个初步的独立的国民经济体系，或者说工业体系；然后再有15年左右，建成一个具有现代化农业、现代化工业、现代化国防和现代化科学技术的社会主义强国。

1975年1月，四届全国人大一次会议在北京召开，周恩来抱病坚持作《政府工作报告》，重新确定三届全国人大一次会议提出的我国国民经济发展的战略目标和两步走设想。这个两步走的设想被表述为：第一步，在1980年以前，建成一个独立的比较完整的工业体系和国民经济体系；第二步，在本世纪（20世纪）内，全面实现农业、工业、国防和科学技术的现代化，使我国国民经济走在世界的前列。

此时，经过党和人民短短二三十年的团结奋斗，我国工业初步改变了技术落后、畸形发展的状况，建立起门类比较齐全、布局趋向合理的工业体系；许多工业部门从无到有、从小到大发展起来；兴建了一批新的工业基地；工业生产能力大大增加；工业基地布局不合理的状况有了改变；国防工业从无到有实现了零的突破；铁路、公路、水路，以及教育、科学、文化、卫生、体育等事业发展迅速；农业生产条件和生产水平有了显著变化和提高。

在相当长的历史时期内，实现"四个现代化"，始终是凝聚和团结全国各族人民奋斗的一个强大的精神力量。而实现"四个现代化"这一口号不断得到更加广泛而深入的宣传，逐渐成为一代又一代人不可磨灭的记忆和梦想。

三十六

大漠铸剑
成功研制"两弹一星"

1964年10月16日下午3时整,罗布泊一声巨响,火球腾空而起,戈壁滩上冉冉升起的翻滚飞腾的蘑菇云瞬间熔化了周围的一切,中国自行研制的第一颗原子弹成功爆炸了。1966年10月,中国第一枚装有核弹头的"东风二号"点火升空,核弹头运载工具问题成功解决。1967年6月,在原子弹爆炸成功后短短两年零八

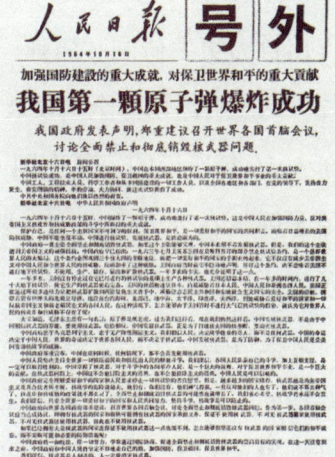

1964年10月16日,中国第一颗原子弹爆炸成功,标志着中国核工业进入了一个新阶段。图为1964年10月16日,《人民日报》为原子弹爆炸成功特发了号外。

个月,我国又依靠自己的力量成功空爆了第一颗氢弹。1970年4月,"东方红一号"人造地球卫星成功发射。新中国在物质技术基础非常薄弱的条件下,在较短的时间内研制成功"两弹一星"(两

弹：一是核弹，包括原子弹和氢弹；二是导弹），创造了科学史上的奇迹。

新中国成立后，我国科学事业有了很大发展。1956年国务院成立了科学规划委员会，先后编制和实施两个科学技术远景规划，有效解决了我国经济建设和国防建设中的重大的科学技术问题，大大缩小了我国科学技术水平同世界先进水平的差距，其中，以"两弹一星"为代表的尖端科学技术成果最为显著。20世纪五六十年代，面对严峻的国际形势，为了抵御帝国主义的武力威胁，打破西方的核垄断和核讹诈，增强国防实力，中共中央果断作出自力更生研制"两弹一星"的战略决定，即"两弹一星"工程。这是对国家安全与发展具有重大战略意义的决策。正如毛泽东1956年所说的，新中国不但要有更多的飞机和大炮，还要有原子弹，在今天的世界上要不受别人欺负，就不能没有这个东西。

实现科学技术的突破离不开科技人才。在北京西郊原是一片高粱地的"北京九所"的办公楼内，聚集着这么一群默默无闻、隐姓埋名的科学家，钱三强、彭桓武、邓稼先、王淦昌、郭永怀……他们的主要工作任务就是"放一个大炮仗"——研究核武器！这些曾在世界各个国家研究物理学、量子力学、空气动力学等的专家，秉承着"科学没有国界，但科学家有祖国"信念，放弃国外优越的生活条件，历经千辛万苦回到祖国。"导弹之父"钱学森被美国软禁5年后才得以回国。周恩来曾意味深长地说：中美大使级会谈虽然没有取得实质性成果，但我们要回了一个钱学森。面对一穷二白、满目疮痍的新中国，这些科学家心中只有一个目标——为祖国贡献出自己所有的力量！

身经百险回到祖国的科学家们，在核武器事业的起步阶段就遭遇了苏联全面撕毁合约。"两弹一星"事业中的广大科技工作者克服缺少设备、原料紧缺等无数困难，殚精竭虑，忘我工作。在艰难的条件下，他们培育和发扬了热爱祖国、无私奉献，自力更生、艰苦奋斗，大力协同、勇于攀登的"两弹一星"精神。其中，郭永怀就是最具代表性的一位。他1956年回国，与王淦昌、彭桓武并称中国最初研究核武器的"三大支柱"。此后的几年中，他穿梭在北京与保密而又神秘的青海核武器研制基地之间，忘我地工作着。1968年12月的一天，他在试验中发现了一个重要线索，着急飞回北京。不幸的是，飞机出了意外。当人们找到他的遗体时，惊讶地发现他竟然和警卫员紧紧地抱在一起，那只装有绝密资料的文件夹安然无损地夹在他们胸前。这样的画面永远刻在了共和国的丰碑上。1999年，郭永怀被追授"两弹一星"功勋奖章。在23位"两弹一星"功勋奖章获得者中，郭永怀是在人造卫星、导弹和原子弹技术方面均作出过巨大贡献的科学家。

在"两弹一星"荣誉勋章上，写满了让人敬仰和佩服的事迹：邓稼先带领团队用简陋的计算设备核算关键数据，耗时一整年进行了九次完整的运算，华罗庚把他们所计算的问题称为"集世界数学难题之大成"；李四光带领团队根据地质力学理论走过塔里木盆地、西部的独龙山区等，在全国勘探寻找铀矿石；在戈壁滩上建立起核试验研究所……

以"两弹一星"为代表的国防尖端科学技术的突破性成果，是我国自力更生、自主创新取得的伟大成就，极大地鼓舞了中国人民的志气，振奋了中华民族的精神，我国从此跻身于世界核大国和航天大国行列，奠定了在国际舞台上的重要地位。

三十七

小球转动大球
中美关系正常化

  1971年春的日本名古屋,樱花盛开,第31届世界乒乓球锦标赛在这里举行。已经错过两届世乒赛的中国在毛泽东和周恩来的亲自批示下决定接受日本主办方的邀请参赛。

  比赛期间的一天,中国运动员陆续登上巴士,准备从宾馆去体育馆参加比赛。就在车门关闭的一刹那,一个留着长头发的外国运动员突然跳上了车,这名外国运动员就是来自美国的格伦·科恩。面对这位长发披肩、造型迥异的外国人,中国运动员庄则栋想起周恩来提出的"友谊第一,比赛第二"的方针,非常友好地主动与他交谈起来。在离别之时,送给他一块绣着优美的黄山风景画的杭州织锦。这一次偶遇,意外地开启了中国和美国紧闭的外交大门。

  中美乒乓球队的这一次交流,被记者们发现后争相报道。美国乒乓球队借机提出访华要求。对于这个请求,外交部和国家体委赶紧报告北京。经过反复斟酌,毛泽东最后断然决定,邀请美国乒乓球代表团访问中国,率先打开了中美两国人民友好往来的

图为1971年4月14日，周恩来接见应邀来华访问的美国乒乓球代表团全体成员。这一经毛泽东、周恩来决定的邀请，被誉为"小球转动大球"的"乒乓外交"。

大门。

美国乒乓球队访华的消息在全世界引起了轰动。4月10日，美国乒乓球队开始访问中国。周恩来对访问作了非常详细而又周密的安排，于4月14日在人民大会堂接见了美国乒乓球代表团，同他们进行了长时间谈话。按照日程安排，美国乒乓球队与中国乒乓球队举行了友谊比赛，还游览了长城，参观了清华大学等地。美国乒乓球队访华在美国更是引起了强烈反响，掀起了一股"中国热"，而"小球转动大球"的戏剧性效果也成为中美外交史上的一段佳话。

有了美国乒乓球队访华的东风，中共中央决定趁此时机，通过巴基斯坦向美国发出访华邀请。事实上，尼克松就任美国总统后，为改变当时苏攻美守的外交态势，也通过多种方式积极谋求发展对华关系。中国也予以积极回应，1970年10月，毛泽东在天安门城楼接见了美国友人斯诺，引起全世界瞩目。12月18日，毛泽东会见老朋友埃德加·斯诺时，表明了他的欢迎态度。毛泽东说，如果尼克松愿意来，我愿意和他谈，谈得成也行，谈不成也行，吵架也行，不吵架也行，当作旅行者来谈也行，当作总统来谈也行。总而言之，都行。毛泽东的这番话，尼克松很快就知道了。

1971年7月9日，美国总统国家安全事务助理基辛格秘密访华。这一消息再次震惊了世界。1972年2月，美国总统尼克松正式访华，成为来华访问的第一位在任总统。尼克松访华期间，毛泽东、周恩来分别与其举行了会谈。2月28日，中美双方在上海发表《中美联合公报》。公报强调，双方同意以和平共处五项原则来处理国与国之间的关系。双方郑重声明：中美两国关系走向正常化是符合所有国家的利益的；双方都希望减少国际军事冲突的危险；任何一方都不应该在亚洲—太平洋地区谋求霸权，每一方都反对任何其他国家或国家集团建立这种霸权的努力。在台湾问题上，中国政府明确指出，台湾问题是中国的内政，用什么方式解决应该由中国自己来决定。美国政府认识到在台湾海峡两岸的所有中国人都认为只有一个中国，台湾是中国的一部分。美国政府对这一立场不提出异议。《中美联合公报》的签订，是中美关系史上的里程碑，它标志着两国关系正常化的开始。

三十八

五星红旗在联合国升起
中国恢复在联合国的一切合法权利

1971年10月25日,第26届联合国大会通过阿尔巴尼亚、阿尔及利亚等23国的提案,驱逐台湾当局代表,恢复中华人民共和国在联合国的一切合法权利。几天后,当中国代表团出现在联合国大会会场时,全场热烈鼓掌,中国代表团的成员们喜笑颜开。左为外交部副部长乔冠华,右为中国常驻联合国代表黄华。

照片中这位仰天大笑的人,就是出席第26届联合国大会的中国代表团团长乔冠华。虽然距离这张照片拍摄已经过去了50年,但我们依然可以感受到那一刻穿透照片的喜悦和豪情。有西方记者形容乔冠华的这一笑,"震碎了联合国议事大厅的玻璃"。他为何笑得如此开怀？

时针拨回到1971年10月25日，联合国总部圆顶大厅，第26届联合国大会正在就恢复中华人民共和国在联合国一切合法权利，并立即把台湾国民党当局的代表从联合国及其所属一切机构中驱逐出去的2758号决议进行表决。随着公开统计"Yes""No"的此起彼伏之声，电子计票器上的数字不断发生改变。终于，表决结果定格在：76票赞成、35票反对、17票弃权。这意味着2758号决议以超过2/3赞成票的压倒性优势通过，中华人民共和国正式恢复在联合国的合法席位和权利，承认中华人民共和国政府代表是中国在联合国组织的唯一合法代表。当电子计票牌显示出表决结果后，会议大厅迅雷般的掌声轰鸣，持续达两分钟之久。不少国家的代表放声高歌，热烈欢呼，有不少亚非拉国家的代表情不自禁地纵情高歌。

11月1日，中华人民共和国的五星红旗在联合国第一次冉冉升起，随风飘展。11月15日，新中国第一个赴联合国的外交代表团来到美国纽约联合国总部参加第26届联合国大会。中华人民共和国在联合国的舞台上终于有了自己的声音，会场上出现了联合国成立以来罕见的热烈场面，先后有50余个国家的代表致辞欢迎新中国代表团。代表团团长乔冠华代表中华人民共和国政府发表演讲，衷心感谢为恢复中国在联合国合法权利进行长期努力的友好国家，宣布将同一切爱好和平、主持正义的国家和人民站在一起，为维护各国的民族独立和国家主权，为维护国际和平、促进人类进步事业而共同努力。

回顾过去，记忆犹新。1945 年 4 月 25 日，联合国制宪会议在旧金山举行，中国作为联合国创始会员国之一受邀出席。经过反复研究讨论，6 月 26 日，《联合国宪章》获得一致通过。中共代表董必武作为中国代表团成员出席大会开幕式，并在《联合国宪章》上签字。新中国成立后，由于美国执行敌视新中国的政策，中国在联合国的席位被台湾国民党当局窃据。

为恢复在联合国的合法地位，中国政府作出了长期不懈的努力。在整个 20 世纪五六十年代，中国秉承"和平共处五项原则"，积极发展同广大亚非拉国家关系，改善中国所处的国际环境。随着中华人民共和国国际地位和影响的不断提高，随着亚非拉新独立国家不断加入联合国，美国在联合国中阻挠讨论中国代表权问题越来越困难。尽管这段时期美国能操纵联合国大会通过所谓"重要问题"提案，但投票支持恢复中华人民共和国代表权的国家却不断增多。1970 年，赞成恢复新中国在联合国合法权利的票数首次超过了反对票。1971 年 10 月 25 日，在许多亚非拉国家和其他主持正义国家的共同努力下，第 26 届联合国大会终于恢复了中华人民共和国的合法席位。对此，毛泽东曾风趣地描述，是非洲兄弟把中国抬进了联合国。

中国恢复联合国合法席位，是新中国外交工作的重大突破，是新中国国际地位不断提高的重要标志。随着中华人民共和国恢复在联合国的合法席位和中美关系的正常化，新中国外交迸发出新的活力，一个外交突破性大发展的时期到来了。

三十九

受命于危难之际的改革试验

邓小平主持全面整顿

1975年春天,"文化大革命"后濒临崩溃的国民经济和极度混乱的社会状况亟须全面整顿。殚精竭虑、苦撑危局的周恩来,此时身患重病难以继续主持繁重的中央日常工作。党和国家迫切需要一个德才兼备、久经历练的人,来减轻周恩来的负担,毛泽东把目光投向了"人才难得"的邓小平。1975年1月5日,中共中央发出一号文件,任命邓小平为中央军委副主席兼中国人民解放军总参谋长。1月10日,党的十届二中全会选举他为中央政治局常委、中共中央副主席。1月17日,四届人大一次会议任命他为国务院第一副总理。在不到半个月的时间内,邓小平被赋予党、政、军重任,这在党和国家历史上,是非常罕见的。受命于危难之际的邓小平,在毛泽东支持下,大刀阔斧地开始了主持全面整顿工作。

根据毛泽东提出的要安定团结,把国民经济搞上去的指示,邓小平在主持的各类型会议上,明确、坚定地提出要进行全面整顿的思想,要求搞好安定团结,发展社会主义经济,全面整

1975年,邓小平在主持中央日常工作期间,召开了解决军队、交通、工业、农业、科技等方面问题的一系列重要会议,着手进行全面整顿,使得全国形势明显好转。图为经过邓小平领导的全面整顿,畅通无阻的全国铁路运输线路。

顿工业、农业、商业、财贸、文教、科技、军队等。他提出整顿的核心是党的整顿,关键是领导班子,要建立一个强有力的"敢"字当头的领导班子。他还提出要坚决同派性作斗争,要注意落实政策,调动多方面积极性。这些讲话和思想,促使人们从长期极左思潮的禁锢中醒悟过来,精神大为振奋。整顿的局面很快打开了。

全面整顿虽然强调全面,但在整顿一开始不宜全面开花,应当集中力量从"点"着手。铁路是交通运输的生命线,对工业生产和人民生活影响极大。由于闹派性、打派仗,铁路运输混乱不畅通的问题极为严重,成为阻碍时局扭转的关键。邓小平审时度势,决定以铁路的整顿为突破口,牵住了"牛鼻子"。他指示新任铁道部长万里:要用最快的速度,抓紧把整顿铁路的文件起草好,强调铁路要集中,要实行军事化管理。要采取最有力的措施,迅速改变铁路的面貌。3月5日,中央政治局讨论通过《关于加强铁路工作的决定》,这就是有名的中央九号文件。当天,邓小平在全国工业书记会议上发表讲话说："现在有一个大局，全党要多讲。"这个大局就是四届人大提出的发展国民经济的两步设想，就是要把我国建设成为具有现代农业、现代工业、现代国防和现代科学技术的社会主义强国，全党都要为这个伟大目标奋斗。就这样，全面整顿的第一战打响了。在不到两个月的时间里，堵塞严重的路段全部疏通，全国 20 个铁路局中的 19 个超额完成计划。

铁路的成功整顿，带动了整个工业，首先是钢铁工业的整顿，到了 6 月，钢的平均日产量达到 7.24 万吨。同时，煤炭工业、重工业、国防工业等方面的整顿也取得成效。农业整顿也随之被提上日程，全国各地抽调上百万干部到农村帮助社队进行整顿，掀起了农业生产高潮。经过几个月的整顿，全国的经济形势日益好转。1975 年全国工农业总产值比上年增长 11.9%，其中，工业增长 15.1%，农业增长 4.6%。这表明整顿抓住了要害，成效卓著。

整顿军队是邓小平抓全面整顿的开端。他提出军队整顿，一是要提高党性，消除派性；二是要加强纪律性。他强调军队建设要解决"肿""散""骄""奢""惰"问题，军队领导班子要解决"懒""散""软"的问题。首先调整了军队各大单位的领导班子，这对抵制"四人帮"夺取军队领导权的企图起了重要作用。

由于一些老干部陆续恢复工作，加快推动了属于重灾区的科技、文化、教育等领域的整顿。邓小平选择中国科学院作为打开局面的突破口。胡耀邦等根据邓小平的意见，起草了《中国科学院工作汇报提纲》。与此同时，国家计委起草了《关于加快工业发展的若干问题》，国务院政治研究室起草了《论全党全国各项工作的总纲》。这三个重要文件，不仅成为整顿的指导文件，还提出了改革工业、科技等一些重要思想，为后来的改革作了一定的思想准备。邓小平在谈到1975年整顿时曾多次指出："说到改革，其实在一九七四年到一九七五年我们已经试验过一段……那时的改革，用的名称是整顿，强调把经济搞上去，首先是恢复生产秩序。"

在文艺领域整顿方面，邓小平重新强调党的"双百"方针，解除对一些优秀作品的发表和演出的限制，电影《创业》《海霞》先后得以通过发行，一批被打入"冷宫"的电影得以陆续开禁，逐步改变了"八亿人民八个戏"的局面。

邓小平还提出："整顿的核心是党的整顿，只要抓住整党这个中心环节，各方面的整顿就不难。""文化大革命"期间，由于"踢开党委闹革命"导致许多地方党组织领导的力量削弱了，他强调"整党主要放在整顿各级领导班子上"，要把党组织尽快恢复起来，把各级领导班子建设好。

邓小平主持的全面整顿，是"文化大革命"中党的正确领导与"四人帮"的一场重大斗争，力图在一些重要问题上把"文化大革命"中被颠倒了的思想理论、政策是非加以澄清，从而开始了有限度的拨乱反正。但是毛泽东不能容忍邓小平系统纠正"文化大革命"的错误。1975年下半年，毛泽东要邓小平主持政治局对"文化大革命"作个决议，主要是用来统一认识，让那些对"文化大革命"不满的人难以唱反调，同时也使邓小平"有个转弯"的机会。但邓小平却以"我是桃花源中人，不知有汉，何论魏晋"

为词，委婉拒绝主持作这个决议。邓小平这种完全不让步的态度，使毛泽东下决心"批邓"。"批邓"从开"打招呼"会开始逐渐升级。1975年11月，在"四人帮"一伙的煽动下，"批邓、反击右倾翻案风"运动在全国范围内推开，全国因而再度陷入混乱。邓小平主持的全面整顿被迫中断。

四十

喜迎科学教育的春天
恢复高考和召开全国科学大会

1977年冬天，中国关闭了11年的高考考场再次打开大门，570多万名考生从山村、渔乡、牧场、工厂、矿山、营房、课堂奔向考场。这是一个被称为没有冬天的年份，年龄参差、背景各异的莘莘学子再次点燃了对大学的渴望，"自愿报考，统一考试，择优录取"的高考政策仿佛寒冬中的暖阳，照亮了所有人的梦想。这一抹曙光终于拨散了十余年的阴霾，国家迎来了尊重知识和人才的春天。

"文化大革命"结束后，党中央立即着手部署和开展对"四人帮"的揭发批判，着手恢复党和国家正常秩序，开始拨乱反正。1977年7月，邓小平重新就任中共中央副主席、国务院第一副总理等要职。初见曙光的中国，正迫切地需要让工业、农业和各项事业回归正轨，而邓小平深知要实现"四个现代化"，就必须"尊重知识、尊重人才"。于是再次复出的邓小平破例向中央提出了一个请求：分管科技和教育工作。在他的直接领导下，科教领域理所当然成为拨乱反正的突破口。

"不抓科学、教育，四个现代化就没有希望。"这是邓小平反复向人们讲的道理。1977年8月4日至8日，邓小平主持召开了全国科学和教育工作座谈会，共邀请了30多位著名科学家和教育工作者参加。邓小平指出，要实现四个现代化，要赶超世界先进水平，究竟从何着手？看来要从科研和教育着手。一讲到科研，就离不开教育。强调科研是靠教育输送人才的，一定要把教育办好。他号召尊重脑力劳动者、尊重知识、尊重人才。8月6日下午，武汉大学化学系副教授查全性在会上直言，应该恢复"文化大革命"中被废弃的高考制度，这一建议获得与会者强烈共鸣。邓小平听完大家的发言，转身问教育部部长刘西尧：今年高考招生还

1977年底，全国有570多万名青年参加了高校招生考试。27.3万人成为新时期的第一批大学生。图为恢复高考后进入清华大学的第一批学生在上课。

来不来得及改？刘西尧说，要是推迟招生日期，那还来得及。邓小平当即表示："既然今年还有时间，那就坚决改嘛！"邓小平大笔一挥，将此前拟定的招生办法"自愿报考，单位同意，统一考试，择优录取"中的"单位同意"这条划掉。邓小平斩钉截铁地说："今年就要下决心恢复从高中毕业生中直接招考学生，不要再搞群众推荐。从高中直接招生，我看可能是早出人才、早出成果的一个好办法。"10月12日，国务院批转《关于1977年高等学校招生工作的意见》，恢复从高中毕业生中直接招考学生的"自愿报考，统一考试，择优录取"的高考统一考试制度就这么定了下来。这是一个影响深远的重大决定。这一年，全国有27万多名经考试录取的青年跨入了大学校门。

从1977年9月开始，邓小平着手准备召开全国科学大会。这次会议的目的是恢复发展国民经济、动员全党全国各族人民向科学技术现代化进军。1978年3月18日至31日，全国科学大会在北京隆重举行。大会共有5586名代表参加，华罗庚、严济慈、钱三强、钱学森等几乎所有的著名科学家都出现在会场上，堪称中国科学技术史上的空前盛会。邓小平在开幕式上发表讲话，深刻阐述了科技发展中的思想认识问题、人才培养问题和党的领导问题，明确提出了"四个现代化关键是科学技术现代化""知识分子是工人阶级的一部分"的著名论断，重申了"科学技术是生产力"这一马克思主义基本观点。他的讲话澄清了长期以来束缚科学技术发展的重大理论是非问题，扭转了多年来对知识分子的"左"的政策，打破了长期禁锢知识分子的精神桎梏，激起了代表们阵阵春雷般的掌声。大会通过了《1978—1985年全国科学技术发展规划纲要（草案）》，表彰了826个先进集体、1192名先进科技工作者和7657项优秀科技成果的完成单位和个人。

正如这次大会闭幕式上，86岁高龄的中科院院长郭沫若所作的那篇著名的《科学的春天》书面发言中所说："我们民族历史上最灿烂的科学的春天到来了。"邓小平以非凡的魄力，以科学教育领域为突破口的拨乱反正，带动了全国各个领域迅速恢复到正常轨道中。"科学技术是第一生产力"和"知识分子是工人阶级的一部分"两个著名论断，将我国的科学事业从寒冬带入了春天。尊重知识、尊重人才的风尚重新在社会上盛行，为我们制定科教兴国战略、人才强国战略奠定了基础，为社会主义现代化建设事业培养了大批的人才。

四十一

思想解放的号角
真理标准问题大讨论

中国上百台印刷机转动，不同的报头之下，出现了同一个标题；校园的阅报栏前挤满年轻的面孔，无数学子闻风而至，阅读同一篇文章；千百人铺展稿纸，千百支笔抖落尘埃，准备书写同一个主题。这是1978年5月，一篇名为《实践是检验真理的唯一标准》的特约评论员文章在《光明日报》一版刊发，它掀起的席卷中国的真理标准大讨论，如同江河破冰，在中国的思想界激荡起滚滚春潮。

1978年的中国，几亿人身着单调的绿、蓝、灰色衣服，无法掩盖心中对中国未来发展的焦虑，手握购买生活必需品的票券在街头巷尾排着长队，构成了属于那一年的历史印象。此时"文化大革命"已过去两年，党在科学、教育、文化领域的拨乱反正已经开始，经济建设、社会各项事业和外交工作在一定程度上有所恢复。但是由于"左"的指导思想没有得到根本纠正，中国依然在十字路口徘徊。判断路线和思想是非的根本标准究竟是什么？衡量真理的价值坐标又究竟在哪里？这些思考、探讨，终于引发了一场规模宏大、影响深远的关于真理标准问题的大讨论。

1978年春,当时在中央党校学习的807名学员,或许已经感觉到在这个西郊野外红桃绿柳掩映的菁菁校园内,已经翻涌着不宁静的思潮,一场重大的思想变革即将到来。而此时,南京大学哲学系副主任胡福明于1977年下半年给《光明日报》哲学专刊撰写的文章《实践是检验真理的标准》,因具有强烈的现实针对性,能够引发社会关于真理标准、拨乱反正问题的认识而引起了《光明日报》总编辑杨西光的注意。5月10日,经过十余次修改并最终由胡耀邦审定的《实践是检验真理的唯一标准》,在中央党校内部刊物《理论动态》第六十期与党校全体师生见面了。这篇文章约7000字,包括"检验真理的标准只能是社会实践"、"理论与实践的统一,是马克思主义的一个最基本的原则"、"革命导师是坚持用实践检验真理的榜样"和"任何理论都要不断接受实践的检验"4个部分。文章鲜明提出:社会实践不仅是检验真理的标准,

1978年5月11日《光明日报》刊载的《实践是检验真理的唯一标准》(节录)。

而且是唯一的标准。马克思主义的理论宝库并不是一堆僵死不变的教条。第二天，该文赫然醒目地以"本报特约评论员"的署名在《光明日报》刊发。文章开宗明义指出："无论在理论上或实际工作中，'四人帮'都设置了不少禁锢人们思想的'禁区'，对于这些'禁区'，我们要敢于去触及，敢于去弄清是非。科学无禁区。凡是超越于实践并自奉为绝对'禁区'的地方，就没有科学，就没有真正的马列主义、毛泽东思想，而只有蒙昧主义、唯心主义、文化专制主义。"一石激起千层浪，文章刊发当天，新华社就立即向全国发出通稿。数月间，上百家媒体加入了转载的行列。此文的发表，在党内外引起了强烈反响。

文章发表后，也遭到了坚持"两个凡是"方针的一些人的非议和指责。在关键时刻，邓小平对这场讨论给予及时且有力的支持。5月30日，邓小平同胡乔木谈他准备在全军政治工作会议上讲话的内容时说道："毛泽东思想最根本的最重要的东西就是实事求是。现在发生了一个问题，连实践是检验真理的标准都成了问题。简直是莫名其妙。"6月2日，邓小平在全军政治工作会议上的讲话中着重阐述了毛泽东关于实事求是的观点，批评在对待毛泽东和毛泽东思想问题上"两个凡是"的错误态度，号召"一定要肃清林彪、'四人帮'的流毒，拨乱反正，打破精神枷锁，使我们的思想来个大解放"。

1978年9月，邓小平访问朝鲜后，视察了中国东北地区。他是到处"点火"，一路上讲解放思想，实事求是，号召各级干部都要开动脑筋破除僵化。与此同时，陈云、叶剑英、李先念等老一辈革命家，也旗帜鲜明地支持真理标准问题的讨论，中央各部门、地方和军队的负责人相继发表讲话或文章，表明支持的态度；理论界、学术界、新闻界更是踊跃参加，站到讨论的前沿。"一河冰川动春潮"，思想解放的春潮激荡华夏大地，再也无法阻挡。

真理标准大讨论，带来一次思想大解放，为冲破长期以来的"左"倾思想束缚，重新确定马克思主义的思想路线、政治路线和组织路线奠定了理论基础，成为正本清源、拨乱反正和改革开放的思想先导，为召开党的具有划时代意义的十一届三中全会作了重要理论准备。

四十二

伟大转折

党的十一届三中全会

1978年12月18日,在中华民族历史上,在中国共产党历史上,在中华人民共和国历史上,是一个值得载入史册的重要日子。这一天,党的十一届三中全会召开。这次会议仅开了5天,却实现了中国历史的大转折。因此,我们需要把目光重新投向那场为党的十一届三中全会做准备的会期长达36天的中央工作会议。

1978年11月10日,中央工作会议在北京召开,212名党的高级领导干部参加了会议。根据邓小平的提议,会议首先讨论实现全党工作重点向社会主义现代化转移问题。12日,陈云在东北组的发言引起震动,他不但表示拥护全党工作重点的转移,还提出"安定团结也是全党和全国人民关心的事",要实现安定团结就要解决"文化大革命"及"左"的错误造成的一些重大历史遗留问题和一些领导人的功过是非问题。"对有些遗留的问题,影响大或者涉及面很广的问题,是需要由中央考虑和作出决定的。"陈云提出的话在与会者中引起强烈反响,大家群情激昂,踊跃发言,要求彻底纠正"文化大革命"错误的呼声就像打开了闸门的山洪,倾泻而下。在这个历史转折关头，许多新情况、新问题凸显出来，需要党的领导人抓住机遇，指明方向。邓小平高瞻远瞩，充分肯定和支持陈云的意见。大会实际上变成了思想路线、组织路线和政治路线全面拨乱反正的会议。大家对真理标准讨论问题、对解决历史遗留问题取得了共识。

12月13日下午，邓小平在会上作了题为《解放思想，实事求是，团结一致向前看》的讲话。他说："一个党，一个国家，一个民族，如果一切从本本出发，思想僵化，迷信盛行，那它就不能前进，它的生机就停止了，就要亡党亡国。"这篇讲话卷起思想解放的风雷，驱散了那个时代困扰中国人的精神迷雾，指明了未来中国发展的方向，报告实际上成为党的十一届三中全会的主题报告。报告中"解放思想，开动脑筋，实事求是，团结一致向前看"的口号，成为十一届三中全会乃至以后党的各项工作的根本指导思想。在中共党史上绝无仅有的长达36天的中央工作会议，为中国改革开放作了重要铺垫。邓小平充分肯定这次会议，他说："这次会议开得很好，很成功，在党的历史上具有重要意义。我们党多年以来没有开过这样的会了，这一次恢复和发扬了党的民主传统，开得生动活泼。我们要把这种风气扩大到全党、全军和全国各族人民中去。"

5天后，也就是1978年12月18日，一个推动中国历史大转折、开启国家新命运的会议——党的十一届三中全会拉开帷幕。此时，京城瑞雪漫天，滴水成冰，但作为党和国家领导者们的思想正在"破冰"，中国即将迎来属于华夏大地的又一个春天。这次会议是在党和国家面临何去何从问题的历史关头召开的一次重要会议，会议作出了把全党工作重点转移到社会主义现代化建设上来和实行改革开放的战略决策。全会高度评价关于真理标准问题的讨论，确定了"解放思想，开动脑筋，实事求是，团结一致向前看"的指导方针，重新确立了党的实事求是的思想路线。会议要求历史地科学地认识毛泽东的伟大功绩，完整准确地把握毛泽东思想的科学体系，并在新的历史条件下加以发展。全会讨论了党的政治路线，及时果断地停止了使用"以阶级斗争为纲""无产阶级专政下继续革命"的错误理论。全会制定了新的组织路线，决定撤销中央发出的有关反击右倾翻案风和天安门事件的错误文件，并审查和纠正了过去对彭德怀、陶铸、薄一波、杨尚昆等所作的错误结论。全会在组织上作了重大的调整，增选了中央领导机构的成员。这次全会后，事实上形成了以邓小平为核心的党的第二代中央领导集体。这些关系到国家命运的战略决策，顺应了中国历史进程的客观要求，反映了全党、全军、全国各族人民的

党的十一届三中全会会场。

迫切愿望。

　　党的十一届三中全会闭幕日，时令上是冬至，但对国家来说这一天是"立春"。习近平总书记在纪念改革开放四十周年大会上曾动情地描述这个日子——实现新中国成立以来党的历史上具有深远意义的伟大转折，开启了改革开放和社会主义现代化的伟大征程。这次会议标志着党重新确立了马克思主义的思想路线、政治路线、组织路线，标志着中国共产党人在新的时代条件下的伟大觉醒，显示了党顺应时代潮流和人民愿望、勇敢开辟建设社会主义新道路的坚强决心。党的十一届三中全会是一个里程碑，从此中国进入了改革开放和社会主义现代化建设新时期。

四十三

从"武力解决"到"和平统一"

四份《告台湾同胞书》

"亲爱的台湾同胞:今天是一九七九年元旦。我们代表祖国大陆的各族人民,向诸位同胞致以亲切的问候和衷心的祝贺。昔人有言:'每逢佳节倍思亲'。在这欢度新年的时刻,我们更加想念自己的亲骨肉——台湾的父老兄弟姐妹……"1979年的元旦,温馨柔情的闽南语广播《告台湾同胞书》,飘过台湾海峡,传到彼岸的台湾同胞耳中。自从1958年起已逐渐习惯炮击声的金门守军,正在掩体中等待通知炮击时间地点的广播声,但令他们意想不到的是高音喇叭传来的却是"中国政府已经命令人民解放军从今天起停止对金门等岛屿的炮击"的意外惊喜!

这是新中国成立以来发布的第五份《告台湾同胞书》。1950年,台湾民主自治同盟发布了第一份"告台湾同胞书",提出解放台湾的任务。1958年"金门炮战",国防部曾连发三份"告台湾同胞书"。其中,第一份是10月6日发布的由毛泽东亲自撰写,署名国防部部长彭德怀的《告台湾同胞书》,号召台湾共同反对美帝国主义，指出炮战的惩罚性质，并提出停止炮击七日以便运输供应品。第二份是10月25日国防部发布的《再告台湾同胞书》，提出解放军对金门炮击"单打双不打"的原则。

1958年11月1日的《三告台湾同胞书》在当时并没有公开发表。此后，两岸在"一个中国"立场下形成了一种高度的默契：解放军对金门打炮前通过"千里传音"的喇叭公告炮击的时间和地点，且都打到无人的海滩上。国民党金、马守军回击时也心照不宣。毛泽东称炮击金门"是帮助蒋介石守好金门"。美国妄图在台湾海峡实现"划峡而治"、制造"两个中国"的阴谋在两岸的共同抵制和反对下彻底破产。

与此同时，中共一直没有放弃与蒋介石的沟通。20世纪60年代初，经过两岸多次非正式沟通，毛泽东表示可以"在统一的前提下，台湾享有高度自治权利"的对台政策，这一政策后被周恩来概括为"一纲四目"，其中已经蕴含了"和平统一，一国两制"的意涵。但由于"文化大革命"的爆发，和平解放台湾的工作被延宕了下来。

1979年元旦的《告台湾同胞书》，是由时任委员长的叶剑英主持召开全国人大常委会通过的。同一天，邓小平在全国政协新年茶话会上郑重宣布，台湾回归祖国、完成祖国统一大业的事情已经提到具体日程上来了。"一个国家，两种制度"的和平统一构想开始形成了。《告台湾同胞书》郑重宣示了新的历史条件下争取祖国和平统一的大政方针及一系列政策主张。主要包括：结束两岸军事对峙状态，开放两岸"三通"，扩大两岸交流等。这些政策主张，融化了两岸之间长达30年不相往来的坚冰，开启了两岸化

1979年1月1日,《人民日报》刊登全国人大常委会发布的《告台湾同胞书》,郑重宣告了中国政府和平解决台湾问题的大政方针及一系列政策主张。

干戈为玉帛和平发展的大门。在之后的四十多年里,两岸逐步开始经济、文化、教育、体育和社会全方位的交流合作。

2019年1月,在《告台湾同胞书》发表40周年纪念会上习近平指出,祖国必须统一,也必然统一;台湾问题因民族弱乱而产生,必将随着民族复兴而终结。

如今,《告台湾同胞书》所提出的许多政策主张都已经变为现实,在坚持"九二共识"、反对"台独"的共同政治基础上,两岸各政党,各界别推举代表性人士,就两岸关系和民族未来开展广泛深入的民主协商,就推动两岸关系和平发展达成制度性安排,为推动两岸关系和平发展、推进祖国和平统一进程指明了基本方向、提供了重要遵循。

四十四

完成拨乱反正

《关于建国以来党的若干历史问题的决议》

公开信息显示，党的十八大以来，习近平要求党员干部重温的第一篇重要文献是《关于建国以来党的若干历史问题的决议》。2013年1月5日，习近平在新进中央委员会委员、候补委员学习贯彻党的十八大精神研讨班指出："正确处理改革开放前后的社会主义实践探索的关系，不只是一个历史问题，更主要的是一个政治问题。"他建议大家把《关于建国以来党的若干历史问题的决议》找出来再看看。

1981年党的十一届六中全会通过的《关于建国以来党的若干历史问题的决议》是一份全面总结党的历史和评价党内是非的重要决议文件，它在关键时期起到了统一全党思想、开创党的工作新局面的重要作用。

为把全党全国各族人民的思想统一到十一届三中全会路线方针政策上来，正确认识新中国成立以来党所走过的道路，科学总结这个时期的历史经验，1979年9月，党的十一届四中全会讨论通过了叶剑英在庆祝中华人民共和国成立三十周年大会上的讲话。

随后又决定，在这个讲话基础上，由邓小平主持，着手起草《关于建国以来党的若干历史问题的决议》。

1979年10月底起，先后在北京西城前毛家湾的小院中和复兴门外万寿路的六所，由20多名理论工作者组成的起草小组开始起草工作。起草决议之初，邓小平就提出《关于建国以来党的若干历史问题的决议》的中心意思应该是三条，即：第一，确立毛泽东的历史地位，坚持和发展毛泽东思想。这是最核心的一条。第二，对新中国成立30年来历史上的大事，哪些是正确的，哪些是错误的，要进行实事求是的分析，包括一些负责人的功过是非，要作出公正的评价。第三，对过去的事情做个基本的，宜粗不宜细的总结，引导大家团结一致向前看。

经过反复打磨修改，1980年9月10日，起草小组写出了完整的决议稿。10月12日，中央将草稿印发党内高级干部进行研究讨论，参加讨论的有4000人，故称四千人大讨论。经过党内广泛的民主讨论，尤其是邓小平、陈云等领导人在指导思想上定调子，决议起草中的许多问题基本得以解决，使决议稿的内容更加丰富和全面，表述也更加准确和恰当。

1981年6月，党的十一届六中全会一致通过了《关于建国以来党的若干历史问题的决议》（以下简称《决议》）。《决议》从根本上否定了"文化大革命"和"无产阶级专政下继续革命"的错误理论，对一些重大历史事件和重要历史人物作出实事求是的评价，科学总结了新中国成立以来社会主义革命和建设的历史经验。《决议》指出，"文化大革命"不是也不可能是任何意义上的革命或社会进步。它是一场由领导者错误发动,被反革命集团利用,给党、国家和各族人民带来严重灾难的内乱。《决议》实事求是地评价了毛泽东的历史地位,指出:"毛泽东同志是伟大的马克思主义者,是伟大的无产阶级革命家、战略家和理论家。他虽然在'文化大革命'中犯了严重错误,但是就他的一生来看,他对中国革命的功绩远远大于他的过失,他的功绩是第一位的,错误是第二位的。"《决议》将毛泽东晚年的错误与他的正确思想加以区别,充分论证了毛泽东思想作为党的指导思想的伟大意义,指出毛泽东思想是马克思列宁主义在中国的运用和发展,是被实践证明了的关于中国革命的正确理论原则和经验总结,是中共集体智慧的

党的十一届六中全会通过《关于建国以来党的若干历史问题的决议》。

结晶。《决议》对毛泽东思想多方面的内容及活的灵魂,即贯穿于它的各个组成部分的立场观点方法——实事求是、群众路线、独立自主作了科学概括,并强调毛泽东思想是宝贵的精神财富,将长期指导中国共产党的行动。《决议》总结了新中国成立以来正反两方面的历史经验和教训,第一次对党的十一届三中全会以来已经逐步确立的适合我国情况的社会主义现代化建设正确道路的主要内容作了概括,初步提出了在中国建设什么样的社会主义和怎样建设社会主义的问题,为党和国家的事业指明了方向。

《决议》从开始起草到最后通过,跨越了三个年头,历时20个月,前后修改了9稿。《决议》是中国共产党历史上极为重要的一篇文献,为全党和全国人民在重大历史是非问题上统一思想提供了正确的依据,标志着党在指导思想上的拨乱反正胜利完成。《决议》对统一全党、全军、全国各族人民的思想认识,同心同德,为实现新的历史任务而奋斗,产生了深远的影响。

四十五

立国之本
四项基本原则

1978年以后,人们时刻都会感受到中国的悄然变化:四处悬挂着的语录牌和宣传画渐渐少了,城市和乡村中的领袖像少了。广大干部群众从过去一个时期盛行的个人崇拜和教条主义的精神枷锁中解脱出来,党内外思想活跃,出现了努力研究新情况和解决新问题的生动景象。

但在人们思想冲破禁锢的同时,党内和社会上也出现了一些值得注意的思想动向。一些仍坚持"左"倾错误思想的人开始反对党的十一届三中全会的路线方针,有的甚至攻击党和国家领导人。针对这种情况,1979年3月30日,受党中央委托,邓小平在理论工作务虚会上发表了题为《坚持四项基本原则》的讲话,从关系党和国家前途命运的全局出发,重申并深刻阐释了在中国为什么必须坚持四项基本原则这个根本性的政治问题。他毫不含糊地说:"我们要在中国实现四个现代化,必须在思想政治上坚持四项基本原则。这是实现四个现代化的根本前提。这四项是:第一,必须坚持社会主义道路;第二,必须坚持无产阶级专政;第

邓小平在理论工作务虚会上发表题为《坚持四项基本原则》的讲话。

三,必须坚持共产党的领导;第四,必须坚持马列主义、毛泽东思想。"他还说,这四项基本原则并不是新的东西,但强调坚持这些原则在目前新的形势下却有新的意义。因为某些人企图动摇这些基本原则。如果动摇了四项基本原则中的任何一项,就动摇了整个社会主义事业,整个现代化建设事业。三中全会的方针政策就要落空,工作着重点的转移就要落空,四个现代化建设就要落空,党内外民主生活的发展也要落空。

邓小平还提出,"搞建设,也要适合中国情况,走出一条中国式的现代化道路"。从此,以经济建设为中心、坚持四项基本原则、坚持改革开放这些作为新时期基本路线的"一个中心,两个基本点",被十分明确地提出来。四项基本原则同以经济建设为中心和改革开放一起,构成了党在社会主义初级阶段基本路线的主要内容。

邓小平的讲话，在党内外立刻引起强烈反响，受到了热烈拥护。大家认为，四项基本原则的提出，是对党的十一届三中全会路线的进一步阐释，为当时的思想解放，为整个现代化事业，提供了可靠的政治基础和根本方向。

1980年2月，在党的十一届五中全会第三次会议上，邓小平进一步强调：离开坚持四项基本原则，就没有根，没有方向，也就谈不上贯彻党的思想路线。

1982年通过的《中华人民共和国宪法》明确规定，中国人民将继续坚持四项基本原则，为实现新时期的根本任务而奋斗。

1987年，党的十三大明确指出，坚持社会主义道路、坚持人民民主专政、坚持共产党的领导、坚持马克思列宁主义毛泽东思想这四项基本原则，是我们的立国之本。坚持改革开放的总方针，是党的十一届三中全会以来党的路线的新发展，它赋予四项基本原则以新的时代内容。坚持四项基本原则和坚持改革开放这两个基本点，相互贯通，相互依存，统一于建设有中国特色的社会主义实践。

四项基本原则是我国的立国之本，是我们党、我们国家生存发展的政治基石。它的提出，表明中国共产党所领导的改革开放从一开始就具有鲜明的社会主义方向。

四十六

打开窗口
设立经济特区

说起"经济特区"的创建,有个名字是不能忘记的,这就是当年广东的省委书记习仲勋。1979年4月,在中央工作会议期间,习仲勋向邓小平汇报时,提出:希望中央下放若干权力,让广东在对外经济活动中有较多的自主权和机动余地;允许在毗邻港澳的深圳和珠海以及属于重要侨乡的汕头举办出口加工区。福建省委也向中央提出了与广东省类似的设想。邓小平十分赞同这一设想,要求两省进一步组织论证,提出具体实施方案。在如何命名实行特殊政策的地区,是叫自由贸易区、出口加工区还是投资促进区问题上,邓小平说:还是叫特区好。他还说,中央没有钱,可以给些政策,你们自己去搞,杀出一条血路来。

6月6日,广东省委正式向中央上报了《关于发挥广东优势条件,扩大对外贸易,加快经济发展的报告》。6月9日,福建省委也提交了类似报告。7月15日,中共中央、国务院批转广东省委、福建省委的报告,要求两省对外经济活动实行特殊政策和灵活措施,给地方以更多的主动权。1980年3月,中共中央和国务院委托谷牧主持,在广州召开广东、福建两省会议,把四处出口特区定名为"经济特区"。同年8月,五届全国人大常委会第十五次会议作出决定,批准广东、福建两省在深圳、珠海、汕头、厦门设置经济特区,并通过了《广东省经济特区条例》,经济特区建设正式通过立法程序确定下来。

深圳、珠海、汕头以及厦门四个经济特区,在短短的几年迅速成长了起来!曾经落后、贫穷的边陲小镇、荒滩渔村,仿佛获得了一支"马良神笔",转瞬间变成了高楼林立、车水马龙、粗具规模的现代化城市!在四个经济特区取得出乎意料的成功影响下,14个沿海城市开放了;长江、珠江、闽南经济开放区建立起来了;1988年,海南省又成为中国的一个经济特区。在特区,实行特殊

邓小平听取深圳蛇口工业区负责人袁庚(前排左二)介绍情况。

的灵活措施，发挥它们对全国改革开放和社会主义现代化建设的重要窗口和示范带动作用。

随着经济特区的建立，1984年5月，国务院决定开放沿海14个港口城市。1985年又将长江三角洲、珠江三角洲和闽南厦漳泉三角地区开辟为沿海经济开放区。1988年初，又决定将辽东半岛和山东半岛全部对外开放。90年代后，对外开放逐步由沿海向沿江及内陆和延边城市延伸，逐步形成了全方位、多层次、宽领域的对外开放新格局。

经济特区建设，以惊人的速度和效率"杀出一条血路"，展现在世人面前。这是一次大胆的尝试。实践证明，建立经济特区的思想和决策是完全正确的，取得了巨大成功，创造了伟大的奇迹。它不仅使这些地区的经济得到快速发展，而且在推进我国对外开放，引进境外资金、先进技术及管理经验，建立社会主义市场经济体制等方面，发挥了窗口、试验田和排头兵作用。这是党和国家为推进改革开放和社会主义现代化建设实行的伟大举措。

四十七

农民的创造
农村家庭联产承包责任制

在中国革命历史博物馆里,收藏着一件编号为 GB54563 的独特文物,它是一张盖着 20 余个红手印的并不正式的契约。这件藏品的故事,要从 1978 年 11 月 24 日的那个冬日说起。

寒风萧瑟的饥荒之年,安徽省凤阳县小岗生产队的一间破草屋中,18 位衣衫破旧、神色庄重的农民聚集在一盏煤油灯下,在一张草就的"保证书"上,相继按下自己的红手印。这份简陋却庄严的契约奏响了农村改革的"序曲"。

1979 年 1 月,《人民日报》对实行农村生产责任制的情况和经验陆续进行了报道,引起了党内外很多人的疑虑,担心会偏离社会主义。可是,从改革的实际效果看,最早实行包产到户的凤阳县,农民的生产积极性得到激发,1980 年粮食总产量比 1979 年增长了 14.2%,许多生产队和农户实现了"一季翻身""一年翻身"。

安徽省的做法得到邓小平、陈云的肯定。1979 年 6 月,五届全国人大二次会议期间,万里找陈云说安徽一些农村已经搞起了包产到户,怎么办?陈云回答:"我双手赞成。"万里又找到邓小平向他汇报此事。邓小平说：不要争论，你就这么干下去就完了，就实事求是干下去。

1980年9月，中共召开各省、区、市党委第一书记座谈会。会后，印发了《关于进一步加强和完善农业生产责任制的几个问题》，充分肯定了生产责任制。文件指出，在生产队领导下实行的包产到户是依存于社会主义经济而不脱离社会主义轨道的。没有什么复辟资本主义的危险。

1979年，包产到户还只是在个别地方试行，比重仅占9%。到1981年，包产到户在全国农村中迅速发展起来，并且从经济落后、生活穷困的特殊困难地区发展到一般的以至富裕的地区。1982年元旦，当年的中共一号文件批转《全国农村工作会议纪要》，明确指出各种责任制，包括小段包工定额计酬，专业承包联

1984年国庆三十五周年庆典群众游行，农业队伍由五辆拖拉机牵引的"联产承包好"彩车引导走在最前列，通过天安门广场。

产计酬，联产到劳，包产到户、到组，包干到户、到组，等等，都是社会主义集体经济的生产责任制。此后的几年，中央连续以"一号文件"的形式对包产到户和包干到户的生产责任制给予肯定，并在政策上积极引导，从而使包产到户和包干到户的责任制迅速在全国广泛推行，最终形成农民家庭承包经营制度。

20世纪80年代，中国农村普遍实行了以家庭联产承包为主的责任制，逐步建立起统分结合的双层经营体制。这种体制使农民获得生产和分配的自主权，把农民的责、权、利紧密结合，不仅克服了以往分配中的平均主义、吃大锅饭等弊端，而且纠正了管理过分集中、经营方式过分单一等缺点，极大地调动了农民的生产积极性，解放和发展了农村生产力。

1984年，中共中央将土地承包期由3年延长至15年以上。1998年8月，九届全国人大四次会议通过的修订后的《中华人民共和国土地管理法》以及党的十五届三中全会通过的《关于农业和农村工作若干重大问题的决定》，确定了土地承包经营期再延长30年的政策。1999年再次修改宪法时，将"家庭联产承包责任制"改为"家庭承包经营"。以农村家庭承包经营为基础、统分结合的双层经营体制，成为我国农村的基本经营制度。

2017年10月，党的十九大进一步强调，要巩固和完善农村基本经营制度，保持土地承包关系稳定并长久不变，第二轮土地承包到期后再延长承包期30年。

家庭联产承包责任制是我国农民的伟大创造。农村改革的成功，为整个经济体制的改革提供了重要经验，创造了有利条件。

四十八

新判断
确立"和平与发展"两大时代主题

每个历史时代,都有自己的主要矛盾,都有需要解决的根本任务。这个主要矛盾和根本任务就是那个时代的主题。不同的时代具有不同的时代主题。"和平与发展"就是自 20 世纪后半叶以来的时代主题。

战争向来都是残酷的,既让民众常年处于战火之中,又让一个国家的发展急剧倒退。20 世纪上半叶,在不到 40 年的时间里,就发生了两次世界大战。二战结束时,欧洲大部分地区和亚洲很多地区的经济基本上处于崩溃状态,全世界的人们都生活在水深火热之中,二战是人类历史上规模最大的世界战争,也是全人类的噩梦。据不完全统计,二战参战国和地区多达 61 个,卷入战争的人口达 20 多亿,死亡人数超过 5100 万,经济损失超过 5 万亿美元。

20 世纪 70 年代末,随着广大发展中国家民族解放运动的胜利,世界固有格局被打破,从一定程度上讲,"两极"世界格局被"多极"取代的历史趋势已经不可逆转。邓小平敏锐地洞察到世界局势的深刻变化，改变了战争不可避免的估计，认为世界和平因素的增长超过了战争因素的增长，争取较长时期的和平是可能的。经过冷静观察和客观分析，邓小平提出和平与发展是当代世界两大问题的科学论断。

正是基于和平因素的增长超过了战争因素的增长这个判断，中国确立了独立自主的和平外交路线，为国内建设和对外开放争取了有利的国际环境。

1978年12月16日，中美双方同时在北京和华盛顿公布《中华人民共和国和美利坚合众国关于建立外交关系的联合公报》，宣布两国自1979年1月1日起建立外交关系，美国承认中华人民共和国中央人民政府是中国唯一合法政府。中美建交公报的发表，标志着中美隔绝状态的结束和关系正常化进程的开始。从此，国际大势与历史进程为之一变。

《人民日报》刊登的中美建交公报。

两天之后，党的十一届三中全会在北京召开，会议决定放弃"以阶级斗争为纲"的口号，把全国的工作重点转移到经济建设上来，由此，中国开始了从僵化半僵化到全面改革、从封闭半封闭到对外开放的历史性转变。

1984年5月，在会见巴西总统若昂·菲格雷多时，邓小平提出"和平"与"南北"问题，"南北"问题实际上就是后来的"发展"问题。他指出，现在世界上问题很多，有两个比较突出：一是和平问题。要争取和平就必须反对霸权主义，反对强权政治。二是南北问题。发达国家越来越富，相对的是发展中国家越来越穷。南北问题不解决，就会给世界经济的发展带来障碍。

1985年3月，在会见日本商工会议所访华团时，邓小平首次明确提出"和平与发展"问题。他强调，现在世界上真正大的问题，带全球性的战略问题，一个是和平问题，一个是经济问题或者说发展问题。和平问题是东西问题，发展问题是南北问题。概括起来就是东西南北四个字。

1987年10月，党的十三大正式将和平与发展确立为两大时代主题，这一科学论断为党和国家调整对内对外政策、维护和争取世界和平、集中精力进行社会主义现代化建设提供了科学的理论基础。

2015年9月，在第七十届联合国大会一般性辩论时的讲话中，习近平对"和平与发展"这一理念，赋予了新的内涵。世界格局正处在一个加快演变的历史性进程之中。和平、发展、进步的阳光足以穿透战争、贫穷、落后的阴霾。和平、发展、公平、正义、民主、自由，是全人类的共同价值，也是联合国的崇高目标。目标远未完成，我们仍须努力。我们要继承和弘扬联合国宪章的宗旨和原则，构建以合作共赢为核心的新型国际关系，打造人类命运共同体。

四十九

中国人的脊梁
独立自主、自力更生

20世纪80年代以后,国际局势发生重大变化,美苏争霸态势转入均衡、僵持阶段。邓小平敏锐地观察到国际形势的新变化,并根据国内现代化建设任务的需要,决心对中国的外交政策作重大调整,以开创中国外交的新局面。这个调整,即改变"一条线"战略,代之以更为实际、更为灵活、更具原则性的独立自主和平外交政策。

那么,什么是"一条线"战略?这还要从20世纪50年代后半期说起。当时,中国和苏联两党两国之间的关系恶化,苏联表现出强烈的大国沙文主义和霸权主义。这样,中国不得不面对美苏两面夹击的严峻形势,必须同时进行两条战线的斗争。面对苏联和美国等国家在技术方面的持续封锁,中国共产党带领中国人民坚持"独立自主、自力更生"的精神,发奋图强,国民经济逐步走出低谷。更值得中国人骄傲和振奋的是,在不依靠苏联援助的情况下,凭借"独立自主、自力更生"的精神圆满完成了"两弹一星"的研制。

1973年2月，毛泽东在会见美国国务卿基辛格时提出了"一条线""一大片"的战略设想。即，按照大致的纬度画一条线，这是一条从日本、中国、巴基斯坦、伊朗、土耳其、欧洲到美国的战略线，中国团结这条战略线以外的国家（"一大片"），以共同抗衡处于全球进攻态势的苏联，制止战争。

"一条线"战略在当时对于维护中国国家安全、改善美国和日本、西欧同中国的关系起到了重要作用。但这个战略有它当时的历史条件，注定也有缺陷。这与中国20世纪50年代实行的向苏联"一边倒"战略一样，不利于独立自主原则的贯彻，使中国的外交活动失去了必要的灵活性和主动性。

1981年1月，在会见美国客人时，邓小平表明了发展中美关系的原则立场。他说：要明确一点，即在台湾问题上如果需要中美关系倒退的话，中国只能面对现实，不会像美国有些人所说的那样，中国出于反对苏联的战略会把台湾问题吞下去，这不可能。

1982年9月，在党的十二大的开幕词中，邓小平坚定阐述了中国的外交政策：中国的事情要按照中国的情况来办，要依靠中国人自己的力量来办。独立自主，自力更生，无论过去、现在和将来，都是我们的立足点。任何外国不要指望中国做他们的附庸，不要指望中国会吞下损害我国利益的苦果。

1984年5月，在会见巴西总统菲格雷多时，邓小平对中国的外交政策进行了更精辟的论述。他说：中国的对外政策，主要是两句话。一句话是反对霸权主义，维护世界和平，另一句话是中

1982年9月,党的十二大在北京召开。图为邓小平主持大会开幕式并致开幕词。

国永远属于第三世界。

1985年6月,在中共中央军委扩大会议上,邓小平阐释了中国外交方针的两大战略转变。一是对战争与和平问题的认识。他认为世界战争的危险还是存在的,但是世界和平力量的增长超过战争力量的增长,在较长时间内不发生大规模的世界战争是有可能的,维护世界和平是有希望的。二是中国的对外政策。他说,我们改变了"一条线"战略。这个改变使中国独立自主的和平外交政策的特点更加鲜明。

邓小平喜欢打桥牌,他经常借此来阐明中国外交政策的原则和目标。他说:我个人爱好打桥牌,但中国在政治上不爱好打牌。中国的对外政策是独立自主的,是真正的不结盟。中国不打美国牌,也不打苏联牌,中国也不允许别人打中国牌。中国对外政策的目标是争取世界和平。在争取和平的前提下，一心一意搞现代化建设，发展自己的国家，建设具有中国特色的社会主义。

独立自主的和平外交方针，使中国在发展同世界各国的友好关系方面取得极大进展，一个有利于中国改革开放和现代化建设的外部环境初步形成。到1989年，中国的建交国总数达到137个。

五十

打开一条新路
中国共产党第十二次全国代表大会

"建设有中国特色的社会主义",邓小平的这一句铿锵之语,为迷茫中的中国人指明了前进道路和方向。中国人应该举着怎样的旗帜前进?粉碎"四人帮"后召开的党的十一大,并没有能够解决中国今后往哪里走、如何走的问题。中国到底向哪里前进?在这个重大的历史关头,党的十一届三中全会宣告了改革开放和社会主义现代化建设的新征程这一方向。然而,如何沿着新的方向向前航行,这是摆在中国各族人民面前迫切需要回答的问题。

党的十二大,要解决的就是如何开创社会主义现代化建设的新局面。1982年9月,党的十二大在北京举行。邓小平致开幕词时,首次明确提出了"建设有中国特色的社会主义"的重大命题。他说:"把马克思主义的普遍真理同我国的具体实际结合起来,走自己的道路,建设有中国特色的社会主义,这就是我们总结长期历史经验得出的基本结论。"

由于党的十二大报告建立在党的十一届三中全会开辟的中国

中共十二大主席台。

特色社会主义新道路和十一届六中全会实现思想上拨乱反正、经验总结的基础之上,这里使用的"社会主义"概念实际上是中国特色社会主义的最初形态的表达。这个说法在党的十四大报告中得到确证:"在拨乱反正基本完成的基础上,一九八二年召开了党的第十二次全国代表大会。这次大会提出'把马克思主义的普遍真理同我国的具体实际结合起来,走自己的道路,建设有中国特色的社会主义'的思想。"

"走自己的道路,建设有中国特色的社会主义"——成为仅仅 2000 余字的开幕词中最重要的点睛之笔。它给开创社会主义现代化新局面这条巨龙,点上了最重要的眼睛。它回答了进入改革开放新时期后中国走什么样的道路这一人们最为关心的重大问题,成为指引新时期改革开放和社会主义现代化建设的伟大旗帜。高举这面鲜明的旗帜,使得十几亿中国人在前进中有了明确的方向。从此,一条腾飞的中国巨龙从纸面飞向辽阔大地,飞向充满希望的未来。

此外，家喻户晓的"翻两番"目标，也是在这次大会上提出的。党的十二大提出，从1981年到20世纪末，我国经济建设总的奋斗目标是：在不断提高经济效益的前提下，力争使全国工农业年总产值翻两番，使人民的物质文化生活达到小康水平。"小康"这个古代思想家的社会理想，第一次作为中国共产党的奋斗目标被正式提出，成为动员全社会的新口号。"小康"的提出，把共产党人的科学理想与普通百姓向往美好生活的愿望结合了起来。

值得一提的是，党的十二大通过了重新修订的《中国共产党章程》，对新时期党的建设提出了具有鲜明时代特点的具体规定和新要求。党的十二大还独创设立了中央顾问委员会，78岁的邓小平担任了主任。这是以邓小平为核心的中共中央第二代领导集体为实现领导干部新老合作和交替采取的重大举措，它是废除党员领导干部职务终身制的过渡办法，在党的历史上是一个创造。在这个制度的引导下，一批年富力强的同志走上中共中央领导岗位和其他领导岗位。看着那么多年轻的新面孔，85岁的叶剑英元帅不禁吟诵起唐代诗人李商隐的诗句"雏凤清于老凤声"，老一辈革命家的殷殷期望在这一句诗中淋漓尽显。

"中国特色社会主义是改革开放以来党的全部理论和实践的主题"——习近平总书记在"7·26讲话"中如此评论，并将其写入党的十九大报告的重大理论命题。"中国特色的社会主义"指引着改革开放和社会主义现代化建设的发展方向。

五十一

确定"国家宪法日"
八二宪法

2014年11月1日,十二届全国人大常委会第十一次会议决定,将现行"八二宪法"通过、公布、施行日期12月4日设立为"国家宪法日"。

12月4日,是中国的"国家宪法日"。为何选择12月4日作为这个神圣的纪念日呢?让我们穿过时光的长廊回到1982年12月4日的人民大会堂。庄严、肃穆的气氛下,一张张粉红色的"中华人民共和国宪法表决票"发到了参加五届全国人大五次会议的每一位代表手中。随即,一张张表决票投向了设在会场内的30个票箱。下午5时许,大会执行主席习仲勋宣布投票结果:"3037票赞成,3票弃权,0票反对。"话音一落,场内掌声雷动。新中国成立以来的第四部宪法,就此诞生。

在"八二宪法"之前,我国先后制定过三部宪法,分别是新中国第一部宪法"五四宪法","文化大革命"期间出台的"七五宪法"和改革开放前的"七八宪法"。"七五宪法"是一部具有严重偏差的宪法。"七八宪法"保留许多"左"的痕迹,也存在缺陷。

1980年9月,五届全国人大三次会议决定成立宪法修改委员会,主持修改宪法。邓小平亲自领导修宪工作,彭真具体主持。中共中央政治局和书记处专门召开8次会议讨论,宪法修改委员会召开5次会议,在反复征求意见的基础上,向全国人大常委会提交了修改草案。后经历了4个月的全民讨论。1982年12月4日,

1982年底召开的五届全国人大五次会议修改通过的《中华人民共和国宪法》,充分体现了新时期以来党和国家的新思想、新举措。图为人大代表表决通过宪法。

五届全国人大五次会议通过了新修改的《中华人民共和国宪法》。这部宪法被称为"八二宪法",它继承和发展了"五四宪法"的优良传统和基本原则,摒弃了"七五宪法"和"七八宪法"中不适宜的内容,是新中国成立以来最完善的一部宪法。"八二宪法"用根本大法的形式对我国的根本政治制度和基本政治制度、基本经济制度、国家根本任务、公民的基本权利和义务、国家机构的设置和职责范围等重大问题作了明确规定。"八二宪法"将国家性质由"无产阶级专政"改为"人民民主专政";将知识分子与工人、农民并列为三支基本的社会力量;恢复设立国家主席、副主席;国家设立中央军事委员会,领导全国武装力量;完善国务院领导体制,实行总理负责制;取消领导职务终身制等。这些新规定的确立,为中国特色社会主义制度体系增加了新的内容。

"八二宪法"后,中国又进行了多次修宪。20世纪80年代,许多私营企业主想要寻求发展又顾虑重重,害怕被看作"资本主义的尾巴"。1988年修宪准确地回应了这一需求,确定了私营企业的性质。1993年修宪,"市场经济"被载入宪法。1999年修宪,修正案中增加"依法治国"四个字,让法治成为国家意志,为改革开放提供了坚强保障。2004年修宪,尊重和保障人权正式被载入宪法修正案。2018年修宪,对权利和义务作出规范。党的十九大报告进一步强调:"加强宪法实施和监督,推进合宪性审查工作,维护宪法权威。"

国家宪法日的设立,有助于更好地传播宪法精神,提高公民的法律信仰和守法意识。

五十二

百万大裁军

走中国特色的精兵之路

1985年6月,北京京西宾馆,时任中央军委主席的邓小平主持召开中央军委扩大会议,发表了长达90分钟的讲话。这次会上,邓小平轻轻伸出的一个指头震惊了世界:中国人民解放军裁减员额100万。一个指头与100万,就这样永远定格在中国人民解放军现代化建设的史册上。这是中国人民解放军为贯彻落实把党和国家工作重点转移到社会主义现代化建设上来的战略决策而采取的一项重大行动,这是中国共产党、中国政府和中国人民有力量、有信心的表现,这彰显了拥有十亿人口的中华人民共和国愿意并且用自己的实际行动对维护世界和平作出贡献。

裁减军队并不是邓小平的突发奇想。早在1984年11月在京西宾馆召开的军委座谈会上,他就提出,军队要服从整个经济建设的大局,军队要"消肿",准备裁减人民解放军员额100万。邓小平为什么在这个时候提出这个惊人的战略决策?就是因为国际和国内两个大局发生了深刻变化。

此时,党和国家的工作重心已经转移到经济建设上来,国际国内形势和国家安全环境也发生了变化,军队建设应服从经济建设这个大局,建设一支现代化、正规化、革命化军队。面对部队结构臃肿不堪的现状,邓小平一针见血地指出:现在不是"肿"在作战部队,而是在各级领导机关。当时,世界主要几个国家的官兵比例:苏联为1∶4.65,联邦德国为1∶10,法国为1∶17,而中国却是1∶2.45。因此,与其说是"精兵",不如说是"精官"。就是说,在军队建设上,数量和质量优先考虑质量,中国军队要走一条精兵之路。

1985年,中国军队总员额为410万,裁减100万,意味着每4个人就要裁减去一个人,这在世界上也是罕见的,实施起来更是难上加难。对全军来说,几乎每个人都面临着进、退、去、留

1985年6月4日,邓小平在中央军委扩大会议上宣布:中国政府决定,人民解放军减少员额100万。图为邓小平在会议上发言。

的选择和被选择，这是一次从上到下、从里到外的"立体震荡"，是一次脱胎换骨的"大手术"。

为了适应这个变化，在 1985 年 6 月召开的这次中央军委扩大会议上通过了《军队体制改革精简整编方案》，目标就是要把人民解放军打造成一支机构精干、指挥灵便、装备精良、训练有素、反应快速、效率很高、战斗力强的精兵。

这次百万大裁军，通过科学适当的"加法"和"减法"，实现了军队结构战略性大调整。把原来的 11 个大军区合并为 7 个。总参谋部、总政治部、总后勤部和各大军区机关都在原有员额基础上裁减近一半。解放军军事学院、政治学院、后勤学院合并建立国防大学。军队内部官兵比例降至 1∶3.3。将陆军的军级单位统一整编为集团军，将所有装甲兵部队、大部分炮兵和高炮部队以及部分野战工兵部队编入新的陆军集团军。组建陆军集团军，是人民解放军建设现代化合成军队的关键一步。

百万大裁军后，各总部、各军兵种、各大军区和国防科工委机关及其直属单位，人员精简 40%。调整后的军区不仅没有削弱军队的战斗力，而且战区范围扩大，兵源充足，物质资源雄厚，战役纵深加大，进而提高了各军区的独立作战能力。

在科技高度发达的时代，军队不是数量越多越好，而是越精越好，越强越好，所以百万大裁军是明智之举。回眸 30 余年来中国军队的精兵之路，从百万大军服从国家需要含泪脱下军装，到一大批老红军、老八路为年轻干部让路，从领导岗位上退下来；从人民军队参加支援国家建设，到抢险救灾抗疫一线军人冲锋陷阵的背影，三军战士始终保持和发扬听党指挥、服务人民、英勇善战的优良传统，人民子弟兵在没有硝烟的特殊战场上谱写出了一曲曲人民军队忠于党、人民军队爱人民的壮丽凯歌！

五十三

从"输血"到"造血"
持续向贫困宣战

新中国的起步,是在一幅千疮百孔的画卷之上描绘社会主义的丹青。改革开放后,这幅墨迹斑斑的画轴在新一代党的领导集体的画笔下,向着描绘富足的新生活铺开。邓小平认为,要描绘出社会主义画卷不同寻常的美,就必须从根本上认识社会主义的优越性体现在哪里。在《社会主义必须摆脱贫穷》这篇谈话中,邓小平指出:"我们坚持社会主义,要建设对资本主义具有优越性的社会主义,首先必须摆脱贫穷。"

"贫穷不是社会主义",邓小平的话掷地有声。但在改革开放初期,中国的反贫困任务却十分沉重。当时,中国9亿人口中有7亿仍处于贫困中,其中农村贫困状况尤其严峻。统计数据显示,1978年,农村的绝对贫困人口占全国贫困人口的87%。"社会主义要消灭贫穷",扶贫工作就成为摆在眼前必须马上解决的问题。

"输血"式的救济式扶贫曾是改革开放以前我国扶贫工作的主导方式。国家通过给予贫困户或贫困地区资金,或直接发放衣被、粮食、生活用品等物资，帮助贫困地区解决温饱问题。党的十一届三中全会后，伴随着改革开放的进程，党和政府为解决部分地区贫困人口温饱问题，进行了大规模的扶贫开发，极大地改变了农村地区的落后面貌。党和政府通过制定一系列加快农业发展的政策措施，包括家庭联产承包经营制度、提高农产品价格、大力扶持乡镇企业等，加快以制度改革推动扶贫的进度，使农村的贫困现象在较短时间内大幅度缓解。到1985年，没有解决温饱的贫困人口从1978年的2.5亿人减少到1.25亿人。

1986年，一个今天大家耳熟能详的组织——扶贫开发领导小组办公室成立，当然彼时它的名字还是"贫困地区经济开发领导小组"。它的诞生，对应着我国扶贫方式从"输血"到"造血"的一大变革，开启了重点贫困区域的开发式扶贫的篇章，扶贫工作进入新时期。根据确定的国定贫困县标准，国家结合贫困区的实际情况确定了331个重点扶持贫困县，各省区另外确定了368个省级层面的重点贫困县。同年通过的《中华人民共和国国民经济和社会发展第七个五年计划》，特地把老、少、边、穷地区经济的发展纳入国民经济整体规划。从1986年到1993年，农村贫困人口从1.25亿人减少到8000万人。

1994年3月，我国制定了《国家八七扶贫攻坚计划》，这是新中国历史上第一个有明确的目标、对象、措施和期限的扶贫开发行动纲领，决定要用7年时间基本解决8000万贫困人口的温饱问题。中国的扶贫开发进入攻坚阶段。通过"以工代赈""三西扶贫""科技扶贫""派遣出国劳务""对口帮扶""定点扶贫"等新的专项扶贫政策，和组织社会力量打造"希望工程""幸福工程""春蕾计划""三八绿色工程"等针对妇女、儿童等特殊群体的社会性扶贫政策的相互结合，并在联合国开发计划署为代表的国际机构等提供的资金和技术支持下，中国的开发式扶贫取得了了不起的成就。到2000年底，"八七"扶贫目标基本实现，农村绝对贫困人口减少到约3000万人。

1997年6月18日，参加中国青年志愿者扶贫接力计划"百色项目"的21名青年志愿者抵达革命老区广西百色市，开始为期一年的扶贫志愿服务。

在大面积普遍贫困已经基本解决的情况下，扶贫政策开始针对点状分布的贫困发力。2001年5月，我国政府制定并颁布了《中国农村扶贫开发纲要（2001—2010年）》，标志我国进入综合扶贫开发阶段。这一阶段实现了宏观政策和专项扶贫政策相辅相成，扶贫开发和社会救助"双轮驱动"。到2007年底，我国绝对贫困人口减少到1400多万。

2008年10月，党的十七届三中全会通过《中共中央关于推进农村改革发展若干重大问题的决定》，明确提出实行新的扶贫标准，对农村低收入人口全面实施扶贫政策，扶贫对象覆盖4007万。这标志着我国的扶贫开发进入一个新的阶段。到2012年底，全国农村贫困人口较2000年减少了78.6%，贫困发生率为10.2%，较2000年降低了39.6个百分点。

"久困于穷，冀以小康"，这是中华民族千年追求的梦想；这是中国共产党人初心不改、前赴后继的百年拼搏。从吃糠咽菜的"吃得饱"到有细粮和肉的"吃得好"，从粗布麻衣的"有的穿"到棉服丝绸的"挑着穿"，从"庇风寒"的茅草、泥坯房到"精装修"的砖瓦小楼，中国共产党带领人民持续向贫困宣战，走出了一条中国特色扶贫开发道路，谱写了人类反贫困史上的辉煌篇章。

五十四

铸造国魂
社会主义精神文明建设

2020年5月17日,中央电视台演播大厅,"感动中国2019年度人物颁奖盛典"正在进行直播。透过卫星信号的传播,一幅幅催人泪下的画面、一件件撼人心脾的感人事迹,再一次展现在电视机前和颁奖现场的人们面前。自从2002年中央电视台创办《感动中国》节目以来,那些在华夏大地上坚守着心灵高地、在平凡中拼搏奋斗的人,一次又一次触动着中国人民柔软的内心。他们中有为国铸器的尖端科学家,有隐姓埋名奋战在扶贫第一线的英雄,有几十年如一日地坚守在各条战线上的建设者,有省吃俭用却捐献了自己全部财产的普通人,有永远冲在最危险第一线的奉献出青春、热血甚至生命的人们……他们拥有不同的名字、不同的样貌,但是他们却有着一样的中国精神,一样属于中国人的持之以恒、奋发向上、不畏艰难的笃定和信念!

实现中华民族伟大复兴的中国梦,物质财富要极大丰富,精神财富也要极大丰富,必须锲而不舍、一以贯之抓好社会主义精神文明建设。社会主义精神文明,本来就是社会主义的重要特征,也是社会主义制度优越性的重要表现。

1979年10月，中国文学艺术工作者第四次代表大会召开，邓小平致祝词。他强调，要在建设高度物质文明的同时，建设高度的社会主义精神文明。他要求文艺工作者、教育工作者、新闻工作者、政治工作者等相互合作，为提高整个社会的思想、文化、道德水平，为建设高度发展的社会主义精神文明贡献力量。

1980年12月，中共中央召开工作会议，邓小平要求将精神文明建设问题列入重要议题。他再次强调，建设社会主义国家，不但要有高度的物质文明，而且要有高度的精神文明。所谓精神文明，不仅包括教育、科学、文化，而且包括共产主义的思想、理想、信念、道德、纪律，等等。

在邓小平的重视和领导下，中国共产党对精神文明建设的认识不断深化。1981年2月，全国总工会、共青团中央、全国妇联等九个单位联合向全国人民特别是青少年发出《关于开展文明礼貌活动的倡议》，以讲文明、讲礼貌、讲卫生、讲秩序、讲道德和心灵美、语言美、行为美、环境美为内容的"五讲四美"活动开始大规模开展。

同年6月，党的十一届六中全会通过《关于建国以来党的若干历史问题的决议》，强调社会主义必须有高度的精神文明。

1984年，创建文明城市、军民共建文明村镇及文明街道等活动在全国开始普遍开展。模范共产党员蒋筑英、活雷锋朱伯儒和身残志坚的张海迪等人的事迹相继在人民大众中传播，这些先进事迹极大影响和激励了广大青少年，社会风气为之一新。

1986年9月,党的十二届六中全会通过《中共中央关于社会主义精神文明建设指导方针的决议》。

1986年1月17日,邓小平在中央政治局常委会上,谈到抓精神文明建设、抓党风、抓社会风气好转时提出:"搞四个现代化一定要有两手,只有一手是不行的。所谓两手,即一手抓建设,一手抓法制。"邓小平这样讲是想通过法制教育,营造良好的社会风气。

邓小平还谈论到,两个文明都要搞好,才是有中国特色的社会主义。只要我们的生产力发展,保持一定的经济增长速度,坚持两手抓,社会主义精神文明就可以搞上去。

1986年9月,党的十二届六中全会通过《中共中央关于社会主义精神文明建设指导方针的决议》,正式提出精神文明建设的战略地位和根本任务,提出要反对资产阶级自由化,强调培育有理想、有道德、有文化、有纪律的社会主义公民。这是中国共产党第一个关于精神文明建设的纲领性文件,为中国精神文明建设的健康发展提供了基本指导方针。

人民有信仰,民族才有希望,国家才有力量。中国共产党始终把精神文明建设贯穿于改革开放和社会主义现代化建设的全过程;始终将其贯穿于人民群众的工作生活中,如春风化雨,让文明新风浸润心田,让正能量之花灼灼绽放。

五十五

认清国情
社会主义初级阶段

党的十三大召开前的中国，陆续推出了一系列重大的改革措施：农村家庭联产承包责任制、发展非公有制经济、实行社会主义有计划商品经济的体制改革和初步形成对外开放格局，等等。如火如荼的改革开放实践引发了理论上的思考和争论。我们的改革是不是社会主义，中国处于怎样的社会主义阶段，怎样建设社会主义，成为必须回答的问题。党的十三大给出了明确回答。

1987年10月25日至11月1日，中国共产党第十三次全国代表大会在北京召开。大会的历史性功绩，就是系统阐述了社会主义初级阶段的理论，全面阐发了中共在社会主义初级阶段的基本路线，使中国特色社会主义的道路更加清楚、更加具体化了。

社会主义初级阶段理论，是党的十一届三中全会以来，在探索中国社会主义现代化建设道路的改革实践中逐步形成的，是邓小平和中共中央对中国的基本国情和社会主义的再认识和科学判断。1980年4月,在谈论到中国社会主义建设经验时,邓小平指出,不要离开现实和超越阶段采取一些"左"的办法,这样是搞不成社会主义的。1981年,在主持起草《关于建国以来党的若干历史问题的决议》时,他首次明确提出:我们的社会主义制度还处于初级阶段。

党的十三大召开前夕,邓小平会见外宾时详细阐述了社会主义初级阶段。他说:社会主义本身是共产主义的初级阶段,而我们中国又处在社会主义的初级阶段,就是不发达的阶段。一切要从这个实际出发,根据这个实际制定规划。

1987年10月25日,邓小平在中国共产党第十三次全国代表大会上。

党的十三大，在之前认识的基础上，对历史经验和改革开放新鲜经验进行深入总结，第一次系统阐述了社会主义初级阶段的科学内涵，指出社会主义初级阶段包括两层含义：一是我国社会已经是社会主义社会，我们必须坚持而不能离开社会主义；二是我国的社会主义社会还处在初级阶段，我们必须从这个实际出发，而不能超越这个阶段。社会主义初级阶段不是泛指任何国家进入社会主义都会经历的起始阶段，而是特指我国在生产力落后、商品经济不发达条件下建设社会主义必然要经历的特定阶段。我国从20世纪50年代生产资料所有制的社会主义改造基本完成，到社会主义现代化的基本实现，至少需要上百年时间，都属于社会主义初级阶段。在社会主义初级阶段中，社会的主要矛盾是人民日益增长的物质文化需要同落后的社会生产之间的矛盾。党和国家的主要任务是发展生产力，推进社会主义现代化建设。

中国处于并将长期处于社会主义初级阶段，这是中国最大的实际和最基本的国情。以社会主义初级阶段理论为依据，党的十三大将社会主义初级阶段的基本路线确定为：领导和团结全国各族人民，以经济建设为中心，坚持四项基本原则，坚持改革开放，自力更生，艰苦创业，为把我国建设成为富强、民主、文明的社会主义现代化国家而奋斗。这条基本路线的主要内容也就是人们所熟知的"一个中心、两个基本点"，即以经济建设为中心，坚持四项基本原则，坚持改革开放。后来，党的十四大、十五大、十六大、十七大、十八大、十九大均重申了这条基本路线。

我国社会主义处于初级阶段,是邓小平理论的重要基础,是中国共产党对当代中国基本国情作出的科学判断,是改革开放以来党制定正确路线、方针、政策的基本依据,也为坚持改革开放、坚持和发展中国特色社会主义提供了强有力的理论武器。

五十六

蹄急步稳
"三步走"发展战略

实现现代化建设目标，是共和国缔造者和中国人民的梦想。如何在改革开放新时期实现现代化，这个问题时时萦绕在邓小平的心头。在不断的探索中，邓小平结合中国实际提出了"三步走"发展战略，向世人完整地描述了中国实现现代化的战略目标和步骤。

党的十一届三中全会以后，党和政府的工作重心转移到经济建设上来。邓小平认为四个现代化依然是经济工作的奋斗目标，但他同时对现代化的水平、能取得的成绩和困难都有较为清醒的认识。1979年10月4日，他在与省、区、市党委第一书记的座谈中指出："我们开了大口，本世纪末实现四个现代化。后来改了个口，叫中国式的现代化，就是把标准放低一点。特别是国民生产总值，按人口平均来说不会很高。……我们到本世纪末国民生产总值能不能达到人均上千美元？""等到人均达到1000美元的时候，我们的日子可能就比较好过了。"也就是说，"中国式的现代化"标准大体上是人均国民生产总值1000美元。

这也说明在邓小平脑海中,中国的现代化水平与世界发达国家的现代化水平是有区别的。不久后,即1979年12月6日,邓小平在会见日本首相大平正芳时,首次用"小康"解释中国的现代化目标。他指出:"我们要实现的四个现代化,是中国式的四个现代化,我们的四个现代化的概念,不是像你们那样的现代化的概念,而是'小康之家'。到本世纪末,中国的四个现代化即使达到了某种目标,我们的国民生产总值人均水平也还是很低的。要达到第三世界中比较富裕一点的国家的水平,比如国民生产总值人均1000美元,也还得付出很大的努力。"随着党的实事求是思想路线的重新确立,以及党和国家工作重心向经济建设转移,为建设"四个现代化"制定切实可行的具体发展战略迫在眉睫。

1980年12月,邓小平在中央工作会议上正式提出经济发展的战略构想:经过20年的时间,使我国现代化经济建设的发展达到小康水平,然后继续前进,逐步达到更高程度的现代化。

居民消费水平明显提高,生活条件有了较大改善。图为20世纪末北京和平门居民区高楼林立。新中国成立前这里垃圾遍地,杂草丛生。

1987年4月30日，邓小平在会见西班牙工人社会党副总书记、政府副首相格拉时，第一次明确提出经济建设大体分"三步走"的战略目标：第一步，在20世纪80年代国民生产总值翻一番，达到人均500美元；第二步，到20世纪末再翻一番，达到人均1000美元，这意味着我们进入小康社会；第三步，在21世纪用30到50年，再翻两番，达到人均4000美元。做到这一步，中国就达到了中等发达国家水平。

根据邓小平的设想，党的十三大进一步强调，党的十一届三中全会以后，我国经济建设的战略部署大体分三步走。这就是：第一步，实现国民生产总值比1980年翻一番，解决人民的温饱问题；第二步，到20世纪末，使国民生产总值再增长一倍，人民生活达到小康水平；第三步，到21世纪中叶，人均国民生产总值达到中等发达国家水平，人民生活比较富裕，基本实现现代化。这样，党在全国人民面前，为此后70年内的中国提出了清晰具体的发展战略。

20世纪末，在第二步战略目标即将实现的时候，党的十五大对实现第三步战略目标作了进一步规划。提出了新的"三步走"发展目标，即到2010年实现国民生产总值比2000年翻一番，使人民的小康生活更加宽裕，形成比较完善的社会主义市场经济体制；再经过10年的努力，到建党100年时，使国民经济更加发展，各项制度更加完善；到21世纪中叶新中国成立100年时，基本实现现代化，建成富强民主文明的社会主义国家。其后党的十六大、十七大、十八大对这一战略不断完善。党的十九大提出分两个阶段实现全面建成社会主义现代化强国的战略安排。

"三步走"的发展战略,对中华民族百年图强的宏伟目标作了积极稳妥的规划,既体现了党和人民勇于进取的雄心壮志,又反映了从实际出发,遵循客观规律的科学精神,是中国共产党探索中国特色社会主义建设规律的重大成果。实践证明,"三步走"是中国迈向现代化的正确战略。

五十七

第一生产力
实施科教兴国战略

天宫、嫦娥、玉兔、鹊桥、悟空、墨子、天问、蛟龙、天眼……提起这些千百年中承载着中华文明和向往的词语，今天的中国人民都知道它们不仅承载着历史的沉淀，时代还赋予了它们新的科技内涵。空间实验室、探月工程、月球车、地月中继卫星、暗物质粒子探测卫星、行星探测计划、载人潜水器、射电望远镜，它们是这些蕴含了中国自主科技创新成果的最具中国特色的代号。2020年12月4日，中国科学家宣布构建了76个光子的量子计算原型机，名为"九章"，意为纪念中国古代最早的数学专著《九章算术》。

称谓也许只是一个代号，然而实现中华民族复兴的伟大梦想，一直深深根植在每一代中国人的心中。梦想的实现不是一蹴而就的，新中国从一穷二白的农业国逐步迈进科技强国的行列，这一"惊天逆转"正是一代又一代中国人在党的领导下胼手胝足，顽强拼搏，接力奋斗的结果。而科教兴国战略也是在科学技术对我国现代化建设推动作用日益受到重视的基础上形成的。1977年，面对"文化大革命"结束后濒临崩溃的国民经济，邓小平在科学和教育工作座谈会上提出，"我们国家要赶上世界先进水平，从何着手呢？我想，要从科学和教育着手"，他明确把科教发展作为发展经济、建设现代化强国的先导，摆在我国发展战略的首位。在此基础上，邓小平又提出"科学技术是第一生产力"这一重要论断，为国家科技进步、现代化建设提供了根本遵循。此前在1975年邓小平指导起草《中国科学院工作汇报提纲》时，就以马克思"生产力中包括科学"的论述为依据，指出科学技术是生产力。他在1978年3月召开的全国科学大会上指出："科学技术是生产力，这是马克思主义历来的观点。"1988年9月，他在会见捷克斯洛伐克总统胡萨克时又进一步指出："马克思说过，科学技术是生产力，事实证明这话讲得很对。依我看，科学技术是第一生产力。"

"科学技术是第一生产力"这一重要论断提出后，我国科技发展逐步推进、快速提升，一大批国家项目、重点工程先后上马，国家工业化、信息化获得长足进步。尊重科学、尊重人才日益成为社会共识。在不断实践和发展中，中共中央反复强调，要实现国民经济持续、快速、健康发展，必须依靠科技进步。为此，1995年5月6日，中共中央、国务院颁布了《关于加速科学技术进步的决定》，正式提出在全国实施科教兴国的战略。为全面部署落实这一决定，中共中央、国务院在北京召开全国科学技术大会。江泽民在会上发表讲话指出：科教兴国，是指全面落实科学技术是第一生产力的思想，坚持教育为本，把科技和教育摆在经济社会发展的重要位置，增强国家的科技实力及向现实生产力转化的

1995年5月26日,全国科学技术大会召开。这次会议是实施科教兴国战略的动员会。

能力,提高全民族的科技文化素质,把经济建设转移到依靠科技进步和提高劳动者素质的轨道上来,加速实现国家繁荣强盛。确立科技和教育是兴国的手段和基础的方针的提出,大大提高了各级干部对科技和教育重要性的认识,增强了对"科学技术是第一生产力"的理解。1996年3月,八届全国人大四次会议正式批准的《国民经济和社会发展"九五"计划和2010年远景目标纲要》,将科教兴国作为一条重要的指导方针和发展战略上升为国家意志。1997年,党的十五大进一步明确了将科教兴国战略作为我国经济发展的战略之一。2006年1月9日,胡锦涛在全国科学技术大会上的讲话指出:科技竞争成为国际综合国力竞争的焦点。当今时代，谁在知识和科技创新方面占据优势，谁就能够在发展上掌握主动。

如今，世界正处在新一轮科技革命的前夜，各国都在抢赶"新科技革命"的高速列车。中国作为世界上最大的发展中国家，能否赶上这趟列车，意义更是非同寻常。事实上，转型期的中国正在经历一场深刻的变革：全面深化改革的历史使命让"科教兴国"战略再次走向舞台中央。党的十八大以来，以习近平同志为核心的党中央对科学教育、科技创新高度重视，中国正在努力抓住此轮科技变革可能带来的巨大机遇。党的十九大报告指出，要"坚定实施科教兴国战略"，并指出要"培养造就一大批具有国际水平的战略科技人才、科技领军人才、青年科技人才和高水平创新团队"。

科教兴国就是要全面落实科学技术是第一生产力的思想，把科技和教育摆在经济社会发展的重要位置。改革开放40多年来，"科学技术是第一生产力"的观念不断深入人心，中国以经济和科技为核心的综合国力蒸蒸日上，令世界为之惊叹。中国科教事业发展的良好环境，持续成为国家发展、民族振兴的重要源泉。

五十八 春洒神州
邓小平南方谈话

一九九二年又是一个春天。

有一位老人在中国的南海边写下诗篇。

天地间荡起滚滚春潮，

征途上扬起浩浩风帆。

春风啊吹绿了东方神州，

春雨啊滋润了华夏故园。

啊　中国　中国

你展开了一幅百年的新画卷，

你展开了一幅百年的新画卷，

捧出万紫千红的春天……

——《春天的故事》

每当《春天的故事》这曾风靡长城内外、华夏南北的悠扬旋律响起，人们的脑海中就会浮现出一位精神矍铄的老人的形象，时光仿佛又将我们带回到令人激动、催人奋进的春天……

1992年1月18日,一列从北京出发的火车,穿过华北平原,越过中原大地,过黄河,跨长江,缓缓地停在武昌1号站台上等待加水。车门打开,一位头戴铝灰色鸭舌帽,身穿深灰色呢大衣,围着一条白色围巾,步伐坚定有力,面容慈祥和蔼的老人,从车上走了下来,他就是邓小平。在武昌站的站台上,邓小平与湖北省委领导就经济问题交谈了20分钟,随后火车继续驶向中国改革开放的最前沿——深圳。这是一场历经35天、6000余千米的行程,88岁高龄的邓小平相继考察了武汉、深圳、珠海、上海等城市,沿途发表了一系列讲话,要求加大开放,加快改革进度,由此促成了中国新一波改革开放浪潮。邓小平为什么选择这个时候视察南方呢?还是让我们回溯一下那时的中国。

20世纪80年代和90年代之交,国际局势发生了令人震惊的巨大变化。随着东欧剧变和苏联解体,社会主义在世界范围内的实践陷入了低潮。西方的一些政治势力利用这一时机,采用政治、经济、文化、外交等多种手段,妄图颠覆中国共产党的政权,达到不战而胜的目的。1992年的中国站在改革开放的十字路口:一是西方对中国实行制裁、封锁和孤立政策,外商投资止步观望;二是"左"的思想东山再起,与"一个中心、两个基本点"的基本路线偏离。国内外一系列尖锐问题摆在了人们的面前。中国的改革是继续前进还是后退?是继续以经济建设为中心,还是退回到原来的路子?在关键时刻,中国改革开放的总设计师邓小平开始了他的南方之行,他以一个战略家的眼光和胆识,回答了长期以来人们关注而思想上尚未完全弄明白的重大问题。

对于推进改革开放的问题,他指出,革命是解放生产力,改革也是解放生产力。改革开放胆子要大一些,敢于试验,不能像小脚女人一样。看准了的,就要大胆地试,大胆地闯。改革开放迈不开步子,不敢闯,说来说去就是怕资本主义的东西多了,走了资本主义道路。要害是姓"资"还是姓"社"的问题。判断的标准,应该主要看是否有利于发展社会主义社会的生产力,是否有利于增强社会主义国家的综合国力,是否有利于提高人民的生活水平。当时党内有一部分人认为,市场经济是资本主义特有的东西,计划经济才是社会主义经济的基本特征。这种"左"的观点成为长期困扰和束缚人们思想的桎梏。针对这一重大问题,邓小平精辟

1992年2月18日元宵节,邓小平及其家人由上海市委书记吴邦国陪同,兴致勃勃地来到上海市第一百货商店视察,并在文具柜台购买了铅笔和橡皮。

地阐述了计划和市场的关系，他指出：计划多一点还是市场多一点，不是社会主义与资本主义的本质区别。计划经济不等于社会主义，资本主义也有计划；市场经济不等于资本主义，社会主义也有市场。计划和市场都是经济手段。社会主义的本质，是解放生产力，发展生产力，消灭剥削，消除两极分化，最终达到共同富裕。特别是对于否定改革开放的声音，他特别强调，右可以葬送社会主义，"左"也可以葬送社会主义。中国要警惕右，但主要是防止"左"。

上海是邓小平此次南方视察的最后一站。1992年2月3日农历年除夕，邓小平和杨尚昆与上海市党政军负责人和各界人士欢聚一堂，共迎新春佳节。农历正月初四，邓小平来到刚通车不久的南浦大桥视察，他乘车欣赏南京路夜景，乘船游览黄浦江，沿途看到的是一片繁荣兴旺的景象。宽阔的马路平坦齐整，纵横交错，四通八达，两侧高楼大厦巍然耸立，鳞次栉比。这些巨大的变化，让邓小平更坚定了对改革开放的信心，他对上海市的主要负责同志作了多次重要讲话，他说：改革开放要有新思路，十一届三中全会以来的路线要管一百年。

邓小平南方谈话，科学总结了党的十一届三中全会以来的实践探索和基本经验，从理论上回答了长期困扰和束缚人们思想的许多重大问题，是把改革开放和现代化建设推向新阶段的又一个解放思想、实事求是的宣言书。南方谈话中闪光的思想，像一股强大的暖流，驱散了近三年一直在理论界不断积压的"左"的思想，改革热潮从这里不可阻挡地奔涌向神州四海。

五十九

伟大创举
建立社会主义市场经济体制

"社会主义"和"市场经济"是两个曾经被放在对立面的四字词语。在社会主义建设初期的相当长时间内，它们如同两块磁铁的同极，彼此排斥，无法共存。1992年，在党的十四大后，"社会主义"和"市场经济"却成为紧紧相吸的整体，建立"社会主义市场经济体制"明确地成为中国经济体制改革的目标。

习近平总书记曾指出，"在社会主义条件下发展市场经济，是中国共产党的一个伟大创举"。这个伟大的创举，并非一帆风顺，更不是一蹴而就的。从高度集中的计划经济体制到充满活力的社会主义市场经济体制，是将这两块不能兼容的同极磁石变为一块的整体过程，是党对社会主义经济发展规律认识的不断深化的过程，也是中国"摸着石头过河"走过的漫长社会主义探索之程。

改革开放后，邓小平驳斥了"三只鸭子是社会主义，五只鸭子就是资本主义"的荒谬标准，提出了"社会主义也可以搞市场经济"的观点，正式开启了在社会主义条件下对市场和计划关系的探索。

党的十二大时，提出"计划经济为主，市场调节为辅"，市场第一次有了合法的"名牌"，虽然还处于辅助地位，但拥有合法地位的市场经济，随着改革开放的深入如同雪球般越滚越大。

党的十三大时，报告中已经没有出现主次之分，而是"社会主义有计划的商品经济的体制，应该是计划与市场内在统一的体制"。计划与市场的关系，转为计划与市场平起平坐，并且天秤的砝码逐渐向商品经济、市场经济倾斜。

20世纪90年代，理论界对改革的方向、目标争论不休。不少人把计划经济和社会主义画等号，认为市场经济是与生产资料私有制相联系的，与社会主义的公有制相对立。在市场经济和社会主义的关系走向分裂还是结合的紧要关头，已经八十多岁高龄的邓小平再次出现在人们的视野之中。1992年，邓小平在南方谈话中明确指出"计划多一点还是市场多一点，不是社会主义与资本主义的本质区别。计划经济不等于社会主义，资本主义也有计划；市场经济不等于资本主义，社会主义也有市场。计划和市场都是经济手段"。这些振聋发聩的话语，如同一块"压舱石"，重新统一并稳定了全党的思想。

1992年10月，党的十四大召开。江泽民代表十三届中央委员会作《加快改革开放和现代化建设步伐，夺取有中国特色社会主义事业的更大胜利》报告，指出：中国经济体制改革的目标是建立社会主义市场经济体制。"社会主义市场经济体制是同社会主义基本制度结合在一起的。""社会主义条件下的市场经济，应当也完全可能比资本主义条件下的市场经济运转得更好。"这标志着社会主义市场经济体制目标在中国的正式确立。这表明中国共产党在解决社会主义公有制与市场经济能否结合、计划与市场应该怎样结合问题上迈出了决定性步伐，逐渐搞清楚了建立社会主义市场经济体制的理论逻辑。

1993年11月，党的十四届三中全会审议通过《中共中央关于建立社会主义市场经济体制若干问题的决定》，指出：社会主义市场经济体制是同社会主义基本制度结合在一起的，建立社会主义市场经济体制，就是要使市场在国家宏观调控下对资源配置起基础性作用。《中共中央关于建立社会主义市场经济体制若干问题的决定》将党的十四大提出的经济体制改革目标和基本原则进一

1992年10月，中国共产党第十四次全国代表大会在北京召开。大会确立了邓小平建设有中国特色社会主义理论在全党的指导地位，作出建立社会主义市场经济体制的重大决策。把社会主义同市场经济结合起来，是中国共产党的伟大创举。图为十四大开幕式会场。

步具体化，制定了建立社会主义市场经济体制的总体规划。根据《中共中央关于建立社会主义市场经济体制若干问题的决定》精神，国务院在1993年底至1994年，先后出台了关于分税制财政管理体制、金融体制、外贸体制、投资体制、福利分房、国企管理等许多改革措施，使市场在资源配置中的基础性作用得到明显增强。

2003年10月，党的十六届三中全会通过《中共中央关于完善社会主义市场经济体制若干问题的决定》，提出了完善社会主义市场经济体制的目标、任务、指导思想和原则。

社会主义市场经济体制，既体现了社会主义制度的优越性，又同我国社会主义初级阶段社会生产力发展水平相适应，是党和人民的伟大创造，是一项前无古人的开创性事业，是社会主义发展史上的重大突破。

六十

汪辜会谈
两岸民间首次公开对话

在新加坡亚历山大路456号，矗立着一幢通体白色的26层高楼——海皇大厦。1993年4月27日，大陆海协会会长汪道涵与台湾海基会会长辜振甫在这座大厦的四层，举行了首次会谈。在众多媒体的镜头下，汪道涵和辜振甫隔着长方形会议桌相视而笑，互相伸出了手，这是出现在公开镜头中的两岸民间高层人士40多年来的首次握手。

会谈之所以会选择在新加坡进行，还要从1992年国家主席杨尚昆在访问新加坡期间会见李光耀先生说起。1992年1月7日，一架来自中国的飞机穿过云霄，缓缓降落在了新加坡的机场，这是中新两国建交以来，中国国家主席首次访问新加坡。杨尚昆同李光耀会谈时说：海峡两岸谈政治问题，条件还不成熟，但是可以先谈经济。李光耀立刻问杨尚昆能不能把他说的话转告给台湾地区领导人。杨尚昆毫不犹豫地回答"可以"。之后，李光耀专程赴台促成了"汪辜会谈"。

完成祖国统一大业，是中华民族的核心利益所在。邓小平提出的"一国两制"构想,为和平解决台湾、香港和澳门问题指明了道路。"一国两制"的主张,最初是针对和平解决台湾问题提出来的。但台湾问题所经历的却是一条崎岖曲折的道路。1987年10月,台湾当局有限制地开放探亲,终于打破了海峡两岸同胞近38年的隔绝状态,两岸人员往来、经贸合作和文化交流势头强劲。

1990年12月,中共中央召开全国对台工作会议,重申国共两党应尽早接触谈判,尽快实现两岸双向、直接"三通"(即通航、通邮、通商)。在此前后,两岸分别授权进行接触、交往、商谈的机构——海峡两岸关系协会(简称海协会)和台湾海峡交流基金会(简称海基会)也顺势成立。

1992年3月,海协会与海基会开始接触,进行事务性会谈,以促进两岸关系的实质性进展。

1992年10月,两会在香港举行商谈,集中讨论两岸事务性商谈中如何表述坚持一个中国原则的问题。在商谈中,海协会提出了5种文字表述方案,海基会先后提出5种文字表述方案和3种口头表述方案。双方表述文字虽有歧义,但都包含坚持一个中国原则的内容。

11月3日,海基会正式致函海协会,建议"以口头声明方式表述一个中国原则"。海协会16日正式回函,确认口头表述要点是:"海峡两岸都坚持一个中国的原则,努力谋求国家的统一。但在海峡两岸事务性商谈中,不涉及'一个中国'的政治涵义。"之后,海基会回复海协会,对达成共识未表示异议。"海峡两岸均坚持一个中国原则"的"九二共识"得到确立。"九二共识"明确界定两岸关系的根本性质,表明大陆与台湾同属一个中国,两岸关系不是国与国的关系,也不是"一中一台"。虽然两岸迄今尚未统一,但两岸同属一个中国、两岸同胞同属一个民族,这一历史事实从未改变,也不可能改变。2012年党的十八大将"九二共识"首次写入党的代表大会报告。

1993年4月27日,大陆海协会会长汪道涵与台湾海基会会长辜振甫在新加坡海皇大厦举行了首次会谈。图为"汪辜会谈"时两位会长历史性的握手。

"九二共识"为海峡两岸事务商谈排除了主要障碍,为双方会长汪道涵和辜振甫在新加坡成功举行第一次"汪辜会谈"铺平了道路。1993年4月27日,经过两天的会谈,两岸双方签署了《两岸公证书使用查证协议》《两岸挂号函件查询、补偿事宜协议》《两会联系与会谈制度协议》《汪辜会谈共同协议》等四项协议。

"汪辜会谈"是 1949 年以来两岸高层人士以民间名义公开进行的最高层级会谈,是海峡两岸在长期隔断之后的首次正式接触,它的政治意义远高于会议协议成果。它突破了台湾当局规定的同大陆"不接触、不谈判、不妥协"的"三不"政策,标志着海峡两岸关系的发展迈出了历史性的一步。

六十一

百年梦圆
香港、澳门回归祖国

中国社会主义改革开放和现代化建设的总设计师邓小平,有一个未了的心愿。1992年初,88岁高龄的邓小平在深圳视察时来到皇岗口岸。站在两端分别飘扬着五星红旗和米字旗的深圳河大桥桥头边境上,他久久不愿离去。虽然直到转身上车,他都未曾说一句话,但随行的每个人都读懂了他眼中那抹凝重的意义,那是他的心愿:我争取活到1997年,中国收回香港之后,到香港自己的土地上走一走、看一看。

祖国统一,不仅是邓小平的夙愿,也是中国共产党和中国第一代领导人的期盼。邓小平创造性地发展了毛泽东、周恩来等有关祖国和平统一的设想,提出用"一国两制"和平统一祖国的途径。1982年1月,邓小平在会见美国华人协会主席李耀滋时,首次提出"一个国家,两种制度"的概念。"一国两制"构想最初是为解决台湾问题提出的,但中国按照"一国两制"方针成功实现了香港和澳门的回归。

香港问题是英国殖民主义者侵略中国造成的历史遗留问题。

1840年鸦片战争后，英国政府强迫清政府先后签订《南京条约》《北京条约》《展拓香港界址条约》三个不平等条约，强占中国的香港岛、九龙并强租新界地区。让漂泊在外的孩子们回归祖国，是百年来整个中华民族共同的梦想。

时光穿越了一个世纪，这份愿望越来越强烈。1981年12月，中共中央作出于1997年7月1日收回香港的决定。中国政府在收回香港问题上确定了两条原则：一是一定要在1997年收回香港，恢复行使主权，不能再晚；二是在恢复行使主权的前提下，尽可能保持香港的稳定和繁荣。

1982年9月，"铁娘子"英国首相撒切尔夫人访问中国，正式拉开中英关于香港问题谈判的序幕。邓小平针对撒切尔夫人关于让英国继续统治香港的"以主权换治权"说法，斩钉截铁地指出："1997年中国将收回香港。就是说，不仅是新界，而且包括香港岛、九龙。中国和英国就是在这个前提下来进行谈判的，商讨解决香港问题的方式和方法。主权问题不是一个可以讨论的问题。"他的话干脆利落定下中英谈判的底线。这场会谈比预定时间晚了50分钟结束，当撒切尔夫人从人民大会堂北门出来时，面色凝重，不慎在台阶上一脚踩空，幸好走在她身旁的英国驻华大使柯利达、港督尤德等急忙上前将她扶了起来，西方媒体第一时间将这一场景向全世界作了报道。

经过两年十几轮的艰苦谈判，1984年12月19日，中英两国政府正式签署《关于香港问题的联合声明》，确认中华人民共和国政府于1997年7月1日对香港恢复行使主权。从此香港进入回归祖国的过渡期。

香港问题的解决对澳门问题提供了示范。葡萄牙对澳门实行殖民统治始于1553年。鸦片战争后,葡萄牙相继占领了澳门半岛、氹仔岛和路环岛。从最早的时间算起,葡萄牙统治澳门达400年之久。1986年6月,中国和葡萄牙两国政府开始就澳门问题举行谈判。谈判比较顺利。1987年4月13日,两国共同签署《关于澳门问题的联合声明》,宣布中国政府将于1999年12月20日对澳门恢复行使主权。澳门也进入回归祖国的过渡期。

1997年7月1日零时零分零秒,香港维多利亚港会展中心第一次响彻中华人民共和国国歌《义勇军进行曲》。这一刻,一洗中

1997年7月1日,中华人民共和国宣告对香港恢复行使主权。图为中英两国政府举行香港政权交接仪式。

国百年国耻，开创了祖国统一大业的新纪元。江泽民在交接仪式上庄严宣告："经历了百年沧桑的香港回归祖国，标志着香港同胞从此成为祖国这块土地上的真正主人，香港的发展从此进入一个崭新的时代。"

1999年12月19日午夜，澳门文化中心，中葡两国政府举行澳门政权交接仪式，中华人民共和国国旗和澳门特别行政区区旗冉冉升起。江泽民庄严宣告："中国政府对澳门恢复行使主权。历史将永远记住这一举世关注的重要时刻。从这一刻起，澳门的发展进入了一个崭新的时代。"

香港、澳门胜利回归祖国，是中国人民在完成祖国统一大业的道路上树立的丰碑，标志着"一国两制"从科学构想变成生动实践。香港、澳门的成功实践告诉我们，只要对"一国两制"坚信而笃行，"一国两制"的生命力和优越性就会充分显现出来。

六十二

邓小平理论写入党章
中国共产党第十五次全国代表大会

江西省新建县有一条蜿蜒崎岖的"小平小道",曾有一位老人往返踱步于此,他沉思的身影从这条"小平小道"上延伸出去,开辟了一条通往国家富强、人民幸福的中国特色社会主义康庄大

1969年,65岁的邓小平下放到江西省南昌市新建县拖拉机修造厂劳动、生活。邓小平每天从住所到工厂要走一条小道。在这条红土裸露、杂草丛生的小道上,邓小平深刻思考了中国改革开放和社会主义何去何从的问题。图为"小平小道"的新照。

道。这位老人就是中国社会主义改革开放和现代化建设的总设计师、中国特色社会主义道路的开创者——邓小平。1997年2月19日，这位中国人民的儿子与世长辞，享年93岁。世界的目光，此刻都聚焦在因失去这位指引航向的老人，而陷入巨大悲痛之中的中国身上。中国的未来前途和发展方向将会如何？中国共产党能否继续沿着邓小平开辟的中国特色社会主义道路走下去？世界在等待一个答案。

对于中国共产党而言，这个答案早就刻画在中国特色社会主义建设的实践中，是明确而肯定的。1997年9月12日至18日，中国共产党第十五次全国代表大会在北京举行。"我们这次大会的灵魂，就是高举邓小平理论的伟大旗帜。十五大无疑将以这一点为标志载入史册。"江泽民在十五大报告结尾所说的这句话，正呼应了这次大会的主题"高举邓小平理论伟大旗帜，把建设有中国特色社会主义事业全面推向二十一世纪"。这一天，他代表第三代中央领导集体郑重地向中国人民、向世界宣告了，在跨越世纪的新征途上，把中国特色社会主义事业继续推向前进的坚定道路选择。

大会首次使用"邓小平理论"这个概念，并把这一理论作为指引中国共产党继续前进的旗帜。大会强调，坚持党的十一届三中全会以来的路线不动摇，就是高举邓小平理论的旗帜不动摇。大会宣告：在社会主义改革开放和现代化建设的新时期，在跨越世纪的新征途上，一定要高举邓小平理论的伟大旗帜，用邓小平理论来指导我们整个事业和各项工作。这是中国共产党从历史和现实中得出的不可动摇的结论。这就表明，社会主义发展的路途上，风再大，浪再急，中国这艘巨轮的航向已经定航，无论舵手是谁，巨轮的航线不能、也不会偏离。

大会分析了中国长期处于社会主义初级阶段的基本国情，根据邓小平理论和中国共产党的基本路线，提出中国共产党在社会主义初级阶段的基本纲领，阐明建设有中国特色社会主义的经济、政治、文化的基本特征和基本要求，并对社会主义初级阶段的所有制结构和公有制的实现形式，以及依法治国、建设社会主义法治国家等重大问题作出新的概括和部署。这些概括和部署，体现了党在探索回答什么是社会主义、怎样建设社会主义问题上的又一次思想理论认识的深化。

大会围绕新"三步走"发展战略提出：从现在（1997年）起到21世纪的前十年，是中国实现现代化建设第二步战略目标、向第三步战略目标迈进的关键时期。在这个时期，建立比较完善的社会主义市场经济体制，保持国民经济持续快速健康发展，是必须解决好的两大课题。

大会把对党章的修改集中在一个问题上，即把邓小平理论同马克思列宁主义、毛泽东思想一起作为党的指导思想写入党章。这是中国共产党继七大将毛泽东思想写入党章后的又一次指导思想升华，这是经过近20年改革开放和社会主义现代化建设的成功实践作出的历史性决策，这是站在世纪之交的中国共产党决心将邓小平开创的中国特色社会主义全面推向前进的决心和信念，也反映了全国人民的共识和心愿。

六十三

人民币不贬值
应对亚洲金融危机

香港庆祝回归的喜庆气氛尚未消散，亚洲金融风暴便已黑云压城。1997年下半年，东南亚国家爆发金融危机，很快波及整个亚洲和世界其他地区，造成国际金融市场持续动荡，世界经济受到严重冲击。日本、俄罗斯、拉丁美洲和美国的经济发展速度都在下降。中国经济也受到很大冲击，但是为了帮助亚洲国家摆脱金融危机，中国坚定履行了自己的诺言——不对人民币实行贬值，并通过国际机构和双边援助来支持东南亚国家的经济，充分展现了负责任的大国风范。

20世纪90年代，东南亚一些国家在金融自由化的过程中，在本国金融体系尚不健全、政府调控能力较弱的情况下，过早过快地全面放开本国资本市场、取消了外汇管制、大量引进境外金融机构，助长了国际游资的进入和冲击，造成投机资本排挤产业资本、短期投资和短期债务规模过大的不稳定局面。1997年7月2日，泰国宣布放弃固定汇率制，实行浮动汇率制，引发了这场遍及东南亚的金融风暴。当天，泰铢兑换美元的汇率下降了17%，外汇及其他金融市场一片混乱。在泰铢波动的影响下，菲律宾比索、印度尼西亚盾、马来西亚林吉特相继成为国际炒家的攻击对象，并迅速相继贬值，而且贬值幅度很大。

亚洲金融危机是在经济全球化的大背景下发生的，对中国的对外出口贸易形成极大冲击，也是一个严重警示。危机虽然从1997年开始，但对中国经济的影响在1998年才开始真正显现出来。这一年，爆发金融危机的国家经济增长放缓，市场萧条，减少了从中国的进口，中国对外出口贸易受到很大影响，尤其是中国经济发展较快、外向型经济比重较大的沿海省份。

东南亚国家汇率的大幅度下调，对人民币估值造成很大压力。中国经济能不能在这场巨大风浪中站住脚，人民币会不会贬值成为世界关注的焦点。

1998年2月，面对亚洲金融危机冲击，中共中央明确提出"坚定信心、心中有数、未雨绸缪、沉着应付、埋头苦干、趋利避害"的指导方针，果断采取扩大国内需求的措施，实施积极的财政政策和稳健的货币政策，决定由中央财政向商业银行增发长期建设国债，增加投资，加强基础设施建设。党和政府本着高度负责的态度，从维护本地区稳定和发展的大局出发，作出人民币不贬值的决定，承受了巨大压力，付出了很大代价。此举对亚洲乃至世界金融、经济的稳定和发展起到了重要作用。在坚持人民币不贬值的同时，中国还采取努力扩大内需、增加中低收入者的生活保障、改善人民生活、提高出口退税率、打击走私等措施，千方百计增加出口，保持了国内经济的健康和稳定增长，对缓解亚洲经济紧张形势、带动亚洲经济复苏发挥了重要作用。

亚洲金融危机爆发后,国际金融炒家在香港兴风作浪,利用金融期货手段,买入港元,然后迅速抛空,致使港币利率急升,恒生指数暴跌,从中获取暴利。面对国际金融炒家的猖狂进攻,经中央政府许可并给予大力支援,香港特区政府果断予以反击。经过几轮"肉搏战",国际炒家弹尽粮绝,落荒而逃。香港取得最终胜利,大大提高了抵御亚洲金融风暴的能力,为发展中国家和地区防范金融风险、保障金融安全,树立了可贵的范例。

在亚洲金融危机席卷而来时,很多人怀疑中国能不能经受住如此严峻的考验,有没有力量坚持改革和建设继续向前发展。然而,中国给了世界一个满意的答卷,全世界都看到中国在这场席卷全球的金融风暴中树立起一个在国际社会中负责任的大国形象。

灯火辉煌的香港之夜。

越来越多的人认识到,在中国共产党领导下,中国政府可以集中力量办大事,有组织、集中地使用有限的国家和社会资源,用于解决国家和社会亟须解决的困难和问题,这一巨大的组织和政治优势是资本主义国家无论如何不能比拟的。正如英国《经济学家》杂志作出的评价:"对于那些不屈不挠地寻找亮点的人来说,中国闪耀着。"

六十四

西部大开发

实现"两个大局"战略构想

西部大开发,是一项功在千秋的伟大事业。中国幅员辽阔,沿着高速道路一路向西,草原、戈壁、沙漠、高原逐渐映入眼帘。这里是中国的内陆,在中国960多万平方千米的土地上,西部省市的面积达到686万平方千米,约占全国总面积的72%。在这片和大自然格外亲近的土地上生活的人们,却没有东部沿海城市富足。

1995年,陕西、甘肃遭受严重旱灾,江泽民前往考察。当他来到甘肃省定西市,看到因严重缺水而很少洗脸的老人们,成了半拉"黑人",心情非常沉重。他说,群众贫苦,我们当干部的应该寝食难安啊!在听取甘肃省委、省政府工作汇报以后,他指出,西部地区历史文化悠久,为缔造辉煌的中国古代文明作出过巨大贡献。中共中央对西部地区发展的大政方针,就是"到下世纪初要开始朝着逐步缩小东西部地区差距的方向前进,到下世纪五十年代,西部地区同全国其他地区一样,基本实现现代化"。

新中国成立特别是改革开放以来,各地区经济都有了很大的发展。但由于发展速度不同,地区差异总体上呈扩大趋势。东部

甘肃人民不断兴修水利,以黄河水浇灌干旱的黄土地,赢得农业连续丰收。图为定西地区的引水渠。

沿海地区经济基础较好,地理环境优越,交通便利,经济发展具有有利条件。中国西部包括甘肃、贵州、宁夏、青海、陕西、四川、西藏、新疆、云南、内蒙古、广西、重庆12个省(自治区、直辖市),是少数民族居住比较集中的地区,并且蕴藏着丰富的资源。但是,由于历史的因素、生态环境等影响,西部地区比东部沿海地区发展要慢得多。

邓小平很早就重视这个问题。1988年9月,在谈到沿海地区和内地的关系时,他提出"两个大局"的战略构想:沿海地区要加快对外开放,使这个拥有两亿人口的广大地带较快地先发展起来，从而带动内地更好地发展，这是一个事关大局的问题。内地要顾全这个大局。反过来，发展到一定的时候，又要求沿海拿出更多力量来帮助内地发展，这也是个大局。那时沿海也要服从这个大局。

世纪之交，中国综合国力显著增强，国家支持西部地区加快发展的条件基本具备，时机已经成熟。1999年3月3日，在全国"两会"党员负责人会议上，江泽民正式提出"西部大开发"战略思想。他说，实施西部地区大开发，是全国发展的一个大战略、大思路。对此，全党全国上下要提高和统一认识。

1999年9月，党的十五届四中全会召开，明确提出国家要实施西部大开发战略，通过优先安排基础设施建设、增加财政转移支付等措施，支持中西部地区和少数民族地区加快发展。

2000年1月13日，中共中央、国务院印发《关于转发国家发展计划委员会〈关于实施西部大开发战略初步设想的汇报〉的通知》。该通知阐明了西部大开发的重大意义、指导思想、重点任务、政策措施，成为指导西部大开发的纲领性文件。1月16日，国务院成立了西部地区开发领导小组，由时任国务院总理朱镕基担任组长，时任国务院副总理温家宝担任副组长。经过全国人民代表大会审议通过后，国务院西部开发领导小组办公室于2000年3月正式开始运作。

同年10月，党的十五届五中全会进一步强调：实施西部大开发战略，加快中西部地区发展，是实现现代化建设第三步战略目标的重大举措，是一项艰巨的历史任务。既要有紧迫感，又要有长期奋斗的思想准备。

实施西部大开发战略是中共中央总揽全局，面向新世纪作出的重大决策。自 2000 年起，西部大开发陆续展开，战略构想开始实施。2000 年，国家对西部地区投资 3943 亿元，增长 14.4%，高于全国平均速度 5.1 个百分点。基础设施落后是制约西部地区发展的关键因素。这一年，西安至南京和重庆至怀化铁路、重庆轻轨、青海涩北经西宁至兰州输气管线等项目顺利进展。"西气东输""西电东送"等重大项目筹备工作加快。同时，为了解决西部地区水土流失、荒漠化和石漠化日趋严重的问题，退耕还林试点工作稳步推进，防沙、治沙、水土保持综合治理等工程稳步开展。此外，科技教育加大对西部地区的支持力度，特色经济和优势产业取得发展，农村的生产和生活条件逐步改善。

继西部大开发后，"振兴东北老工业基地"和"中部崛起"两大战略任务亦于 2003 年和 2004 年相继提出。西部大开发、振兴东北老工业基地和中部崛起三大战略，构成了一幅中国区域协调发展壮观图景。

六十五

到大海中游泳
加入世界贸易组织

多哈,对绝大多数中国人来说,都是一个极其陌生的地名。然而,正是这个遥远而陌生的城市,却深刻地改变了中国人的生活。2001年11月10日,卡塔尔首都多哈喜来登饭店,萨瓦尔会议大厅金碧辉煌,座无虚席,连场内的通道都站满了各种肤色的人。所有人都有一个共同的兴奋点——中国加入世界贸易组织。18时39分,人们期待的历史性时刻终于到来:世界贸易组织第四届部长级会议主席卡迈尔宣布通过中国加入世界贸易组织的决定,并敲响木槌。这一声槌响,中国等了足足15年。

世界贸易组织简称世贸组织,英文缩写为WTO,是独立于联合国的永久性国际组织,其前身是1948年成立的关税及贸易总协定(关贸总协定),中国为原始缔约国之一。中国自改革开放以来,特别是1992年提出建设社会主义市场经济体制以来,经济实力明显增强,在诸多领域已具备了参与国际分工与竞争的能力。但因长期被排斥在世界多边贸易体系之外,不得不主要依靠双边磋商和协议来协调对外经贸关系,使国内企业和产品在进入国际市场时受到了许多歧视性或不公正待遇。为了适应改革开放和现代化建设的需要，中国政府于1986年7月申请恢复中国关贸总协定缔约国地位，并随即成立专门机构统筹对外谈判工作，开始长达15年的艰难谈判。

1993年11月，在同美国总统克林顿首次会晤时，江泽民阐明了中国政府对于"复关"问题的三原则：第一，关贸总协定是一个国际性组织，如果没有中国这个最大的发展中国家参加是不完整的；第二，中国要参加，毫无疑问是作为发展中国家参加；第三，中国加入这个组织，其权利和义务一定要平衡。作为世界上最大的发展中国家，中国拥有占世界1/5的人口，经济总量和进出口总值均列世界前列，吸收外资连续多年居发展中国家之首。显然，没有中国的加入，关贸总协定将有失完整，不能真正体现其世界性。

1995年，世贸组织取代关贸总协定，中国复关谈判也转为入世谈判。中国入世谈判是多边贸易体制史上最艰难的一次较量，在世界谈判史上也罕见。谈判艰难的关键在于，要确保中国以发展中国家地位加入、确保权利与义务的平衡，具体内容包括关税、非关税措施、农业、知识产权、服务业开放等一系列问题，其中农业和服务业更是双方相持不下的难点。从政治和战略上考量，中共中央相继提出"态度积极、方法灵活、善于磋商、不可天真"和"态度积极、坚持原则、我们不急、水到渠成"的工作方针。

1997年8月，中国与新西兰签署了世贸组织市场准入谈判的

1997年9月22日,世界银行和国际货币基金组织发展委员会在香港举行第56届例会。图为时任国务院副总理朱镕基和56届例会主席、摩洛哥财政部长德里斯·杰图,世界银行行长沃尔芬森,以及国际货币基金组织总裁康德苏在主席台上。

双边协议,新西兰成为第一个与中国结束双边谈判的西方国家。

1999年11月,经过反复较量和艰苦谈判,中美两国就中国加入世贸组织问题最终达成双边协议,迈出中国进入WTO的关键性一步。

2001年9月,中国与墨西哥结束了关于中国加入世贸组织的双边谈判,至此全部完成与世贸组织成员的双边市场准入谈判。9月17日,世贸组织中国工作组第18次会议,通过中国入世议定书及附件和中国工作组报告书,标志着跨越两个世纪历时15年之久的中国复关与入世谈判的全部结束。11月10日,第四届世贸组织部长级会议接纳中国为世贸组织成员,成为其第143个成员。

加入世贸组织,是中国改革开放进程中具有历史意义的一件大事，充分展示了中国顺应经济全球化潮流、主动参与国际竞争与合作的积极姿态，为中国赢得了更加良好的国际环境。加入世贸组织，使中国在经济全球化进程中获得参与制定规则和竞争的有利位置，从而得到更为广阔的发展空间。中国加入世贸组织既发展了自己，也造福了世界。自2002年以来，中国对世界经济增长的平均贡献率接近30%。

六十六

永葆先进性
以"三个代表"重要思想为指导

21世纪的钟声敲响,新世纪的曙光映照在地球上每一个角落,和平与发展已成为两大时代主题。但海面风平浪静并无法遮盖海底的暗流汹涌,在日益复杂的国际形势下,中国进入全面建设小康社会、加快推进社会主义现代化建设的新的发展阶段。面对机遇和挑战并存的新世纪,对于什么是社会主义、怎样建设社会主义和建设什么样的党、怎样建设党,以江泽民为核心的中国共产党第三代中央领导集体,远思千古兴衰之变,近察九州世道民情,在科学分析国内外形势、党所处的历史方位和肩负的历史使命的基础上,逐步提出了"三个代表"重要思想。

经过80多年的奋斗发展,当时中国共产党党员人数已达6600多万,党所处的地位和党所肩负的任务,发生了重大变化。"我们党历经革命、建设和改革,已经从领导人民为夺取全国政权而奋斗的党,成为领导人民掌握全国政权并长期执政的党;已经从受到外部封锁和实行计划经济条件下领导国家建设的党,成为对外开放和发展社会主义市场经济条件下领导国家建设的党。"在世界其他国家，一个执政党的强弱兴衰，上台下台，本是政党自身的事。但中国共产党却不同，历史已经作这样的定位：中国共产党强则社会主义兴，中华民族兴；中国共产党弱则中华民族衰，社会主义亡。

2000年2月20日，广东省高州市领导干部"三讲"教育会议举行，正在广东考察工作的江泽民出席会议并发表讲话。讲话中他提出了"五个始终"的要求，即"我们要使党始终保持工人阶级先锋队性质，始终代表最广大人民群众的利益，始终成为社会先进生产力的代表，始终领导全国各族人民促进社会生产力的发展，始终坚强有力地发挥好领导核心作用"。"三个代表"重要思想已初具雏形。

2月21日至25日，江泽民继续在广东考察。其间，他完整地提出了"三个代表"重要思想。他说："我们党所以赢得人民拥护，是因为我们党在革命、建设、改革的各个历史时期，总是代表着中国先进生产力的发展要求，代表着中国先进文化的前进方向，代表着中国最广大人民的根本利益。"

2000年5月至2001年6月，江泽民先后在北京、吉林、黑龙江、上海、江苏、浙江、安徽、江西、广东、海南、甘肃、宁夏等地考察，并主持召开多场党建工作座谈会。他进一步强调："三个代表"是中国共产党的立党之本、执政之基、力量之源。

2001年7月1日，庆祝中国共产党成立80周年大会在北京人民大会堂举行。江泽民发表重要讲话，系统阐述了"三个代表"重要思想的科学内涵。"三个代表"要求，是中国共产党保持先进性、始终成为建设中国特色社会主义坚强领导核心的基本要

"三个代表"重要思想提出后,在全党全国引起强烈反响,迅速掀起了学习热潮。图为2001年8月中共中央有关部门联合举行学习座谈会。

求,与坚持马克思列宁主义、毛泽东思想、邓小平理论,坚持中国共产党的工人阶级先锋队性质和全心全意为人民服务的宗旨是一致的。

2002年11月,中国共产党第十六次全国代表大会在北京隆重举行,这是党在新世纪召开的一次全国代表大会。大会指出:"三个代表"重要思想是对马克思列宁主义、毛泽东思想和邓小平理论的继承和发展,反映了当代世界和中国的发展变化对党和国家工作的新要求,是加强和改进党的建设、推进中国社会主义自我完善和发展的强大理论武器,是全党集体智慧的结晶,是党必须长期坚持的指导思想。大会修订通过的新党章明确规定:中国共产党以马克思列宁主义、毛泽东思想、邓小平理论和"三个代表"重要思想作为自己的行动指南。至此,"三个代表"重要思想作为党的指导思想的历史地位正式确立。

六十七

构建社会主义和谐社会
社会建设纳入中国特色社会主义事业总体布局

"多么小的问题,乘以13亿都会变得很大,多么大的经济总量,除以13亿都会变得很小",温家宝有名的"乘除法"形象地描述了当年中国改革步履中遇到的困难。那时的中国,虽经历了20多年的改革开放,综合实力和人民生活水平都有很大提升,人民的平均寿命已经达到70岁以上,但是,由于庞大的人口基数,很多国计民生问题也格外凸显。

以胡锦涛为总书记的党中央审时度势,针对经济社会方面出现的种种难点热点问题,针对人民群众的诉求,提出了构建社会主义和谐社会的理念。实现社会和谐,始终是人类孜孜以求的一个社会理想,是一个长期的永无止境的目标,也是包括中国共产党在内的马克思主义政党不懈追求的一个社会理想。

党的十一届三中全会以后,经过改革开放和社会主义现代化建设,中国社会可以说是和谐的,但也存在不少影响社会和谐的矛盾和问题。中国正处在体制转换、结构调整和社会变革过程中,解决这些问题和矛盾,成为当时人民群众关注的焦点。在这一特殊历史时期，中共中央从全面建设小康社会、开创中国特色社会主义事业新局面的全局出发，明确提出构建和谐社会的战略任务，并将其作为加强党的执政能力建设的重要内容。

2002年11月召开的党的十六大在部署全面建设小康社会时，提出了"社会更加和谐"的目标。2004年9月，党的十六届四中全会首次明确提出，中国共产党作为执政党，要"坚持最广泛最充分地调动一切积极因素，不断提高构建社会主义和谐社会的能力"。这次会议把构建社会主义和谐社会作为中国共产党的执政目标，这也是第一次把和谐社会建设放到同经济建设、政治建设、文化建设并列的突出位置。

2005年2月，省部级主要领导干部提高构建社会主义和谐社

2006年，我国规定"实施义务教育，不收学费、杂费"。2007年，我国普及义务教育人口覆盖率达到99%，2009年高等教育毛入学率达到24.2%。图为天津外来务工人员子女学校华安街小学学生在上课。

会能力专题研讨班在中央党校开班。胡锦涛在开班式上作了重要讲话，他指出：我们所要建设的社会主义和谐社会，应该是民主法治、公平正义、诚信友爱、充满活力、安定有序、人与自然和谐相处的社会。

2006年10月，党的十六届六中全会审议通过《关于构建社会主义和谐社会若干重大问题的决定》（以下简称《决定》）。《决定》指出，社会和谐是中国特色社会主义的本质属性，是国家富强、民族振兴、人民幸福的重要保证。构建社会主义和谐社会的首要原则是坚持以人为本，其重点是要切实解决好人民群众最关心、最直接、最现实的利益问题。

构建社会主义和谐社会重大战略目标的提出，使中国特色社会主义事业总体布局增加了"社会建设"这一重要方面，从而由经济建设、政治建设、文化建设"三位一体"扩展为经济建设、政治建设、文化建设、社会建设"四位一体"。

形成全体人民各尽其能、各得其所而又和谐相处的社会是中国共产党顺应历史发展变化，为推进中国特色社会主义伟大事业作出的重大战略举措，是中国处于体制转轨、社会转型这一特殊历史时期经济社会发展的必然要求，是满足人民群众不断增长的物质文化需要的必然要求，是巩固党执政的社会基础、实现党执政的历史任务的必然要求。

六十八

千年田赋一朝免
全面取消农业税

岁月失语，唯石能言。走进中国农业博物馆四号展厅，一尊由河北灵寿县农民王三妮自费铸造的"告别田赋鼎"，醒目地摆放在展厅的正中央。这座三足青铜圆鼎高约一米，造型古朴庄重，经无数人的抚摸，其鼎腹已是红中透亮。细看鼎身雕满文字的青铜鼎，会发现其上刻制的并不是篆书文言，而是历代田赋变迁的经过。它以铭刻于鼎的方式向世人宣告存在了2600多年的"皇粮国税"历史的终结，传递出亿万中国农民的希冀和喜悦：种田免赋，这是所有农民的千年梦想，如今成真了！

《左传》记载："宣公十五年秋七月，初税亩。"从公元前594年，文字记载中最早的农业

告别田赋鼎。

税——鲁国的"初税亩"起，到"租赋""租庸调""田赋""丁漕"……农民缴纳农业税这一"皇粮国税"已经延续了2600余年。新中国成立之初，国库空虚，工业基础尤其是重工业基础非常薄弱，农业税成为国家财力的基石、推进工业化建设的重要财政来源。《中国统计年鉴》数据显示，从1949年到2005年的57年间，全国累计征收农业税约4200亿元。正是依靠农业"乳汁"的哺育，依靠中国农民不计得失地为国家工业的发展、城市的繁荣作出的巨大历史性贡献，新中国才得以从"一穷二白"的起点上，建立起比较完整的工业体系。

党的十一届三中全会后，我国农民创造了以家庭承包为主要形式的包产到户、包干到户等的生产责任制，克服了以往分配中的平均主义、吃大锅饭等弊病，农民的生产生活有了翻天覆地的变化。但到了20世纪80年代中后期，农民负担问题逐步凸显出来，严重影响了农民的生产积极性，引起了中共中央的高度重视。从1990年国务院发出《关于切实减轻农民负担的通知》开始，农村税负改革拉开了序幕。此后，中共中央几乎每年都出台为农民减负的文件。1998年10月，在党的十五届三中全会上，农村税费改革被列为改革重点内容，由中央推动的全局性改革逐步开始。

2000年3月，中共中央、国务院正式下发《关于进行农村税费改革试点工作的通知》，在自愿前提下，确定安徽全省率先开展试点。试点的主要内容为"三取消、两调整、一改革"，即取消乡统筹费、农村教育集资等面向农民征收的行政事业性收费和政府性基金、集资；取消屠宰税；取消统一规定的劳动积累工和义务工；调整农业税和农业特产税政策；改革村提留征收使用办法。通过改革，农民除了缴纳7%的农业税和1.4%的农业税附加之外，不再承担其他任何收费。一时间，安徽全省上下"沿街有横幅，墙上有标语，报纸有专栏，广播有声音，电视有图像，路有宣传车，疑难有解答"。当年安徽全省农民税费负担减少16.9亿元，减幅达31%。此后，农村税费改革试点由点到面稳步推进。

2004年，中共中央明确提出取消农业税的目标。国务院选择黑龙江、吉林两省进行全部免除农业税试点，对其他省份进行了降低农业税税率试点。中共中央还取消除烟叶税外的农业特产税。农业特产税，终于结束了其18年的"使命"，退出历史舞台。2004年当年，全国农民人均纯收入2936元，是1997年以来最高的一年，粮食总产量扭转了连续5年下降的局面，达到4.69亿吨。

2005年12月29日，十届全国人大常委会第十九次会议高票通过关于废止《中华人民共和国农业税条例》的决定，自2006年1月1日起全面取消农业税，延续了两千多年的农业税正式成为历史，这对全国亿万农民来说是实实在在的大好事。国家邮政局还专门为此发行了一张面值80分的纪念邮票，名字就叫"全面取消农业税"，以兹庆祝。

全面取消农业税，是新中国改革开放40多年来最具标志性的惠民善举，为全面深化中国农村综合改革开启了新阶段。2020年国家统计局公布的《中国统计年鉴》数据显示，1978年农村居民人均可支配收入绝对数为133.6元，2019年已增长至16020.7元。中共中央连年以"三农"为主题发布一号文件，一系列惠农政策陆续出台，给农民带来了"真金白银"的实惠。

六十九

"科学发展观"写入党章
中国共产党第十七次全国代表大会

2003年春天,一场猝不及防的"非典"疫情肆虐神州大地,给中国人留下了沉重的记忆。对于中国共产党而言,伴随着春风而来的,不只是鸟语花香、桃红柳绿,还有初次面对突发公共卫生事件的措手不及。

不发展有不发展的问题,发展后有发展后的问题。如果说,改革之初中国面对的是"不发展的问题",那么,此刻中国面对的是"发展后的问题"。秉持"发展才是硬道理"的理念,中国经济一路高歌,谱写出一首首振奋人心的雄壮乐曲。然而,在激奋的交响曲中,贫富分化和城乡发展不平衡、公共事业发展落后、粗放型的增长模式长期未能改变等社会问题,给这首乐曲增加了些许不和谐的音符。尤其在领导全国人民战胜"非典"疫情的过程中,党中央深刻感受到"城乡差别、地区差别,以及经济与社会发展不协调、公共卫生事业发展滞后、突发事件应急机制不健全等"问题的严重性。

正是基于对"实现什么样的发展、怎样发展"的认识,2003

年4月，抗击"非典"的关键时刻，胡锦涛在广东考察时提出要坚持"全面的发展观"。

4个月后，在江西考察时，胡锦涛首次明确使用"科学发展观"概念，提出"牢固树立协调发展、全面发展、可持续发展的科学发展观"。

2003年10月，党的十六届三中全会审议通过《关于完善社会主义市场经济体制若干问题的决定》（简称《决定》）。《决定》第一次提出"以人为本"的概念，第一次明确统筹城乡发展、区域发展、经济社会发展、人与自然和谐发展、国内发展和对外开放等"五个统筹"的具体内容，要求"坚持以人为本，树立全面、协调、可持续的发展观，促进经济社会和人的全面发展"。科学发展观第一次在中国共产党正式文件中完整提出。

2004年2月，省部级主要领导干部树立和落实科学发展观专题研究班在中央党校开班，目的就是使中国共产党的高级干部更好地学习贯彻科学发展观。

2004年3月，在中央人口资源环境工作座谈会上，胡锦涛对科学发展观作了进一步阐释。他说：坚持以人为本，全面、协调、可持续的发展观，是我们以邓小平理论和"三个代表"重要思想为指导，从新世纪新阶段党和国家事业发展全局出发提出的重大战略思想。他还对科学发展观的科学内涵、基本要求和指导意义作了全面阐发。

2007年10月，中国共产党第十七次全国代表大会在北京举行。胡锦涛代表十六届中央委员会向大会作了题为《高举中国特

开展深入学习实践科学发展观活动宣传图。

色社会主义伟大旗帜,为夺取全面建设小康社会新胜利而奋斗》的报告。报告指出,科学发展观是中国经济社会发展的重要指导方针,是发展中国特色社会主义必须坚持和贯彻的重大战略思想。报告把科学发展观的内涵概括为四个方面:第一要务是发展,核心是以人为本,基本要求是全面协调可持续,根本方法是统筹兼顾。

根据形势发展的要求,大会认为科学发展观是中国特色社会主义理论体系重大创新成果,决定将这一成果写入党章。党章明确规定:科学发展观,是同马克思列宁主义、毛泽东思想、邓小平理论和"三个代表"重要思想既一脉相承又与时俱进的科学理论,是中国经济社会发展的重要指导方针,是发展中国特色社会主义必须坚持和贯彻的重大战略思想。

七十

满足人民新期待
建立覆盖城乡居民的社会保障体系

民生乃幸福之基、和谐之本。让老百姓过上好日子,是中国共产党矢志不渝的奋斗目标,是社会主义制度区别于一切其他制度的重要特征。在党的十七大上,"民生主题"首次被作为独立章节写入工作报告,成为党内外、国内外关注的一大热点,也成为亿万人民瞩目的一大焦点。报告强调必须在经济发展的基础上,着力保障和改善民生,要求基本建立覆盖城乡居民的社会保障体系、人人享有基本生活保障,努力使全体人民学有所教、劳有所得、病有所医、老有所养、住有所居,推动建设和谐社会。这个报告把实现人民得益的路径描述得更加清晰明确,改善民生的要求也更加鲜明具体。

民生,并非此时才被如此重视。中国共产党自诞生之日起,就勇敢承担起为中国人民谋幸福、为中华民族谋复兴的初心使命。新中国成立之后,尤其是改革开放之后,社会主义中国和中国人民的生活和面貌发生了翻天覆地的变化,人民生活水平得到大幅度提高。但同时也应该清醒地看到,就业难、看病难、上学难、房价高等社会保障方面关系人民群众切身利益的问题依然较多，部分低收入群体生活还比较困难。满足人民新期待，仍是我们亟须进一步解决的问题。

党的十七大前，对于建立民生保障体系，已经采取了很多措施。2005年发布了《关于完善企业职工基本养老保险制度的决定》，将城镇企业职工基本养老保险的覆盖面扩大至个体工商户和灵活就业人员。2006年，党的十六届六中全会审议通过了《关于构建社会主义和谐社会若干重大问题的决定》，提出到2020年基本建立覆盖城乡居民的社会保障体系。2007年，城镇居民基本医疗保险开始试点，"一老一小"有了医疗保障。再加上新型农村合作医疗（新农合）和城乡居民医疗救助在全国普遍实施，中国从制度上已经实现基本医疗保险对城乡居民的全覆盖。2007年5月，胡锦涛主持中共中央政治局集体学习时强调，加快建立覆盖城乡

全民参保宣传画。

居民的社会保障体系,要坚持广覆盖、保基本、多层次、可持续方针,以社会保险、社会救助、社会福利为基础,以基本养老、基本医疗、最低生活保障制度为重点,以慈善事业、商业保险为补充,统筹协调做好各项工作,实现社会保障事业可持续发展。

党的十七大后,中国社会保障事业发展驶上快车道,制度建设取得突破性进展,社会保障体系框架基本形成。2009年,新型农村社会养老保险(新农保)试点启动。中国60岁以上农民首次享受国家普惠式养老保障。同年,新一轮医药卫生体制改革启动,切实缓解"看病难、看病贵"问题。2010年,颁布《中华人民共和国社会保险法》,社会保障领域法律法规更加完善。2011年,城镇居民养老保险启动试点,填补了养老保险制度的最后空白。2012年,提出新农保、城镇居民养老保险到年底实现制度全覆盖,标志着中国覆盖城乡居民社会保障体系的主要制度均已建立。

党的十七大之后,初步形成了以社会保险、社会救助、社会福利为基础,以基本养老、基本医疗、最低生活保障制度为重点,以慈善事业、商业保险为补充的社会保障体系。越来越多的人享有基本社会保障,覆盖人群迅速扩大。人力资源和社会保障部数据显示,截至2011年底,全国城镇基本养老保险、城镇基本医疗保险、失业保险、工伤保险、生育保险的参保人数分别达到2.84亿人、4.73亿人、1.43亿人、1.77亿人、1.39亿人。特别是医疗保险,由于实行了新农合和城镇居民基本医疗保险制度,覆盖人数从十六大之前的1亿多人迅速增加至2011年的13亿人,10年增长了十多倍。

"人人享有基本生活保障。"人人享有，意味着全覆盖，不分城乡、不分年龄、不分职业；基本保障，意味着保障水平必须与经济发展水平相适应，并随经济发展而逐步提高。数亿人被纳入社会保障覆盖范围，建立起世界上最大的社会保障体系，这是一个了不起的成就。

七十一

神话传说成为现实

"嫦娥一号"发射成功

　　对于中华民族来说，最著名的神话莫过于"嫦娥奔月"。嫦娥是上古神话中的仙女，因服用自西王母处求得的不死药而奔月成仙。自有人类以来，人们对月球的好奇和向往就没有停止过。相传明朝时一个叫万户的人，为了实现自己的飞天梦想，自制47个火箭绑在椅子四周，又将自己绑在椅子上，然后叫人点火发射，他想利用火箭的推力飞上高空。很不幸，万户非但没有飞上天空，还因火箭爆炸而丧命，但他却因此成为世界上第一个设想利用火箭助力升空的人。

　　随着时代的进步和科技的发展，人们对探月的期盼越来越强烈。1991年，中国航天专家提出月球探测工程设想。7年后，中国国防科学技术工业委员会正式开始论证规划中国探月工程。经过6年的努力和准备，2004年，中国探月工程正式立项。工程借用"嫦娥奔月"的神话传说命名为"嫦娥工程"。其中，月球探测器称为"嫦娥"，月球车称为"玉兔"，中继星称为"鹊桥"。嫦娥奔月从神话传说成为现实。

中国的探月工程共分三个阶段，分别为无人月球探测、载人登月、建立月球基地。其中，第一个阶段分为三步，即绕、落、回。

2007年10月24日，中国第一个月球探测器"嫦娥一号"在西昌卫星发射中心成功发射，实现首次绕月飞行，第一步"绕"圆满完成，中国进入世界少数具有深空探测能力的国家行列。11月26日，国家航天局公布"嫦娥一号"传回的第一幅高清月面图像。一年后，"嫦娥一号"拍摄的第一幅全月球影像图公布，这是人类历史上第一张包含了月球南北极的高精度月球表面影像图。2009年3月1日，超额完成使命的"嫦娥一号"，撞向月球表面预定地点，实现最后一次壮举。

2010年10月1日，"嫦娥二号"月球探测器在西昌卫星发射中心发射成功。"嫦娥二号"是一颗技术先导星，它的成功发射及完成相关使命，标志着中国在深空探测领域已经突破并掌握了一大批核心技术和关键技术，为第二步和第三步的"落"和"回"打下了坚实基础。

2013年12月2日，还是在西昌卫星发射中心，"长征三号乙"运载火箭成功将中国第一个无人登月探测器——"嫦娥三号"送上月球。中国成为继美国和苏联之后第三个实现月球软着陆的国家。"嫦娥三号"创造了在月工作最长纪录，直至2016年8月4日，"玉兔"号月球车在连续超期服役后正式退役。"嫦娥三号"拍摄的月面照片是人类时隔40多年获得的最清晰照片。

2018年12月8日，西昌卫星发射中心迎来了"嫦娥四号"，与"嫦娥三号"一样，它也是由着陆器和巡视器（"玉兔二号"）

组成。2019年1月3日,"嫦娥四号"在月球背面预定着陆区成功着陆,这是世界上首个在月球背面着陆并进行巡视探测的航天器。

2020年11月24日,"嫦娥五号"在海南文昌航天发射场顺利升空并进入预定轨道。探测器历经地月转移、近月制动、两两分离、平稳落月、钻表取样、月面起飞、交会对接及样品转移、环月等待、月地转移等高难度动作,直至12月17日,携带月壤在内蒙古四子王旗预定区域安全着陆。这是继1976年苏联"月球24号"探测器之后44年来人类再次从月球表面带回样本。23天之内,"嫦娥五号"完成了一次对接、六次分离,两种方式采样、五次样品转移,经历了11个重大阶段和关键步骤,环环相连、丝丝入扣。

中国酒泉卫星发射中心。

"嫦娥五号"创造了五个第一次：第一次在地外天体的采样与封装；第一次在地外天体上的点火起飞、精准入轨；第一次在月球轨道无人交会对接和样品转移；第一次携带月球样品以近第二宇宙速度再入返回；第一次建立中国月球样品的存储、分析和研究系统。这是中国航天事业发展中里程碑式的新跨越，标志着中国自主研发的探测器具备了地月往返能力，"绕、落、回"三步走完美收官，为中国未来月球与行星探测奠定了坚实基础。当鲜艳的五星红旗在月球表面展开的那一刻，中国人的骄傲自豪油然而生。习近平总书记在贺电中对"嫦娥五号"的成功返回给予高度评价："'嫦娥五号'任务作为中国复杂程度最高、技术跨度最大的航天系统工程，首次实现了中国地外天体采样返回。这是发挥新型举国体制优势攻坚克难取得的又一重大成就，标志着中国航天向前迈出的一大步，将为深化人类对月球成因和太阳系演化历史的科学认知作出贡献。"

七十二

时间就是生命

应对汶川大地震

2008年5月12日14时28分,以中国四川汶川为中心,发生里氏8级特大地震。瞬间,一座座城镇被夷为平地,一个个生命被废墟掩埋,山崩地裂、房屋倒塌、道路阻断,巴蜀大地满目疮痍。这次四川汶川特大地震是新中国成立以来破坏性最强、波及范围最广的一次地震。灾区总面积约50万平方千米、受灾群众4625万多人,造成69227名同胞遇难、17923名同胞失踪,直接经济损失8451亿多元。

空前的灾难牵动着党中央领导的心。地震后仅1小时,胡锦涛就作出重要指示:"尽快抢救伤员,保证灾区人民生命安全。"当晚又紧急主持召开中央政治局常务委员会会议,全面部署抗震救灾工作。地震后2小时,温家宝即乘专机从北京赶赴灾区一线指挥救灾工作。国家减灾委、民政部迅即启动国家应急救灾二级响应,随后又于22时15分升级为一级响应。国务院多个部门即分头成立应急机构,抓紧落实救灾措施。

时间就是生命。13日零时50分,国家地震灾害紧急救援队抵达都江堰，到受灾最严重的地点开展救援。卫生部门组织的2000余名医疗防疫人员也奔赴灾区。成都军区第一时间出动6000余名官兵和4架直升机，到灾区紧急救援。地震之后不到10小时，2万名解放军和武警官兵即到达灾区开展救援；由200名武警部队官兵组成的先遣队，克服千难万险，经过数十千米的急行军，成功赶到震中孤城汶川县城。截至15日8时，解放军和武警部队投入救灾的部队官兵已达95553名，民兵预备役官兵36174名，出动军用运输机、直升机飞行近300架次。随后，军委紧急增派50支医疗队从北京南苑机场飞赴灾区。从中共中央、国务院到各地方各部门，从解放军、武警部队、消防官兵到公安民警，从专业救援队到普通志愿者，从各级领导干部到广大人民群众，每个人都在争分夺秒、与死神赛跑。联合国国际减灾战略主任萨尔瓦诺·布里塞尼奥说，中国政府迅速、高效的动员和反应为世界树立了榜样。

一方有难，八方支援。灾情牵动着全国人民和全球华人的心。据民政部的统计数字，截至5月19日13时，全国共接收国内外社会各界捐赠款物108.34亿元，其中捐款89.27亿元，物资折款19.09亿元。其中，各省区市向受灾省份捐助款物68.91亿元；国外和港澳台地区捐助款物共计19.89亿元人民币。国际社会也纷纷伸出援手，捐赠大量救援物资；日本、俄罗斯、韩国、新加坡等国家，以及我国的香港、台湾地区先后派出救援队到四川灾区进行搜救工作。

灾后重建是一项十分艰巨的任务。本着"高起点规划、高标

汶川地震纪念地。

准施工、高速度建设"的原则,地震后第一时间便开始应急安置恢复重建,震后10天,即完成1500多万人的应急安置;震后100天,完成1200多万人的过渡性安置;震后一年内,完成355万户震损住房修复加固;震后一年半,完成150万户农房重建;震后两年,基本完成25万户城市居民住房。各级党和政府充分发挥社会主义制度集中力量办大事的政治优势,举全国之力,按照"一省帮一重灾县"的原则,合理配置力量,建立对口支援机制,加快灾后重建的步伐。18个对口支援省市牢记援建灾区绝不是简单的修桥、铺路、建房,更重要的是提升当地可持续发展能力的要求,三年恢复重建的任务在两年内基本完成。

两年过去,汶川县城脱胎换骨,一个安全的、现代的城镇崛起在废墟之上。灾后重建的中小学校,不仅仅是当地"质量最好的建筑",还成了当地的"文化中心"。水磨镇被全球人居环境论坛理事会和联合国人居署评为"全球灾后重建最佳范例"。加拿大原总督感慨,"四川树立了世界灾后重建的典范,你们宝贵的经验可以在世界推广"。

汶川,中国特色社会主义的制度优势在这里得到生动印证,中国力量、中国精神在这里得到彰显,令世界惊叹和感动。

七十三

中国速度
京津城际铁路开通运行

"就感觉到快,有催人跑的意思,我们现在正合适坐这样的车。"这是1978年10月,时任国务院副总理的邓小平在访日期间,乘坐"光–81号"新干线列车时所谈的乘坐感受。邓小平的回答饱含深意,中国要迎头赶上世界的脚步。

20年后,中国高铁实现了邓小平的嘱托。2008年8月1日,京津城际铁路开通运营,铁路全长166千米,设7个站点,全程仅需30分钟。这是一条连接北京和天津两大直辖市的城际铁路,是中国最早开工建设并最先建成的第一条高标准铁路客运专线,是中国第一条具有世界先进水平、运营时速350千米的高速铁路,是《中长期铁路网规划》中第一个开通运营的城际客运系统。

又过了10年,2018年8月1日,京津城际全线运行列车全部更换为"复兴号"。10年间运送旅客达2.5亿人次。京津城际铁路成为往来京津两地旅客的出行首选。它的通行,拉近了两地的距离,改变了两个城市居民的生活方式。北京人周末去天津吃小吃、听相声,天津人周末到北京逛故宫、游公园,逐渐成为一种流行的休闲方式,并直接催生了武清这座"高铁拉来的新城"。京津高铁还吸引了 60 多个国家、300 多名政要前来考察体验。应该说,京津城际铁路已成为展示中国发展、中国成就、中国制造的一张独特而亮丽的名片。

"复兴号"高铁奔驰在祖国广袤的大地上。

中国高铁以京津铁路为发端迅速发展,跑出了中国速度。2009 年,世界上里程最长、运营时速 350 千米的武广高速铁路开通运营,成为中国高速铁路发展史的又一里程碑;2010 年,世界上首条修建在大面积湿陷性黄土地区的郑西高速铁路开通运营,中国西部结束了没有高速铁路的历史;同年,世界上标准最高、里程最长、运营速度最快的城际铁路——沪宁城际高铁开通运营；2012年，世界上运行里程最长的高铁——京广高铁开通运行；2014年，世界上一次性建成里程最长的高铁——兰新高铁全线贯通；2017年，世界上商业运营最快的高铁——京沪高铁"复兴号"实现350千米时速运营；2019年，350千米时速的京张高铁通车，这是中国智能化水平最高的一条高铁，12千米长的八达岭隧道，一眨眼的工夫，列车即飞驰而过。这放在100多年前，简直是不可想象的。

京张高铁与京张铁路，一字之差，背后却是110年中国铁路人的不懈努力。1905年，一个耶鲁大学的留学生回到中国，用了4年时间，建造了中国第一条完全不使用外国资金和人员，由中国人自行设计建造并投入运行的国有铁路，称为京张铁路。这个留学生就是"中国铁路之父"詹天佑。他设计了著名的人字坡，列车通过时间需要78分钟。110年，从京张铁路到京张高铁，距离没有改变，但运行速度却从3小时7分大幅缩短至47分；110年，我们首次采用北斗卫星导航系统并实现有人值守的无人驾驶；110年，我们在列车上运用5G技术实现了奥运赛事直播，还能抵抗零下40℃的严寒。正如习近平所指出的，从自主设计修建零的突破到世界最先进水平，从时速35千米到350千米，京张线见证了中国铁路的发展，也见证了中国综合国力的飞跃。

自京津城际铁路开通以来，中国的高铁建设不断加速，从高寒的东北到炎热的海南，从发达的东部到广袤的西北，一列列高速列车穿行在华夏大地上。到2020年底，随着多条新线投入运行，中国高速铁路运营里程达到3.79万千米，稳居世界第一，"四纵四横"高铁网提前建成,"八纵八横"高铁网加密成形,"复兴号"高速列车迈出从追赶到领跑的关键一步。中国已成为世界上高速铁路发展最快、系统技术最全、集成能力最强、运营里程最长、运营速度最高、在建规模最大的国家。中国高铁,是中国速度,更是中国骄傲。

七十四

同一个世界，同一个梦想

举办第 29 届夏季奥运会

2008 年 8 月 8 日晚上 8 时整，北京北四环边，夜幕下鸟巢造型的十万人国家体育场，华灯灿烂、流光溢彩。第 29 届夏季奥运会在这里隆重开幕。超乎想象的创意、大气磅礴的气势、极具文化特色的表演，给了世界一个惊喜。当"鸟巢"主火炬点燃的那一刻，东西方文明乃至整个世界实现了一次伟大的拥抱。

全球 45 亿观众共同见证了奥运史上规模最大的一次聚会。2008 年北京奥运会共有参赛国家及地区 204 个，参赛运动员 11438 人，设 28 个大项、302 个小项，共有 60000 多名运动员、教练员，以及 80 多位外国政要参加。布什是第一位在任期间出席在他国举办奥运会的美国总统，他称赞北京奥运会"告诉中国人民我们尊重你们的传统、尊重你们的历史"；同样，福田康夫也是日本 20 年中第一位到国外出席奥运会的首相，他称赞北京奥运会是"将成为载入史册的和平盛会"；时任澳大利亚总理陆克文称赞北京奥运会是"中国融入世界的一个重大事件"；时任越南国家主席阮明哲则称赞北京奥运会是"奥运历史上一个新的里程碑"。

2008年北京奥运会共创造43项新世界纪录及132项新奥运纪录，共有87个国家和地区在赛事中取得奖牌。作为东道主的中国，优势项目全面丰收，如乒乓球项目包揽所有金牌，体操、举重项目夺金数量大大超过历史最好水平，跳水、射击、羽毛球、柔道等项目表现抢眼；射箭、帆船、赛艇、蹦床、拳击等项目实现金牌零的突破。中国以51枚金牌居金牌榜首位，历史性地超越了美国，这也是奥运历史上首个登上金牌榜首的亚洲国家。

鸟巢、水立方。

在北京奥运会两大标志性建筑里，数万观众惊喜地见证了本届奥运会先后产生的水上及陆上"飞人"。美国选手菲尔普斯在"水立方"连夺8枚金牌，不仅成为同一届奥运会获得金牌最多的运动员，而且成为夏季奥运会获得金牌最多的运动员；牙买加选手博尔特8天内，在"鸟巢"以破世界纪录成绩先后获得男子100米、男子200米和男子4×100米接力比赛3枚金牌，被誉为全世界跑得最快的人。

除北京主会场外，上海、天津、沈阳和秦皇岛四个城市作为足球比赛的分赛场，青岛作为部分水上项目的承办城市，香港作为马术项目的比赛地区，都在北京奥运会历史中留下浓墨重彩的一笔。

本届奥运会的吉祥物是福娃，由画家韩美林大师设计完成，造型融入了鱼、大熊猫、奥林匹克圣火、藏羚羊以及燕子的形象。每个娃娃都有一个朗朗上口的名字："贝贝""晶晶""欢欢""迎迎""妮妮"，当把五个娃娃的名字连在一起，就会读出北京对世界的盛情邀请——"北京欢迎你"。福娃向世界传递了友谊、和平、积极进取的精神和人与自然和谐相处的美好愿望。

中国政府坚持贯彻绿色奥运、科技奥运、人文奥运理念，发挥举国体制作用，依靠广大人民群众，积极开展国际交流合作，为北京奥运会、残奥会的成功举办提供了坚强保障。世界给中国一个机会，中国还世界一个惊喜。中国做到了！时任国际奥委会主席罗格在闭幕式上评价北京奥运会"是一届真正的无与伦比的奥运会"。

2022年，北京举办了第24届冬季奥林匹克运动会，北京成为奥运史上第一个既举办过夏季奥运会又举办过冬季奥运会的城市，也是继挪威的奥斯陆之后第二个举办冬季奥运会的首都城市。2022年的冬奥会在中国人民的努力下，给全世界带来了又一个惊喜。

七十五

转危为机
积极应对国际金融危机

2008年,对于中国来说是难忘而又艰难的一年。汶川大地震,举国上下团结一心;北京奥运会,让全世界见证了中国奇迹。同样在这一年,发端于美国的国际金融危机席卷全球,全球经济遭受重创,险些造成世界性金融秩序大崩溃,直至今天依然还在对我们的生产和生活产生着直接和间接的影响。面对这场突如其来的国际金融危机,中国科学判断、果断决策,采取一系列重大举措,在全球率先实现经济企稳回升,积累了有效应对外部经济风险冲击、保持经济平稳较快发展的重要经验。也正是从此时开始,中国逐渐走向世界舞台的中心。

金融是现代经济的核心和血脉。无论是发达国家,还是发展中国家,其金融系统都聚集着全社会的大量财富,也聚集着大量的顶尖人才。但是这个系统并非总是像经济学所讲的那么理性,更多时候它是非理性的,有时还会出现疯狂,甚至愚蠢的行为。

早在2007年7月,美国华尔街第五大投行贝尔斯登旗下两家基金,因严重涉足次级贷款市场而出现重大亏损并被迫关闭。

同时，欧洲涉及次级贷款的基金也开始暴露问题。也正是由于这个问题，欧洲股市迅速下跌，欧洲市场短期银行借款利率飙升。美国市场各大银行开始囤积现金，银行拆借隔夜利率迅速飙升。2008年9月，美国财政部不得不宣布接管房利美公司和房地美公司。接着，美国第四大投资银行雷曼兄弟控股公司申请破产保护，这被看成是金融危机的导火索。随后，华尔街的投资银行接二连三地倒下，金融危机正式爆发。之后，金融危机冲击包括通用汽车、福特汽车、克莱斯勒等三大汽车公司的实体经济，实体产业危在旦夕。对美国来讲，这场始于2007年的次贷危机到2008年演变为全球的金融危机，是1930年大萧条以来最严重的金融危机，引发美国许多的金融机构倒闭，失业率飙升，出现二战以来最严重的经济收缩。这场危机使400万家庭失去了房子，超过

雷曼兄弟控股公司破产。

2600万人失业，近11亿美元的家庭财富蒸发，暴露了美国在货币政策、住房政策以及金融体系等方面存在的问题。

美国的这场金融危机很快蔓延到欧洲，也波及广大新兴市场国家。当然，外贸依存度超过60%的中国也难以独善其身，并且所受影响也日益加深。统计显示，2008年中国经济GDP增速从一季度的10.6%下滑到三季度的9.9%。针对金融危机所带来的不利影响，中国密集出台调控"重拳"，向外界发出了应对挑战、战胜困难、力保增长的强烈信号。

2008年2月，中国人民银行、银监会、证监会、保监会联合发布《金融业发展和改革"十一五"规划》；3月，温家宝在十一届全国人大一次会议上作政府工作报告时指出，2008年经济工作要把防止经济增长由偏快转为过热、防止价格由结构性上涨演变为明显的通货膨胀，作为宏观调控的首要任务。

6月，中共中央、国务院在京召开省区市和中央部门主要负责同志会议，强调要充分认识面临的问题和挑战，增强风险意识和忧患意识，积极作好应对各种困难局面的充分准备。

7月，中央政治局召开会议，将"两防"调整为"一保一控"，即把保持经济平稳较快发展、控制物价过快上涨作为宏观调控的首要任务，把抑制通货膨胀放在突出位置。

10月，党的十七届三中全会举行，强调着力扩大国内需求特别是消费需求，保持经济稳定、金融稳定、资本市场稳定，保持社会大局稳定。

11月，国务院常务会议研究确定进一步扩大内需、促进经济平稳较快增长的十项措施，宣布扩大内需 4 万亿元投资计划。归结起来，中共中央和国务院采取的重要措施包括：实行宽松的货币政策，降低准备金率和贷款基准利率；实行宽松的财政政策，减少税收，扩大政府支出；降低首套房贷款利率；鼓励金融机构增加对灾区、"三农"、中小企业等贷款；促进对外贸易；减少企业负担等。

2009 年 1 月 14 日至 2 月 25 日的 40 多天内，国务院连续召开 6 次常务会议，相继审议通过汽车、钢铁、纺织、装备制造、船舶、电子信息、轻工、石化、有色金属、物流等十项重点产业调整和振兴规划。十项规划涉及范围之广、政策力度之大、决策效率之高，前所未有。这些大手笔、高效率的政策措施，既是对中国面临的国际和国内经济挑战所作出的回应，也是加强国际合作、确保世界经济增长的具体行动。随着一揽子政策措施效应逐渐显现，中国经济形势从 2009 年 3 月份开始逐渐好转。第一季度经济增速为 6.1%，比上季度下滑幅度已收缩到 0.7 个百分点；第二季度经济增速开始由降转升，增速达到 7.9%，经济企稳向好势头日趋明显。

全球性危机需要全球共同应对。在 2008 年 11 月，中国先后参加 20 国集团财政部长和中央银行行长 2008 年年会、20 国集团领导人金融市场和世界经济峰会、亚太经济合作组织（APEC）第十六次领导人非正式会议，提出了"通力合作，共度时艰"的中国方案，彰显了中国责任。

七十六

实现中华民族伟大复兴中国梦

中华儿女的共同期盼

2012年11月,在中国共产党第十八次全国代表大会上,中国共产党的指导思想又增添了新内容——科学发展观,中共中央领导集体又实现了一次新老交替。

对于新当选的领导人,执政的指导思想和理念自然是人们关注和热议的热点和焦点。

11月29日,新当选的中共中央总书记习近平率领十八届中央政治局常委李克强、张德江、俞正声、刘云山、王岐山、张高丽等前往国家博物馆,参观《复兴之路》基本陈列。

《复兴之路》基本陈列展示了1840年鸦片战争以来,陷入半殖民地半封建社会深渊的中国各阶层人民在屈辱苦难中奋起抗争,为实现民族复兴进行的种种探索,特别是中国共产党领导中国各族人民争取民族独立人民解放、国家富强人民幸福的光辉历程。

习近平在参观时动情地说,中华民族的昨天,可以说是"雄

《复兴之路》展览。

关漫道真如铁"。中华民族的今天,正可谓"人间正道是沧桑"。中华民族的明天,可以说是"长风破浪会有时"。回首过去,全党同志必须牢记,落后就要挨打,发展才能自强。审视现在,全党同志必须牢记,道路决定命运,找到一条正确的道路是多么不容易,我们必须坚定不移地走下去。展望未来,全党同志必须牢记,要把蓝图变成现实,还有很长的路要走,需要我们付出长期艰苦的努力。

在这次讲话中,习近平首次提出"中国梦"的概念。他说,每个人都有理想和追求,都有自己的梦想。实现中华民族伟大复兴,就是中华民族近代以来最伟大的中国梦。这个梦想,凝聚了几代中国人的夙愿，体现了中华民族和中国人民的整体利益，是每一个中华儿女的共同期盼。实现中华民族伟大复兴是一项光荣而艰巨的事业，需要一代又一代中国人共同为之努力。到中国共产党成立一百年时全面建成小康社会的目标一定能实现，到新中国成立一百年时建成富强民主文明和谐的社会主义现代化国家的目标一定能实现，中华民族伟大复兴的梦想一定能实现。

当2013年春天来临之际，在十二届全国人大一次会议闭幕会上，习近平发表国家主席就职宣言。在将近25分钟的讲话中，他9次提及"中国梦"，44次提到"人民"，有关"中国梦"的论述几度被掌声打断：实现中华民族伟大复兴的中国梦，就是要实现国家富强、民族振兴、人民幸福。实现中国梦必须走中国道路，弘扬中国精神，凝聚中国力量。

中国梦是国家的梦，是民族的梦，但归根到底是人民的梦。人民是中国梦的主体，是中国梦的创造者和享有者。所以必须紧紧依靠人民来实现中国梦，也必须不断为人民造福。

此后，习近平在不同场合的讲话中，不断拓展中国梦的内涵和外延。

中国梦，是和平、发展、合作、共赢的梦。中国将始终不渝走和平发展道路，始终不渝奉行互利共赢的开放战略，不仅致力于中国自身发展，也强调对世界的责任；不仅造福中国人民，而且造福世界人民，实现中国梦给世界带来的是和平，不是动荡；是机遇，不是威胁。

中国梦，中华儿女共同的梦。团结统一的中华民族是海内外中华儿女共同的根，博大精深的中华文化是海内外中华儿女共同的魂，实现中华民族伟大复兴是海内外中华儿女共同的梦。

"中国梦"迅速成为新闻热词并产生巨大反响，各行各业各地纷纷提出强国梦、强军梦、体育强国梦、中国航天梦、贵州梦、湖北梦、湖南梦、重庆梦、吉林梦、广东梦、江苏梦、江西梦、云南梦、陕西梦、甘肃梦，等等。歌曲《我们都是追梦人》获得第15届精神文明建设"五个一工程"优秀作品奖。

"中国梦"把国家的追求、民族的向往、人民的期盼融为一体，生动形象地表达了全体中国人民的共同理想追求，昭示着国家富强、民族振兴、人民幸福的美好前景，为坚持和发展中国特色社会主义注入新的内涵和时代精神，成为中华民族团结奋斗的最大公约数和最大同心圆，成为激励中华儿女为实现中华民族伟大复兴而奋斗的强大精神力量。

七十七

拓展新视野
"四个全面"战略布局

如今,"四个全面"的提法人们耳熟能详。"四个全面"战略布局,是以习近平同志为核心的党中央从坚持和发展中国特色社会主义全局出发,立足当代中国发展实际,顺应人民群众新期待新要求,以顶层设计方式确定的战略与战术相互贯通的战略布局,旨在解决中国面临的突出矛盾和问题。

设计完成"四个全面"战略布局用了大约两年时间。2012年11月,党的十八大总结全面建设小康社会的成就和经验,提出全面建成小康社会;2013年11月,党的十八届三中全会部署全面深化改革;2014年10月,党的十八届四中全会提出全面依法治国;在当月召开的群众路线教育实践活动总结大会上,习近平提出全面推进从严治党;同年11月,习近平到福建考察调研时提出"协调推进全面建成小康社会、全面深化改革、全面推进依法治国进程",即"三个全面";2014年12月,习近平在江苏调研时将"三个全面"扩充为"四个全面",即"协调推进全面建成小康社会、全面深化改革、全面推进依法治国、全面从严治党,推进改革开放和社会主义现代化建设迈上新台阶"。"四个全面"战略布局的提法正式形成。

"四个全面"战略布局第一次将全面建成小康社会，定位为"实现中华民族伟大复兴中国梦的关键一步"；第一次将全面深化改革的总目标，确定为"完善和发展中国特色社会主义制度、推进国家治理体系和治理能力现代化"；第一次将全面依法治国，确定为全面深化改革的"姊妹篇"，形成"鸟之两翼、车之两轮"；第一次为全面从严治党标定路径，要求"增强从严治党的系统性、预见性、创造性、实效性"，锻造更加坚强的领导核心。

"四个全面"战略布局，拓展了中国特色社会主义发展战略新视野，是一个既有战略目标，也有战略举措，目标与举措有机统一的战略布局。全面建成小康社会是重大战略目标，在"四个全面"战略布局中居于引领地位。全面深化改革和全面依法治国，为全面建成小康社会提供动力源泉和法治保障。全面从严治党，

习近平关于"四个全面"的论述摘编。

为全面建成小康社会、全面深化改革、全面依法治国提供根本保证，起着决定性作用。

"四个全面"战略布局中的每个"全面"都具有重大战略意义，都有一整套结合实际、继往开来、勇于创新、独具特色的系统思想，体现着坚持和发展中国特色社会主义的内在要求，同时也都为坚持和发展中国特色社会主义注入新的内涵，其着力点都是为了进一步推进中国特色社会主义新发展。

习近平指出，协调推进"四个全面"战略布局，是十八大以来党中央从实现"两个一百年"奋斗目标、实现中华民族伟大复兴的中国梦的战略高度，统筹国内国际两个大局，把握中国发展新特征确定的治国理政新方略，是新的时代条件下推进改革开放和社会主义现代化建设、坚持和发展中国特色社会主义的战略抉择。

"四个全面"战略布局，是党在新时代把握我国发展新特征确定的治国理政新方略，抓住了党和国家事业发展中根本性、全局性、紧迫性的重大问题，擘画了推进改革开放和现代化建设的顶层设计，是引领中华民族伟大复兴的战略布局。

2020年，"四个全面"战略布局中居于引领地位的"全面建成小康社会"目标即将实现，党的十九届五中全会在擘画2035年基本实现社会主义现代化的远景目标时，提出了比"全面建成小康社会"更进一步也更高的要求。相应地也对"四个全面"战略布局作出调整，以"全面建设社会主义现代化国家"替代"全面建成小康社会"，其他三个"全面"在字面上没有变化，但每个方面都随之有了新的更高要求。

七十八

执政新境界

"五位一体"总体布局

2012年11月8日,在胡锦涛为党的十八大所作的报告中出现了一个"新提法",将生态文明建设与经济建设、政治建设、文化建设、社会建设并列,"五位一体"地建设中国特色社会主义。有分析人士指出,中国共产党历来重视"新提法",即重要的政治表述,透露出重大政治信号。国内外各界广泛称赞"五位一体"彰显中国共产党执政新境界。

"五位一体"总体布局不是凭空的理论创造,它是中国共产党在建设中国特色社会主义实践中不断回应和解答现实提出的新挑战、新课题中逐步形成的。

早在中国革命战争年代,毛泽东在设想建立一个什么样的新中国时就提出,在这个新社会和新国家中,不但要有新政治、新经济,而且要有新文化。

进入改革开放新时期,邓小平在总结社会主义建设经验基础上,提出以经济建设为中心,促进社会全面发展、全面进步的思想。根据邓小平这一思想,党的十二届六中全会首次提出"社会主义现代化建设的总体布局"概念,并初步确立中国社会主义现代化建设的总体布局是"以经济建设为中心,坚定不移地进行经济体制改革,坚定不移地进行政治体制改革,坚定不移地加强精神文明建设,并且使这几个方面互相配合,互相促进"。经济、政治、文化成为建设中国特色社会主义的重要内容。

党的十五大、十六大进一步明确了中国特色社会主义经济、政治、文化全面建设、全面发展的目标和要求,深化了对总体布局的认识。党的十六大以后,又提出社会建设的任务,使中国特色社会主义事业更加明确地由"三位一体"发展为"四位一体"。党的十七大又进一步提出建设生态文明,并把其作为实现全面小康社会奋斗目标的新要求。

人民大会堂。

党的十八大以来,以习近平同志为核心的党中央高度重视统筹推进"五位一体"的总体布局,强调要用创新、协调、绿色、开放、共享的新发展理念引领五大建设,顺应广大人民对经济建设、政治建设、文化建设、社会建设和生态文明建设的需要,使社会主义建设事业更具全面性、丰富性和协调性,开创了中国经济建设、政治建设、文化建设、社会建设和生态文明建设新局面。

2017年10月,党的十九大再次明确和重申中国特色社会主义事业总体布局是"五位一体",并将统筹推进"五位一体"总体布局写进党章。

"五位一体"总体布局是一个有机整体,经济建设是根本,政治建设是保障,文化建设是灵魂,社会建设是条件,生态文明建设是基础,统一于建成富强民主文明和谐美丽的社会主义现代化强国的新目标。统筹推进"五位一体"总体布局、协调推进"四个全面"战略布局的形成,标志着党对中国特色社会主义建设规律的把握达到了一个前所未有的新高度。

七十九

严作风赢民心

出台"八项规定"

2012年12月,"八项规定"成为备受关注的词语。它是对中共中央政治局会议通过的《十八届中央政治局关于改进工作作风、密切联系群众的八项规定》的简称。"八项规定"主要内容是:要改进调查研究,到基层调研要深入了解真实情况,切忌走过场、搞形式主义;要精简会议活动,切实改进会风,开短会、讲短话,力戒空话、套话;要精简文件简报,切实改进文风,没有实质内容、可发可不发的文件、简报一律不发;要规范出访活动,严格控制出访随行人员,严格按照规定乘坐交通工具;要改进警卫工作,减少交通管制,一般情况下不得封路、不清场闭馆;要改进新闻报道,进一步压缩报道的数量、字数、时长;要严格文稿发表,除中央统一安排外,个人不公开出版著作、讲话单行本;要厉行勤俭节约,严格遵守廉洁从政有关规定,严格执行住房、车辆配备等有关工作和生活待遇的规定。

与此同时,中央军委结合军队实际出台十项规定,要求在各项接待工作中"不安排宴请,不喝酒,不上高档菜肴"。在2013

年3月召开的全国两会上，国务院总理李克强宣布：本届政府任期内，政府性的楼堂馆所一律不得新建，财政供养的人员只减不增，公务接待、公费出国、公费购车只减不增。

人们普遍认为，"八项规定"充分体现了中央政治局从自身做起、以上率下的坚强决心，彰显了解决突出问题坚如磐石的态度，向全党释放了持之以恒正风肃纪的强烈信号。

作风建设继而向广大群众深恶痛绝、反映最为强烈的形式主义、官僚主义、享乐主义和奢靡之风即"四风"开刀。从2013年6月至2014年9月，中国共产党在全党范围内自上而下分两批开展群众路线教育实践活动。紧紧围绕保持和发展党的先进性和纯洁性，以"为民、务实、清廉"为主题，以县处级以上领导机关、领导班子和领导干部为重点，以贯彻落实中央八项规定为切入点，突出反对形式主义、官僚主义、享乐主义和奢靡之风，按照"照镜子、正衣冠、洗洗澡、治治病"的总要求开展。教育实践活动带来了新气象新变化，刹住了"四风"蔓延势头，得到了人民群众的充分认同。

群众路线教育实践活动尽管带来了各级领导班子和领导干部的作风明显好转，但形式主义、官僚主义、享乐主义和奢靡之风，即"四风"问题在一些地方并未彻底扫清。2015年4月，党接着针对县处级以上领导干部集中开展"三严三实"专题教育。"三严三实"即"严以修身、严以用权、严以律己，谋事要实、创业要实、做人要实"，目的在于要求县处级以上领导干部树立和发扬好的作风。

2017年10月,党的十九届中央政治局举行的第一次会议,又审议通过了《中共中央政治局贯彻落实中央八项规定的实施细则》,进一步规范、细化和完善了调研、会议、简报和出访等方面的规定。这份八项规定的"升级版",态度更坚决,措施更严厉,坚决回应了"从严治党是否会松口气、歇歇脚"的疑虑,同时发出党的作风建设再出发的动员令、冲锋号。

中国共产党从制定和执行"八项规定"破题,坚定不移全面

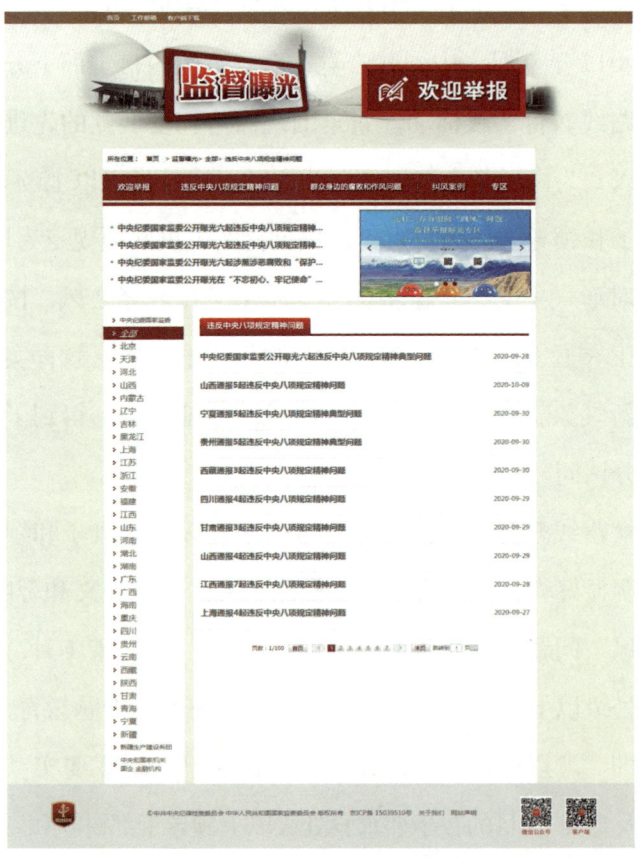

中央纪委国家监委曝光违反中央八项规定精神问题。

从严治党，持之以恒正风肃纪、整治"四风"。各级纪检监察机关坚持问题导向，从小抓起，从人民群众反映强烈的违规公款吃喝、公款旅游、大办婚丧喜庆事宜、滥发钱物、出入私人会所等具体问题抓起，严肃整治"舌尖上的浪费""会所中的歪风""车轮上的铺张""节日中的腐败"，一个问题一个问题地解决，以小见大，由易到难，推动作风整体好转。截至 2017 年 12 月，全国共查处违反中央八项规定精神问题 206352 起，查处省部级违反中央八项规定精神问题 21 起，处理人数 281043 人，其中，处理省部级干部 24 人，给予党纪政纪处分 157839 人。

2013 年 81%、2014 年 88%、2015 年 91.5%、2016 年 92.9%……这是国家统计局公布的党的十八大以来全国党风廉政建设民意满意度数据。逐年攀升的人民满意度，就是民心的"晴雨表"，反映的是全面从严治党取得的卓著成效。

在作风建设深入推进的同时，党的纪律建设也在不断推进。2015 年 10 月，印发《中国共产党廉洁自律准则》《中国共产党纪律处分条例》，为落实八项规定精神、纠正"四风"提供纪律遵循。十八大以来，出台将近 100 部党内法规，彰显了中国共产党把纪律规矩立起来、让管党治党严起来的坚定决心和鲜明态度。

八十

两个维护
必须遵守的政治纪律和规矩

2016年10月召开的党的十八届六中全会是一次具有重大历史意义的会议。会议明确习近平总书记党中央的核心、全党的核心地位,正式提出"以习近平同志为核心的党中央"。

党的十八大以来,习近平作为党的总书记,以巨大的政治勇气和强烈的责任担当,带领全党全国各族人民共同奋斗,解决了许多长期想解决而没解决的难题,办成了许多过去想办而没有办成的大事,推动党和国家事业取得历史性成就、发生历史性变革,推动管党治党发生历史性变化,推动中国特色社会主义进入新时代,赢得了全党全军全国各族人民衷心拥护,受到国际社会的高度赞誉。确立习近平总书记为党中央的核心、全党的核心,是党心所向、民心所向,是实践的选择、历史的选择。

党的十九大把坚定维护以习近平同志为核心的党中央权威和集中统一领导写入党章。十九大报告在阐述新时代坚持和发展中国特色社会主义基本方略时明确提出"必须增强政治意识、大局意识、核心意识、看齐意识,自觉维护党中央权威和集中统一领导",

《人民日报》报道中共十八届六中全会开幕。

并在党的建设部分把党的政治建设摆在首位,把坚持以习近平同志为核心的党中央权威和集中统一领导作为党的政治建设的首要任务。2017年12月,中共中央政治局召开民主生活会时强调,要增强维护习近平总书记全党的核心、党中央的核心地位的思想自觉和行动自觉,坚决维护党中央权威和集中统一领导。2018年12月,中共中央政治局召开民主生活会时进一步强调,要树牢"四个意识",坚定"四个自信",坚决做到"两个维护",自觉在思想上政治上行动上同以习近平同志为核心的党中央保持高度一致。

维护习近平总书记党中央的核心、全党的核心地位，维护党中央权威和集中统一领导——"两个维护"是全面从严治党的重大政治成果和宝贵政治经验，是全党在革命性锻造中形成的普遍共识。

坚持和加强党的全面领导，发挥好中国共产党最高政治领导力量的作用，最根本的是坚决维护习近平总书记党中央的核心、全党的核心地位，最重要的是坚决维护党中央权威和集中统一领导。做到"两个维护"，是事关党和国家前途命运的重大原则问题，是全党必须遵守的根本政治纪律和政治规矩。

中国共产党拥有9000多万名党员、460多万个基层党组织，要团结带领全国各族人民进行社会主义现代化建设，治国理政任务艰巨、责任重大、情况复杂。要应对百年未有之大变局、抵御重大风险挑战、克服重大矛盾阻力，必须拥有一个全党公认、人民爱戴的坚强有力的领导核心。如果没有党中央的核心、全党的核心，就没有党中央权威和集中统一领导，就没有统一的思想、统一的行动，就会各自为战、各自为政，那就什么事情也干不成。

八十一

不忘初心、牢记使命

加强思想建设

以"打铁还需自身硬",习近平总书记生动形象地说明一个道理:中国共产党要担负起领导中国人民推进伟大事业的历史使命,必须锻造一支具有铁一般信仰、铁一般信念、铁一般纪律、铁一般担当的干部队伍。

中国共产党之所以伟大,不是因为不犯错误,而是因为能够依靠自身的力量,不断自我革命,勘误纠错,从而始终保持蓬勃朝气,从胜利走向胜利。勇于自我革命是中国共产党最鲜明的品格。

2016年,一场针对全体党员的"两学一做"学习教育全面展开。"两学"是学习党章党规,学习习近平总书记系列讲话,"一做"是做合格共产党员。这项活动标志着中国共产党党内教育从"关键少数"向广大党员拓展,从集中性教育向经常性教育延伸,目的是加强思想建设,解决党员队伍在思想、组织、作风、纪律等方面存在的问题。

2016年7月1日,在庆祝中国共产党成立95周年大会上,习近平首次提出共产党人要"不忘初心"。他说,要永远保持建党时中国共产党人的奋斗精神,永远保持对人民的赤子之心。一切向前走,都不能忘记走过的路;走得再远、走到再光辉的未来,也不能忘记走过的过去,不能忘记为什么出发。面向未来,面对挑战,全党同志一定要不忘初心、继续前进。

2017年10月31日,党的十九大闭幕仅一周,习近平就带领新一届中共中央政治局常委,专程前往中国共产党的诞生地、初心始发地——上海中共一大会址、浙江嘉兴南湖游船,沿着早期共产党人的足迹,探寻党的根脉。他们重温入党誓词,宣示新一届中央领导集体的坚定政治信念。

"不忘初心、牢记使命"主题教育。

自2019年6月开始,中国共产党在全党自上而下分两批开展"不忘初心、牢记使命"主题教育,以锤炼党员、干部特别是党员领导干部忠诚干净担当的政治品格,确保全党思想统一、步调一致。

在为期半年的主题教育中，9000多万中共党员按照"守初心、担使命，找差距、抓落实"的总要求，深入学习贯彻习近平新时代中国特色社会主义思想，努力实现理论学习有收获、思想政治受洗礼、干事创业敢担当、为民服务解难题、清正廉洁作表率的具体目标。

各地区各部门各单位贯彻落实党的群众路线，聚焦群众的身边事，给人民群众带来了实实在在的获得感、幸福感、安全感。

党的十九届四中全会提出建立不忘初心、牢记使命的制度，2020年9月，中央办公厅印发《关于巩固深化"不忘初心、牢记使命"主题教育成果的意见》，"不忘初心、牢记使命"主题教育常态化、制度化。

八十二

刮骨疗毒
持续推进反腐败斗争

腐败是社会毒瘤，是中国共产党长期执政面临的最大威胁。

改革开放后，随着社会主义市场经济的深入发展，中国共产党面临的考验和风险日益严峻，党员干部中出现了腐化堕落的现象。虽然采取坚决、有力的措施反对腐败，取得显著成效，但是，一个时期内，腐败现象没有得到根本遏制。有些地方、有些领域甚至还出现滋生蔓延的状况。特别是一些人无视党的政治纪律和政治规矩，为自己的所谓仕途和影响力，搞任人唯亲、排斥异己，搞团团伙伙、拉帮结派，搞匿名诬告、制造谣言，搞收买人心、拉动选票，搞封官许愿、弹冠相庆，搞自行其是、阳奉阴违，搞尾大不掉、妄议中央。

习近平担任总书记后，领导中国共产党以不畏艰险的非凡魄力和坚忍不拔的意志品质，以"我将无我，不负人民"的责任担当和政治勇气，以零容忍态度惩治腐败。坚持反腐败无禁区、全覆盖，坚持重遏制、强高压、长震慑，坚持受贿行贿一起查，坚决防止党内形成利益集团，坚决防范各种利益集团"围猎"和绑架领导干部。构建不敢腐的惩戒机制、不能腐的防范机制、不易腐的保障机制。

自 2015 年 3 月起，中纪委向中央办公厅、中央组织部、中央宣传部、中央统战部、全国人大机关、国务院办公厅、全国政协机关派驻纪检组，设置 47 家派驻机构，实现对 139 家中央一级党和国家机关派驻纪检机构全覆盖。

2018 年 3 月，《中华人民共和国监察法》正式颁布，国家监察委员会挂牌成立，坚定不移"打虎""拍蝇"。既坚决查处领导干部违纪违法案件，坚决防止党内形成利益集团，又切实解决发生在群众身边的不正之风和腐败问题。党的十八大期间，共立案审查省军级以上党员干部及其他中管干部 440 人、厅局级干部 8900 余人。

反腐漫画。

查处高级干部严重违纪违法案件，充分表明任何人在党纪国法面前一律平等，在党内没有免罪的"丹书铁券"，没有"铁帽子王"，任何人都不能凌驾于党纪国法之上；充分彰显了中共无禁区、全覆盖、零容忍惩治腐败的坚定决心。

党的十九大后，党继续保持惩治腐败高压态势，"打虎"力度不减，数据显示，2019年，中央纪委、国家监委立案审查调查中管干部45人。全国纪检监察机关立案审查调查61.9万件，给予党纪政纪处分58.7万人，涉嫌犯罪移送检察机关2.1万人。在强大震慑和政策感召下，全国有10357人主动投案，其中包括中管干部5人，省管干部119人。

"拍蝇"，要解决的是发生在老百姓身边的不正之风和腐败问题，重点惩治基层腐败尤其是扶贫领域腐败作风问题，严惩黑恶势力"保护伞"，不放过任何侵害人民群众切身利益的"蝇贪蚁腐"。2020年，全国共查处民生领域腐败和作风问题12.4万个，批评教育帮助和处理17.7万人，其中给予党纪政务处分11.1万人；共查处涉黑涉恶腐败和"保护伞"问题3.8万个，批评教育帮助和处理6.2万人，其中给予党纪政务处分3.8万人。"拍蝇"不仅净化了基层的政治生态，更给人民群众带来了实实在在的获得感。补贴补助没有人敢乱惦记了，扶贫资金没有人敢乱打主意了，"乡匪村霸"偃旗息鼓了，干部作风更加清正廉洁了。

2014年6月，中央反腐败协调小组设立追逃追赃工作办公室。此后，该办公室持续开展"天网"行动，集中公开曝光"百名红通人员"，发布敦促自首公告。"天网"行动，追回大量外逃人员和赃款，充分彰显了中共对腐败问题零容忍的坚决态度：只要触犯了党纪国法，不管腐败分子逃到哪里，都要缉拿归案、绳之以法。

数字显示，2014年至2020年6月，中国共产党从120多个国家和地区追回外逃人员7831人，其中党员和国家工作人员2075人，"红通人员"348人，"百名红通人员"60人，追回赃款196.54亿元。

驰而不息的努力，换来海晏河清、朗朗乾坤。

八十三

"利剑"高悬
一届任期内中央巡视全覆盖

巡视是中共中央为加强党内监督作出的战略性制度安排,是反腐"利剑"。

翻开党的十九大审议通过的新党章,第十四条特别引人注目:"党的中央和省、自治区、直辖市委员会实行巡视制度,在一届任期内,对所管理的地方、部门、企事业单位党组织实现巡视全覆盖……党的市(地、州、盟)和县(市、区、旗)委员会建立巡察制度。"

中共巡视制度,可追溯到1922年7月召开的第二次全国代表大会。会上确立的特派员制度,可以称为特派巡视,应是最早的巡视。1928年10月,中国共产党出台巡视条例,正式建立巡视制度。

新中国成立后,巡视制度一度中断。初步恢复是在1990年3月召开的党的十三届六中全会。那次会议决定,中央和各省(区、市)党委,可根据需要派出巡视工作小组。1996年1月,十四届中央纪委第六次全会通过《关于重申和建立巡视制度的决定》。同年，中央纪委第一次巡视正式开展。2003年5月，中央批准在中央纪委和中央组织部设立巡视组和巡视工作办公室。当年12月，《中国共产党党内监督条例（试行）》颁布实施，巡视作为党内监督的一项重要制度写入条例。

2007年10月，党的十七大第一次把巡视制度写进党章："党的中央和省、自治区、直辖市委员会实行巡视制度。"2009年7月，《中国共产党巡视工作条例（试行）》颁布实施，明确规定了巡视工作的指导思想、机构设置、工作程序、人员管理和纪律与责任等。

《中国共产党巡视工作条例》单行本。

党的十八大以来，巡视作为加强党内监督的战略性制度安排被纳入全面从严治党总体部署。2013年，党的十八届三中全会提出，"改进中央和省区市巡视制度，做到对地方、部门、企事业单位全覆盖"。"全覆盖"一词首次出现在巡视条文中。

2016年1月，在十八届中央纪委六次全会上，习近平强调，巡视是党内监督的战略性制度安排，巡视必须有权威性，成为国之利器、党之利器。同年10月，党的十八届六中全会审议通过《中国共产党党内监督条例》，明确规定"在一届任期内实现中央巡视全覆盖"。这是党内法规第一次对巡视全覆盖提出明确要求，表明党内监督没有例外、不留空白。2017年7月，对《中国共产党巡视工作条例》再次修改，将政治巡视要求纳入其中。一届任期内巡视全覆盖的提出，推动形成了"横向全覆盖、纵向全链接、全国一盘棋"的巡视工作新格局。

那么，一届任期内中央巡视全覆盖是怎样做到的呢？

2013年5月，十八届中央启动第一轮巡视。10个中央巡视组先后分2轮对11个地方、3个部门和6个企事业单位展开巡视。2014年，13个中央巡视组先后分3轮对20个省区市和新疆生产建设兵团、19个部门和中央企事业单位开展巡视。2015年，中央巡视探索开展了"一托二""一托三"分类专项巡视，实现对中管国有重要骨干企业和中管金融机构的全覆盖。2016年，分3轮对剩余的91个单位进行巡视，完成了对中央和国家机关巡视全覆盖。2017年2月，对29所中管高校开展专项巡视。至此，十八届中央对地方、部门、企事业单位共277个单位党组织进行了巡视，如期实现一届任期内巡视全覆盖目标。

实现一届任期内中央巡视全覆盖，为反腐败斗争提供了坚强支撑。据统计，十八届中央纪委立案审查的中管干部案件中，超过60%的问题线索来自巡视。

实现党的全面领导、长期执政，最大挑战就是对权力的有效监督。全面从严治党，最终要探索出一条党长期执政条件下实现自我监督的有效途径。实践充分证明，巡视制度有效管用，巡视发现问题形成震慑的效果不断显现。

八十四

激活农村发展新动力
农村承包地和集体产权制度改革

改革前,中国农村集体土地是所有权和经营权合一。农村改革,实行家庭联产承包责任制,是把土地所有权和承包经营权分开。

党的十八大以来,在高速工业化、城镇化浪潮下,中国农业生产方式发生了变化,法律赋予农户的承包地出现了事实上的承包权与经营权分离,由此引发一系列问题,为此中央推出新的农地改革措施——农村承包地"三权"分置。其目的在于顺应农民保留土地承包权、流转土地经营权的意愿,完善农村基本经营制度。这是继家庭联产承包责任制后农村改革的重大制度创新,是深化农村改革的重要举措。

2014年11月,《关于引导农村土地承包经营权有序流转发展农业适度规模经营的意见》(以下简称《意见》)以中共中央办公厅、国务院办公厅的名义印发。《意见》提出,把农民土地承包经营权分为承包权和经营权,实行承包权和经营权分置并行。两年后,中办、国办又印发《关于完善农村土地所有权承包权经营权分置办法的意见》,明确提出实行所有权、承包权、经营权分置并行的意见。

承包地"三权分置"的基本制度安排是,明确集体所有权是农民集体的所有权,坚持农民集体是土地集体所有权的权利主体。土地承包权是赋予集体成员的财产权,土地承包人对承包土地依法享有占有、使用、收益、转让、互换、出租、入股、抵押、退出的权利。土地经营权是各类农业经营主体享有耕作权,宗旨是为耕作者提供稳定的土地使用和投资预期。

承包地"三权分置"实现了土地承包"变"与"不变"的辩证统一,回应了社会关切,满足了土地流转需要。2017年10月召开的党的十九大再次强调,要巩固和完善农村基本经营制度,深化农村土地制度改革,完善承包地"三权分置"制度。

对农村集体经济组织成员的主要财产——农村集体资产,即

农村承包土地。

农民集体所有的土地、森林、山岭、草原、荒地、滩涂等资源性资产，用于经营的房屋、建筑物、机器设备、工具器具，农业基础设施、集体投资兴办的企业及其所持有的其他经济组织的资产份额、无形资产等经营性资产，用于公共服务的教育、科技、文化、卫生、体育等方面的非经营性资产，也推出改革措施。2016年底，中共中央、国务院印发《关于稳步推进农村集体产权制度改革的意见》，对农村集体产权制度改革作出部署，明确改革目标是逐步构建归属清晰、权能完整、流转顺畅、保护严格的中国特色社会主义农村集体产权制度。

农村集体产权制度改革是继农村承包地"三权分置"重大制度创新之后，党中央部署的又一项管全局、管长远、管根本的重大改革任务，是与土地制度改革同等重要，关系构架实施乡村振兴战略的制度基础，是维护农民合法权益、增加农民财产性收入，让广大农民分享改革发展成果的重大部署。党的十九大强调，要深化农村集体产权制度改革，保障农民财产权益，壮大集体经济。

八十五

自由贸易区

走向更高水平对外开放

2013年8月,国务院正式批准设立中国(上海)自由贸易试验区。一个月后,中国首个自由贸易试验区(自贸区)在上海浦东举行挂牌仪式。

据上海媒体报道,9月29日挂牌仪式当天,为能在自贸区抢注一家公司,不少商人放弃了吃午饭。烈日下,他们蹲在马路边,一口矿泉水就着一口面包,他们是温州鞋商、杭州地产商、宁波外贸商、南京食品商、扬州保险商等从全国各地赶来的商人。

上海自贸区挂牌当天,《中国(上海)自由贸易试验区外商投资准入特别管理措施(负面清单)(2013年)》发布,中国开始以负面清单管理外商对华投资。此后,负面清单不断缩减。2019年6月发布的《自由贸易试验区外商投资准入特别管理措施(负面清单)(2019年版)》,清单条目已由2013年的190条减至37条。

上海自贸区以不断先行先试的"自贸速度",大胆试、大胆闯、自主改,以1/50的面积创造了上海40%的贸易总额,实现了浦东新区3/4以上的生产总值和50%的工业总产值,浦东80%的金融

上海浦东。

机构与跨国公司总部聚集在自贸试验区,充分彰显了全面深化改革和扩大开放的试验田作用。

  针对进入新世纪以来,多边贸易体制发展受阻,开放水平更高、灵活性更强的区域贸易安排蓬勃发展,成为驱动经济全球化的主引擎的新情况,习近平在十九大报告中指出,要积极参与全球治理体系改革和建设,支持多边贸易体制,促进自由贸易区建设,推动建设开放型世界经济。

  建设自贸区,是中国共产党在新时代优化开放布局、打造对外开放新高地的战略举措。这既是拓展自身开放空间,也是为了维护国际经济秩序。截至 2020 年 9 月,自贸区试点已逐步由上海扩大至广东、天津、福建、辽宁、浙江、河南、湖北、重庆、四川、陕西、山东、江苏、广西、河北、云南、黑龙江、北京、湖南、安徽等地,覆盖了中国从南到北、从沿海到内陆的广大区域。

2018年4月,在海南建省办经济特区30周年之际,海南又被赋予新的使命,建设中国特色自由贸易港,打造全面深化改革开放试验区、国家生态文明试验区、国际旅游消费中心、国家重大战略服务保障区。

自由贸易港是目前全球开放水平最高的特殊经济功能区。相对自贸区,自由贸易港是全方位的开放,包括货物、人员、资金、信息进出自由。在海南建立自由贸易港,是党中央着眼国际国内发展大局,深入研究、统筹考虑、科学谋划作出的重大决策,彰显着中国扩大对外开放、积极推动经济全球化的决心。

自2018年11月以来,中国已成功举办三届国际进口博览会。举办国际进口博览会,是中国首创,宣示的是中国扩大对外开放的既定方针,展现的是中国维护全球自由贸易的坚定决心。

2020年11月15日,历经8年谈判,《区域全面经济伙伴关系协定》(RCEP)正式签署,全球最大自贸区正式起航。

2021年到来之前,习近平特别指出,改革开放创造了发展奇迹,今后还要以更大气魄深化改革、扩大开放,续写更多"春天的故事"。

八十六

"三农"工作总抓手

乡村振兴战略

在党的十九大报告中,首次提出实施乡村振兴战略,并将这一战略提升至国家战略高度,写入新修改的党章。

进入 21 世纪以来,针对工业化、城镇化快速发展而农村发展相对滞后,长时间"重城轻乡"和农民跨地区流动后开始出现的村庄凋敝的问题,党的十六大开始实施统筹城乡发展战略和促进城乡一体化发展,在 2006 年提出,没有农业农村现代化,就没有整个国家现代化;要建设社会主义新农村,以实现"生产发展、生活宽裕、乡风文明、村容整洁、管理民主"。社会主义新农村建设的推进,显著改善了农村的基础设施、村容村貌,促进了乡村文化和社会事业的发展,农村不仅外观变美,还蕴含了文化魂。

在社会主义新农村建设要求基础上,党的十九大提出了乡村振兴战略。具体目标有五个:产业兴旺、生态宜居、乡风文明、治理有效、生活富裕。两相比较,生产发展变为产业兴旺,生活宽裕变为生活富裕,村容整洁变为生态宜居,管理民主变为治理有效。对生态环境的要求被提到第二位。当年召开的中央农村工作会议确定分三步实施这五大目标：到 2020 年，乡村振兴取得重要进展，政策框架和制度体系基本形成；到 2035 年，乡村振兴取得决定性进展，农业农村现代化基本实现；到 2050 年，乡村全面振兴，农业强、农村美、农民富全面实现。

2018 年 9 月，在中共中央政治局会议上，习近平提出实现乡村振兴的路径：重塑城乡关系，走城乡融合发展之路；巩固和完善农村基本经营制度，走共同富裕之路；深化农业供给侧结构性改革，走质量兴农之路；坚持人与自然和谐共生，走绿色发展之路；传承发展提升农耕文明，走乡村文化兴盛之路；创新乡村治理体系，走乡村善治之路；打好精准脱贫攻坚战，走中国特色减贫之路。

2020 年 12 月，在 1 亿人口全部脱贫、800 多个贫困县全部摘帽，乡村振兴战略第一步完成后，中国共产党进一步提升乡村振

《中共中央国务院关于实施乡村振兴战略的意见》出版。

兴战略地位。习近平站在向第二个百年奋斗目标迈进的高度，从更大的视角指出，脱贫的历史性成就，为开启全面建设社会主义现代化国家新征程奠定了坚实基础。面向新征程，坚实的地基、有力的抓手仍在农村。从中华民族伟大复兴战略全局看，民族要复兴，乡村必振兴。从世界百年未有之大变局看，稳住农业基本盘、守好"三农"基础是应变局、开新局的"压舱石"。

天下大事必作于细。党中央又对乡村振兴战略第二步作出具体部署：优先发展农业农村，全面推进乡村振兴。坚持把解决好"三农"问题作为全党工作重中之重，走中国特色社会主义乡村振兴道路，全面实施乡村振兴战略，强化以工补农、以城带乡，推动形成工农互促、城乡互补、协调发展、共同繁荣的新型工农城乡关系，加快农业农村现代化。要保障国家粮食安全，提高农业质量效益和竞争力。把乡村建设摆在社会主义现代化建设的重要位置，实施乡村建设行动。深化农村改革，健全城乡融合发展机制，推动城乡要素平等交换、双向流动，增强农业农村发展活力。实现巩固拓展脱贫攻坚成果和乡村振兴的有效衔接。

乡村振兴战略的实施，将促进农业全面升级、农村全面进步、农民全面发展，确保中国社会主义现代化进程顺利推进。

八十七 国际合作新平台

"一带一路"建设

习近平首次提出构建人类命运共同体理念之后不久,就从古代丝绸之路汲取营养,提出"丝绸之路经济带"和"21世纪海上丝绸之路"倡议,简称"一带一路",为构建人类命运共同体打造重要平台,是中国扩大对外开放的重大举措。

"一带一路"建设以亚欧非大陆为重点,同时自然延伸到大洋洲、拉丁美洲和加勒比地区。丝绸之路经济带的建设重在贯通亚欧大陆,主要包括六大经济走廊建设,即以中欧班列为标志的新欧亚大陆桥、中国—中亚—西亚经济走廊、中国—蒙古—俄罗斯经济走廊、中国—中南半岛经济走廊、中国—巴基斯坦走廊、孟加拉—中国—印度—缅甸经济走廊。21世纪海上丝绸之路建设重在联通太平洋和印度洋,主要通过缅甸皎漂港和实兑港、斯里兰卡科伦坡港和汉班托塔港、巴基斯坦瓜达尔港、吉布提保障基地、希腊比雷埃夫斯港等印度洋、红海、地中海沿岸的支点建设,实现中国—东南亚—南亚—西亚—北非—欧洲、太平洋—印度洋—地中海—大西洋的联通,促进沿线国家和地区之间的经贸联系和共同发展。

"一带一路"建设以共商共建共享为基本原则。"共商"就是沟通协商，充分尊重各国发展水平、经济结构、法律制度、营商环境和文化传统差异。"共建"就是共同参与，深度对接有关国家和区域发展战略，确立合作项目并共同推进。"共享"就是互利共赢，各方通过合作实现利益最大化。"一带一路"建设紧紧抓住发展这个最大公约数，旨在同沿线和世界各国分享中国发展机遇，欢迎各方搭乘中国发展的"快车""便车"，推动世界各国和国际组织携手应对人类发展面临的挑战，实现优势互补、互利共赢。

"一带一路"建设以政策沟通、设施联通、贸易畅通、资金融通、民心相通"五通"为抓手，着力构建互联互通的伙伴关系。政策沟通，就是形成政策协调、规划对接的合力，促进相关国家相互学习借鉴、建立政策协商机制、共同制定合作方案、共同采取联合行动，形成规划衔接、发展融合、利益共享、协商联动发展的局面，夯实"一带一路"建设的政治基础；设施联通，是以重大项目和重点工程为引领，推进陆上、海上、空中、网上互联互通，建设高质量、可持续、抗风险、价格合理、包容可及的基础设施；贸易畅通，主要促进贸易和投资自由化便利化，反对保护主义；资金融通，是要深化金融领域合作，健全多元化投融资体系；民心相通，就是要不断搭建沿线和世界各国的友好桥梁，深入开展教育、科学、文化、体育、旅游、卫生、考古等各领域人文合作，加强议会、政党、民间组织往来，密切妇女、青年、残疾人等群体交流，形成多元互动的人文交流格局。

2013年至2020年7年时间，中国同138个国家和31个国际组织签署201份共建"一带一路"合作文件，共同开展2000多个合作项目。自2011年3月19日，中国与欧洲及"一带一路"沿线各国的集装箱国际铁路联运班列首次发车以来，累计开行突破3.1万列、通达21个欧洲国家的92个城市，中欧班列已成为名副其实的国际贸易大动脉。在埃塞俄比亚，中国修建的亚吉铁路成为埃塞俄比亚和吉布提两国重要的大宗货物运输大动脉。机械冷藏车把新鲜水果从埃塞俄比亚运往吉布提的港口，再通过海运运往欧洲市场。在孟加拉国，新修建的帕德玛大桥结束了河两岸居民千百年来靠摆渡来往的历史。在埃及尼罗河畔，贯通埃及南北1210千米的电力大通道得以建成。

中欧班列。

"一带一路"已从倡议变为行动、从理念转化为实践、从愿景转变为现实,已成为各国普遍欢迎的全球公共产品,成为中国参与全球开放合作、改善全球经济治理体系、促进全球共同发展繁荣、推动构建人类命运共同体的中国方案。

八十八

"习马会"
两岸最高领导人首次会面

新加坡香格里拉大酒店,坐落于占地近百亩的茂盛的植物园中,连续多年被评为亚洲和世界最豪华的酒店之一,是香格里拉式热情周到服务的发源地。2015年11月7日,该酒店再次吸引世界各地的目光。下午3时,在数百名中外媒体记者的镜头下,海峡两岸领导人习近平和马英九的手紧紧握在一起,时间长达70秒左右。这是1949年以来两岸领导人的首次会面。媒体将此次会面称为"习马会"。2016年5月31日,《中国语言生活状况报告(2016)》在北京发布,"习马会"当选2015年年度十大流行语。

两岸领导人选择在新加坡会面,是有多重考虑的。

时针往前拨动22年,同样在新加坡,1993年4月27日至29日,在海峡两岸关系协会的倡议和积极推动下,经过海峡两岸共同努力,备受瞩目的第一次"汪辜会谈"正式举行,开启了1949年以来海峡两岸高层人士以民间名义公开进行的最高层次的会谈。

2008年5月,马英九当选台湾地区领导人,国民党再次上台。

马英九表示承认"九二共识",赞成胡锦涛此前提出的"建立互信、搁置争议、求同存异、共创双赢"的十六字方针。两岸关系进入较好和平发展时期,高层交往开始增多。

2014年2月,习近平与国民党荣誉主席连战见面。会谈中,习近平提出四点意见:两岸同胞一家亲,谁也不能割断我们的血脉;两岸同胞命运与共,彼此没有解不开的心结;两岸同胞要齐心协力,持续推动两岸关系和平发展;两岸同胞要携手同心,共圆中华民族伟大复兴的中国梦。

2008年12月15日,海峡两岸分别在北京、天津、上海、福州、深圳以及台北、高雄、基隆等城市同时举行海上直航、空中直航以及通邮的启动仪式,两岸同胞翘首以待30年的"三通"得以实现。

在坚持一个中国的前提下,大陆善意回应台湾"外交休战"的要求,使台湾"邦交国"保持现有22至23个的数量不变。2009年4月,大陆同意台湾以"中华台北"的名义参加主权国才能参加的世界卫生组织。

2015年3月"两会"期间,习近平就两岸关系发表讲话,指出"九二共识"对两岸建立政治互信、开展协商、改善和发展两岸关系发挥了不可替代的重要作用。我们始终把坚持"九二共识"作为向台湾当局和各政党开展交往的基础和条件,核心是认同大陆同台湾同属一个中国。只要做到这一点,台湾任何政党和团体同大陆交往都不会存在障碍。

新加坡是一个以华人为主体的国家,在两岸间一直扮演重要

新加坡香格里拉酒店。

的斡旋角色。在中新建交 25 周年之际,习近平应邀访问新加坡,为"习马会"创造了先机。马英九应该也是看准了这一机会,努力为他任内实现"习马会"做最后一搏。台湾官方与新加坡有着良好关系,马英九与李家也私交颇深。基于这层信任关系,加上有对"汪辜会谈"历史传承的意涵,新加坡也就成了大陆对"习马会"唯一认可的国际地点。

"习马会"当天早晨 6 点,马英九乘专机前往新加坡前,在台北松山机场发表简短讲话。他说,本次会面是水到渠成,会面的目的是致力于台海和平。他还带上"台湾蓝鹊"手工瓷器作为伴手礼赠送给习近平。

在这次会面中，习近平说，历史将会记住今天。曾几何时，台海阴云密布，两岸军事对峙，同胞隔海相望，亲人音讯断绝，给无数家庭留下了刻骨铭心的伤痛，甚至是无法弥补的遗憾。然而，海峡隔不断兄弟亲情，挡不住同胞对家乡故土的思念和对家人团聚的渴望。同胞亲情的力量终于在上个世纪80年代冲开了两岸封锁的大门。两岸关系66年的发展历程表明，不管两岸同胞经历多少风雨，有过多长时间的隔绝，都没有任何力量能把我们分开。因为我们是打断骨头连着筋的同胞兄弟，是血浓于水的一家人。当前，两岸关系发展面临方向和道路的抉择，我们今天坐在一起，是为了让历史悲剧不再重演，让两岸关系和平发展成果不得而复失，让两岸同胞继续开创和平安宁的生活，让我们的子孙后代共享美好的未来。我们应该以行动向世人表明，两岸中国人完全有能力、有智慧解决好自己的问题，并共同为世界和地区的和平稳定发展繁荣作出更大贡献。

对于这次历史性会面，世界媒体给予极高评价。英国《金融时报》称赞会面堪称"历史性"，将是两岸关系的一个重大里程碑。《大公报》发表社论，称会面将给两岸关系和平发展注入新动力，是两岸关系发展史上具有里程碑意义的大事，也是两岸关系取得的重大突破。

八十九

一桥连三地

建设"一国两制"框架下的国际一流湾区

2017年7月1日,在香港回归祖国20周年之际,《深化粤港澳合作推进大湾区建设框架协议》正式签署,建设粤港澳大湾区成为国家战略。

2018年10月24日,被誉为"现代世界七大奇迹"之一的港珠澳大桥开通运营。大桥全长约55千米,跨越伶仃洋,东接香港,西接澳门,是"一国两制"下粤港澳首次合作共建的重大战略工程,港澳由此正式接入国家高速公路网。有人将大桥喻为联结粤港澳三地的同心桥、互惠桥、圆梦桥。

港珠澳大桥开通运营后大约3个月,《粤港澳大湾区发展规划纲要》正式颁布。粤港澳大湾区,由香港和澳门两个特别行政区和广东省广州、深圳、珠海、佛山、惠州、东莞、中山、江门、肇庆等城市组成,总面积5.6万平方千米,是中国开放程度最高、经济活力最强的地区之一。

建设粤港澳大湾区,是中国立足全局和长远作出的重大谋划,是为保持香港、澳门长期稳定作出的重大决策。在"一国两制"

港珠澳大桥。

框架下,建设"中国模式"的国际一流湾区,是为了支持港澳发展经济、改善民生,着力解决影响社会稳定和长远发展的深层次矛盾和问题,为香港、澳门发展探索新路向、开拓发展新空间、增添发展新动力,在融入国家发展大局中实现更好发展。

习近平特别指出,大湾区是在一个国家、两种制度、三个关税区、三种货币的条件下建设的,国际上没有先例。要大胆闯、大胆试,开出一条新路。建好大湾区,关键在创新,要在"一国两制"方针和基本法框架内,发挥粤港澳综合优势,创新体制机制,促进要素流通。他希望香港、澳门继续带头带动资本、技术、人才等参与国家经济高质量发展和新一轮高水平开放。香港、澳门要把国际联系广泛、专业服务发达等优势同内地市场广阔、产业体系完整、科技实力较强等优势结合起来,提升香港国际金融、航运、贸易中心地位,加快建设香港国际创新科技中心,加强澳门世界旅游休闲中心、中葡商贸合作服务平台建设,努力把香港、澳门打造成国家双向开放的重要桥头堡。

　　未来，大湾区将通过建立新的机制促进人才、资本、商品、服务、信息等要素三地双向自由流动，提高资源配置效率，探索出更多区域合作的新制度、新模式、新理念，成为中国全面开放的排头兵。大湾区拥有4所世界一百强大学，36家国家级重点实验室，121个院士工作站，这些高质量大学、科研机构和众多高科技人才，将为建设国际科技创新高地提供坚实的人力资本。

　　有数据显示，2019年，粤港澳大湾区地区生产总值突破11万亿元，经济规模已超过世界第11位经济体，接近第10位经济体；港口集装箱年吞吐量超过6500万标、机场旅客年吞吐量1.75亿人次，是亚太地区经济最具活力、最具发展潜力的地区。粤港澳大湾区开始与美国纽约湾区、旧金山湾区，日本东京湾区并称为世界四大湾区，并且是其中最大的湾区经济带。

九十

习近平新时代中国特色社会主义思想写入党章

中国共产党第十九次全国代表大会

2017年金秋十月，在中国全面建成小康社会决胜阶段、中国特色社会主义发展关键时期，中国共产党第十九次全国代表大会隆重召开。大会的主题是：不忘初心、牢记使命，高举中国特色社会主义伟大旗帜，决胜全面建成小康社会，夺取新时代中国特色社会主义伟大胜利，为实现中华民族伟大复兴的中国梦不懈奋斗。

大会选举产生了新的中央领导机构，习近平再次当选中央委员会总书记、中央军委主席，一批德才兼备、

《人民日报》报道中共十九大开幕。

奋发有为的领导干部进入新一届中央委员会和中央领导机构。

大会高举中国特色社会主义伟大旗帜，作出中国特色社会主义进入新时代，中国社会主要矛盾已经转化为人民日益增长的美好生活需要和不平衡不充分的发展之间的矛盾等重大政治判断。

大会把习近平新时代中国特色社会主义思想确立为中国共产党必须长期坚持的指导思想，并写入党章。用"八个明确""十四个坚持"概括了习近平新时代中国特色社会主义思想的主要内容。

"八个明确"即明确坚持和发展中国特色社会主义，总任务是实现社会主义现代化和中华民族伟大复兴，在全面建成小康社会的基础上，分两步走在本世纪中叶建成富强民主文明和谐美丽的社会主义现代化强国；明确新时代中国社会主要矛盾是人民日益增长的美好生活需要和不平衡不充分的发展之间的矛盾，必须坚持以人民为中心的发展思想，不断促进人的全面发展、全体人民共同富裕；明确中国特色社会主义事业总体布局是"五位一体"、战略布局是"四个全面"，强调坚定道路、理论、制度、文化自信；明确全面深化改革总目标是完善和发展中国特色社会主义制度、推进国家治理体系和治理能力现代化；明确全面推进依法治国总目标是建设中国特色社会主义法治体系、建设社会主义法治国家；明确党在新时代的强军目标是建设一支听党指挥、能打胜仗、作风优良的人民军队，把人民军队建设成为世界一流军队；明确中国特色大国外交要推动构建新型国际关系，推动构建人类命运共同体；明确中国特色社会主义最本质的特征是中国共产党领导，中国特色社会主义制度的最大优势是中国共产党领导，党是最高政治领导力量，提出新时代党的建设总要求，突出政治建设在党的建设中的重要作用。

"十四个坚持"是坚持党对一切工作的领导。坚持以人民为中心。坚持全面深化改革。坚持新发展理念。坚持人民当家作主。坚持全面依法治国。坚持社会主义核心价值体系。坚持在发展中保障和改善民生。坚持人与自然和谐共生。坚持总体国家安全观。坚持党对人民军队的绝对领导。坚持"一国两制"和推进祖国统一。坚持推动构建人类命运共同体。坚持全面从严治党。

"八个明确"是习近平新时代中国特色社会主义思想最重要最核心的内容，主要从理论层面回答了建设和发展什么样的中国特色社会主义问题。"十四个坚持"作为新时代坚持和发展中国特色社会主义的基本方略，是习近平新时代中国特色社会主义思想的重要内容，主要从实践层面回答了怎样坚持和发展中国特色社会主义问题。也可以说，"八个明确"回答了"是什么"的问题，"十四个坚持"回答了"怎么办"的问题。一个是支撑整个思想体系的"四梁八柱"，一个是坚持和发展中国特色社会主义、实现中华民族伟大复兴的"路线图"和"方法论"。

大会对新时代中国特色社会主义发展作出战略安排：从十九大到二十大的五年，全面建成小康社会、实现第一个百年奋斗目标，乘势而上开启全面建设社会主义现代化国家新征程，向第二个百年奋斗目标前进。从2020年到2035年，在全面建成小康社会的基础上，再奋斗15年，基本实现社会主义现代化。从

2035年至2050年，在基本实现社会主义现代化的基础上，再奋斗15年，把中国建成富强民主文明和谐美丽的社会主义现代化强国。

这是中国共产党在实现中华民族伟大复兴征程上的庄严承诺！

九十一

脱胎换骨
深化党和国家机构改革

2018年2月,根据党的十九届三中全会作出的深化党和国家机构改革的决定,一次系统性、整体性、重构性的机构改革全面展开。其力度之大、涉及范围之广、触及利益之深前所未有。

自1981年以来,中央部门已经进行了4次改革,国务院机构进行了7次改革。对于为什么要进行此次机构改革,习近平是这样说的:现行机构设置同国家治理体系和治理能力现代化的要求相比还有许多不适应的地方,"五位一体"总体布局、"四个全面"战略布局在机构设置上还没有充分体现。党的机构设置不够健全有力,党政机构职责重叠,仍存在叠床架屋问题,政府机构职责分散交叉,政府职能转变还不彻底,中央地方机构上下一般粗问题突出,群团改革、事业单位改革还未完全到位,等等。各地区各部门对全面加强党的领导、全面依法治国、优化自然资源资产管理、生态环境保护、市场监管、文化市场监管等方面体制的呼声很高。本着对党、对国家、对人民高度负责的态度,中共下决心深化党和国家机构改革,从根本上解决这些障碍和弊端,以适应党和国家事业长远发展的要求。

2015年,习近平要求中央全面深化改革领导小组对深化机构改革进行调研。此后,他多次主持会议研究这一课题,并亲自担任十九届三中全会文件起草组组长。

在为期近3年的调研中,习近平提出了10条关于深化党和国家机构改革的重要思想:必须从体制机制上对全面加强党的领导作出制度安排;必须践行以人民为中心的发展思想;必须进一步理清党政关系;必须坚持社会主义市场经济改革方向,使市场在资源配置中起决定性作用、更好发挥政府作用;必须充分发挥中央和地方两个积极性;必须构建适应实现国家治理体系和治理能力现代化的党和国家职能体系;必须坚持优化协同高效的机构改革原则;必须坚持以法治方式推进改革;必须统筹党政军群机构改革;必须处理好统和分、局部和全局、当前和长远、大和小的关系。

十九届三中全会一闭幕,深化党和国家机构改革的各项工作迅速进入状态,陆续展开。在随后的两个多月里,在习近平亲自领导下,32个新组建或重新组建部门和9个职能划转较多的部门,都制定了组织实施工作方案并报批;应集中办公的32个新组建部门中,有31个实行了集中办公;应挂牌的25个新组建或重新组建部门中,有24个挂牌……一系列与改革相关的举措相继落地。

自然资源部,整合8个部门和单位相关职能。这个新组建的部委,体现着党中央为落实"绿水青山就是金山银山"的理念,解决自然资源所有者不到位、空间性规划重叠、部门职责交叉重复等问题作出的重大决策部署,旨在通过科学设置机构和配置人员,为生态保护、系统修复和综合治理提供重要体制保障。

应急管理部,整合13个部门和单位相关职能,是此次调整中的"超级大部"。在4月16日正式挂牌前,应急管理部就进入"应急"状态,建立起了由部领导轮流在岗带班24小时值班值守工作机制,确保一旦遇突发重特大安全事故或自然灾害,能第一时间作出响应。

退役军人事务部挂牌成立。

退役军人事务部，克服重重困难，在短短 20 多天内，完成办公地点落实、人员转隶、后勤保障、初步运转等任务，实现了人员集中办公、业务有序开展。

国家发展改革委通过改革，进一步"瘦身强体"，完成了职责和机构转化、人员转隶。

……

新时代深化机构改革，彰显着中国人民自强不息、自我革新，将改革进行到底的决心。

九十二

长治久安的保证
中国特色社会主义制度

制度，是定国安邦之本。制度优势是一个国家的最大优势。国家之间最深层次的竞争是制度的优劣。

中国共产党对制度建设的认识随着改革开放的逐步深化，越来越深入。

1992年，邓小平在南方谈话中说：恐怕再有30年，我们才会在各方面形成一整套更加成熟、更加定型的制度。

党的十八届三中全会首次提出，推进国家治理体系和治理能力现代化。继"工业、农业、国防、科学技术"四个现代化之后，中共又提出了一个现代化战略目标。

党的十九大提出，到2035年，各方面制度更加完善，国家治理体系和治理能力现代化基本实现，到本世纪中叶，实现国家治理体系和治理能力现代化。

党的十九届三中全会，从党要更好领导人民进行伟大斗争、建设伟大工程、推进伟大事业、实现伟大梦想的高度提出，必须加快推进国家治理体系和治理能力现代化，努力形成更加成熟、更加定型的中国特色社会主义制度。

为完成这项重大任务，2019年10月，在隆重庆祝中华人民共和国成立70周年后不久，中共中央政治局决定，以一次中央全会专题研究坚持和完善中国特色社会主义制度、推进国家治理体系和治理能力现代化重大议题。

在28日上午举行的第一次全体会议上，习近平全面阐述《中共中央关于坚持和完善中国特色社会主义制度、推进国家治理体系和治理能力现代化若干重大问题的决定》（以下简称《决定》）的历史背景和重大意义：这是新时代改革开放推向前进的根本要求；这是应对风险挑战、赢得主动的有力保证。31日下午，《决定》审议通过。

《决定》从13个方面凝练总结了中国国家制度和国家治理体系的显著优势：坚持党的集中统一领导，坚持党的科学理论，保持政治稳定，确保国家始终沿着社会主义方向前进的显著优势；坚持人民当家作主，发展人民民主，密切联系群众，紧紧依靠人民推动国家发展的显著优势；坚持全面依法治国，建设社会主义法治国家，切实保障社会公平正义和人民权利的显著优势；坚持全国一盘棋，调动各方面积极性，集中力量办大事的显著优势；坚持各民族一律平等，铸牢中华民族共同体意识，实现共同团结奋斗、共同繁荣发展的显著优势；坚持公有制为主体、多种所有制经济共同发展和按劳分配为主体、多种分配方式并存，把社会主义制度和市场经济有机结合起来，不断解放和发展社会生产力的显著优势；坚持共同的理想信念、价值理念、道德观念，弘扬中华优秀传统文化、革命文化、社会主义先进文化，促进全体人民在思想上精神上紧紧团结在一起的显著优势；坚持以人民为中心的发展思想，不断保障和改善民生、增进人民福祉，走共同富裕道路的显著优势；坚持改革创新、与时俱进，善于自我完善、自我发展，使社会充满生机活力的显著优势；坚持德才兼备、选贤任能，聚天下英才而用之，培养造就更多更优秀人才的显著优势；坚持党指挥枪，确保人民军队绝对忠诚于党和人民，有力保障国家主权、安全、发展利益的显著优势；坚持"一国两制"，保持香港、澳门长期繁荣稳定，促进祖国和平统一的显著优势；坚持独立自主和对外开放相统一，积极参与全球治理，为构建人类命运共同体不断作出贡献的显著优势。

对国家制度和国家治理体系显著优势作出系统总结概括，表明新时代中国共产党人对中国制度的根本属性、价值意蕴、建构理路等关键问题的认识更加系统全面，表明中国国家制度和国家治理体系已成为一个严密完整的科学体系。

作出这一归纳和概括，目的是推动全党全国各族人民坚定制度自信，明确保持并不断增强这些优势是推进国家治理体系和治理能力现代化的努力方向。

党的十九届四中全会把新中国成立 70 年来中国共产党领导中国人民取得的伟大成就概括为"两大奇迹"：一是世所罕见的经济快速发展奇迹。中国用几十年时间走完了发达国家几百年走过的工业化进程，跃升为世界第二大经济体，综合国力、科技实力、国防实力、文化影响力、国际影响力显著提升，人民生活显著改

《中共十九届四中全会文件汇编》单行本。

善,中华民族以崭新姿态屹立于世界的东方。二是社会长期稳定奇迹。中国长期保持社会和谐和稳定、人民安居乐业,成为国际社会公认的最有安全感的国家之一。"两大奇迹"背后的密码是国家制度和治理体系。

九十三

建设美丽中国

绿水青山就是金山银山

自 2012 年 11 月起,"建设美丽中国"开始出现于中共多篇重要报告。在十九大报告中,建设美丽中国有了清晰的"时间表"和"路线图":从 2020 年到 2035 年,"生态环境根本好转,美丽中国目标基本实现";从 2035 年到本世纪中叶,"建成富强民主文明和谐美丽的社会主义现代化强国"。

建设美丽中国,源于一个新理念——"绿水青山就是金山银

"绿水青山就是金山银山"题字石刻。

山"。2005年8月15日，时任浙江省委书记习近平到浙江湖州安吉余村调研。他表扬村里关掉石矿，停掉水泥厂是高明之举，同时提出"绿水青山就是金山银山"。此后，他在不同场合多次谈道，既要绿水青山，又要金山银山。宁可要绿水青山，不要金山银山，因为绿水青山就是金山银山。"两山理论"形象而深刻地揭示了经济发展和环境保护之间的关系，表明了中共协同实现发展和保护环境的新路径，成为习近平生态文明思想的核心理念之一。

建设美丽中国，引发了普通百姓对未来美好生活的憧憬：蓝天常在、青山永秀、绿水长流。

党和政府为之采取了一系列超常举措：将生态文明建设写入党章和宪法，以党和国家根本大法形式赋予其重要地位；出台《生态文明体制改革总体方案》，构建起生态文明体制的"四梁八柱"，夯实生态文明建设的体制基础；通过"史上最严"的《环境保护法修订案》，制定《土壤污染防治法》，修订《大气污染防治法》《水污染防治法》《野生动物保护法》等，织密生态环境法治大网。出台几十项改革措施，涉及党政干部生态环境损害责任追究办法和生态保护红线，让环保法规制度成"带电的高压线"，形成有力震慑。

组建生态环境部，整合相关职责，加强生态环境保护统一监管，切实打通地上和地下、岸上和水里、陆地和海洋、城市和农村、一氧化碳和二氧化碳，形成污染防治和生态保护的整合力。

对山水林田湖草实行一体化统筹治理。从三江源到祁连山，从湖北神农架到浙江钱江源，从福建武夷山到云南普达措……10处国家公园体制试点在12个省份深入推进。通过实施一套整体保护、系统修复、综合治理的制度举措，构筑起锦绣山河的"绿色高地"，还自然生态以本来面目，为野生动植物建栖息家园，给子孙后代留宝贵财富。

持之以恒推进大规模国土绿化，下大力气整治荒漠化、石漠化和水土流失，抢救性保护濒危野生动植物，使透支的生态环境逐步得到恢复。中国的森林覆盖率已从本世纪初的16.6%增加到23%左右，沙化、荒漠化、石漠化土地面积年均分别减少约2000平方千米、2400平方千米、39万公顷。

涉及长江的一切经济活动都要以不破坏生态环境为前提，共抓大保护，不搞大开发。

自2019年7月1日起，上海正式实行生活垃圾分类制度，违反的单位处以5000元到5万元罚款、个人处以50元至200元的罚款。严苛的程度出人意料。在全国其他地方，也在大力推行"垃圾革命"，打响垃圾分类的攻坚战和持久战。

建立起国家环境保护督察制度和生态环境损害责任追究制度，采用中央巡视组巡视的工作方式、程序和纪律要求，全面开展环保督察制度工作，掀起一次又一次治污"风暴"。2015年以来，已对31个省、区、市和新疆生产建设兵团进行两轮全覆盖督察。第一轮督察和"回头看"期间，受理转办群众生态环境举报约17.9万件，推动解决生态环境问题15万余个。

对祁连山生态环境破坏、浙江千岛湖违规填湖、新疆卡拉麦里保护区"缩水"给煤矿让路、宁夏一企业向腾格里沙漠排污……每一件严重破坏生态环境事件,中央都抓住不放,不论多大的利益、多大的保护伞,一抓到底,决不手软。

2020年1月6日,江苏省南京市中级人民法院给多次将高浓度废水违法直排长江,同时篡改数据逃避监管,长期超标排放污水,造成生态环境损失达数亿元的南京市某水务公司开出了5.2亿元的高额罚单。这一环保"史上最大罚单",体现了国家生态环境保护的坚定决心,以严刑峻法来惩治环境污染行为,让违法者付出沉重代价。

九十四

再造"试验田"
设立中国特色社会主义先行示范区

中国特色社会主义进入新时代,面临新形势、新情况、新问题,怎样继续发展中国特色社会主义?党和国家需要一个先行示范区,为建设富强民主文明和谐美丽社会主义现代化强国再造一块"试验田"。

1980年8月,由时任广东省委书记的习仲勋建议、邓小平亲自圈定,深圳成为因改革开放而生的第一个经济特区。40多年来,深圳敢闯敢试、敢为人先、埋头苦干,创造了一个又一个辉煌成就,由一座落后的边陲小镇蝶变为具有全球影响力的国际化大都市。深圳是改革开放后党和人民一手缔造的崭新城市,是中国特色社会主义在一张白纸上的精彩演绎。在这里,诞生了第一个"万元村",注册了第一家外商独资企业,开启了第一次职工住房制度改革,建立了第一家股份制商业银行……创造了千余项全国"第一",创造了世界工业化、现代化、城市化发展史上的奇迹,堪称改革开放以来我国实现历史性变革、取得历史性成就的精彩缩影。在中国特色社会主义体制改革中发挥了"试验田"作用,在对外开放中发挥了重要"窗口"作用,为全国改革开放和社会主义现代化建设作出了重要贡献。

敢闯敢试、敢为人先的深圳,继成为改革开放第一个经济特区的吃螃蟹者,再次被选定,成为高举新时代改革开放旗帜、建设中国特色社会主义先行示范区、创建社会主义现代化强国的城市范例,为全国提供样板,逐步推广。

深圳先行示范区雕像和标语。

支持深圳建设中国特色社会主义先行示范区,是习近平亲自谋划、亲自部署、亲自推动的重大战略决策。早在 2018 年 12 月 26 日,习近平总书记对深圳工作作出重要批示时,就明确要求深圳朝着建设中国特色社会主义先行示范区的方向前行,努力创建社会主义现代化强国的城市范例。

2019年8月，新中国成立70周年之际，中共中央、国务院印发重磅文件《关于支持深圳建设中国特色社会主义先行示范区的意见》（以下简称《意见》）。《意见》共七章、19条、4600余字，是以习近平同志为核心的党中央大力支持深圳建设中国特色社会主义先行示范区的纲领性文件，对先行示范区的战略定位、发展目标、重大任务等作出了全面规划。

那么，先行示范区和经济特区、自贸区有什么区别？不同于经济特区和自贸区，深圳要建设的中国特色社会主义先行示范区，针对的不再是某一具体领域，而是中国特色社会主义这个最宏大的主题。这意味着深圳要在40年来我们已经具备的成功经验和理论体系的指导下，去探索一条我国进一步改革开放和进一步完善中国特色社会主义建设过程中所遇到的新问题和难点问题的解决之路；意味着深圳要在实践中为中国的改革开放和建立社会主义市场经济体系、制度体系和理论体系方面提供更多"可复制可推广"的经验；意味着深圳要在社会治理体系和治理能力现代化方面为全国作出示范和榜样；意味着深圳要全方位、全过程先行示范，不仅要在经济发展领域起先行示范作用，还要在统筹推进"五位一体"总体布局和协调推进"四个全面"战略布局上作出表率。

作为先行示范区，深圳2035年目标宏大：建成具有全球影响力的创新创业创意之都，成为高质量发展高地、法治政府建设典范、城市文明典范、民生幸福标杆、可持续发展先锋。

2020年10月14日，深圳莲花山上，秋风送爽。继2012年和 2018 年后，习近平第三次来到这里。他向邓小平铜像敬献花篮，宣示"改革不停顿，开放不止步"的决心。

"经过 40 年的发展，深圳还是一个年轻的城市，蓬勃向上、欣欣向荣。"站在山顶平台，眺望这座现代化的大都市，习近平感慨万千："党中央赋予经济特区新的内涵和使命，深圳一定能够努力续写更多'春天的故事'，创造让世界刮目相看的新的更大奇迹！"

九十五

铸魂强体
走中国特色强军之路

从海湾战争到伊拉克战争,从车臣战争到叙利亚战争,一次次新的战争形态和作战样式呈现在世界面前。有人说,这些战争助推了中国的军事现代化进程。

习近平担任中央军委主席之初,发出了"强军之问":在党和人民最需要的时候,中国军队能不能始终坚持住党的绝对领导,能不能拉得上去、打胜仗,各级指挥员能不能带兵打仗、指挥打仗。

2014年3月,中央军委成立了深化国防和军队改革领导小组。大约两年后,《关于深化国防和军队改革的意见》正式发布。据此,一系列改革举措接续出台,改革的宏伟蓝图渐次展开。按照军委管总、战区主战、军种主建的原则,中国军队打破长期实行的总部体制、大军区体制、大陆军体制,以领导管理体制、联合作战指挥体制改革为重点,协调推进军队规模结构、政策制度和军民融合深度发展改革,重塑了军队组织架构和作战体系。

2015年12月31日,中国人民解放军陆军领导机构、中国人民解放军火箭军、中国人民解放军战略支援部队成立。

2016年1月11日，中央军委机关由原来的总参谋部、总政治部、总后勤部、总装备部4个总部，改为7个部（厅）、3个委员会、5个直属机构共15个职能部门。

2月1日，七大军区调整划设为东部、南部、西部、北部、中部五大战区。随后，联勤保障部队亮相。

4月20日，军委联合作战指挥中心出现在公众视野。

……

短短数月，一支现代化的新型人民军队转型重塑、浴火重生。

2014年10月，习近平率全军400多名高级将领，前往福建省上杭县古田镇，召开全军政治工作会议。选择在这里召开全军政治工作会议有着特殊考虑，旨在重温85年前毛泽东确立的思想建党、政治建军原则，筑牢军队听党指挥的建军之本、强军之魂。

2017年8月1日，位于内蒙古草原深处的亚洲最大陆军练兵场——朱日和联合训练基地，黄沙漫卷，硝烟四起。1.2万名受阅官兵、600多台受阅车辆装备集结列阵，以战斗姿态迎接军委主席习近平检阅，以征尘未洗的野战阵容、战斗姿态迎接人民军队90岁生日。受阅官兵齐声高呼："听党指挥、能打胜仗、作风优良。"

……

必胜之师关键要有战斗力。能战才能止战，准备打才可能不必打，越不能打越可能挨打。这就是战争与和平的辩证法。

2017年10月，党的十九大将习近平强军思想写入党章，为新时代军队建设提供了根本遵循。

2018年新年伊始，中部战区陆军某靶场，三军将士威严伫立、集结待命，中央军委隆重举行开训动员大会。7000余名官兵全副武装、威武列队，近300台装备整齐列阵。

习近平向全军发布训令："全军各级要强化练兵备战鲜明导向，坚定不移把军事训练摆在战略位置、作为中心工作，抓住不放，抓出成效。牢牢掌握能打仗、打胜仗的过硬本领，锻造召之即来、来之能战、战之必胜的精兵劲旅。"

与此同时，中国军队武器装备更新换代步伐加快，一批先进武装装备列装部队。

2013年，运-20首飞成功。2016年，歼-20公开亮相。2019年12月17日，中国第一艘国产航母"中国人民解放军海军山东

战机从航母上起飞。

舰"在海南三亚某军港交付海军。中国海军正式进入"双航母"时代。

2019年10月1日,国庆70周年大阅兵,东风-41弹道导弹公开亮相,在32个装备方阵中压轴出场。

九十六

全民抗"疫"
抗击新冠肺炎疫情

2020年突发的新冠肺炎疫情是近百年来人类遭遇的最严重的公共卫生危机，是新中国成立以来在中国发生的传播速度最快、感染范围最广、防控难度最大的一次重大突发公共卫生事件。中国人民在以习近平为核心的党中央领导下，举国动员，展开疫情防控人民战争、总体战、阻击战，用一个多月时间初步遏制疫情蔓延势头，用两个月左右时间将本土每日新增病例控制在个位数以内，用三个月左右时间取得武汉、湖北保卫战的决定性成果。随后，又接连打了几场局部地区聚集性疫情歼灭战，夺取了全国抗疫斗争重大战略成果。

抗击新冠肺炎病毒相当于一场战争、一场不能输的战争。以习近平同志为核心的党中央坐镇"中军帐"，迅速建立起运行高效的指挥体系，指导疫情防控有序展开。

1月22日，对湖北省、武汉市人员流动和对外通道实行严格封闭和交通管控。全国各省相继启动"公共卫生事件一级响应"，约有661个市、1636个县、17451个乡自我隔离，超过7.6亿人

"封城"后的武汉。

被要求待在家中,14 亿中国人几乎同时戴上口罩。

对武汉"封城"的同时,集中全国最优质的资源、最精锐的力量增援武汉、湖北。国务院应对新型冠状病毒感染肺炎疫情联防联控机制集合 32 个部门按照战时要求统筹调度并密集出台系列政策。武汉"封城"不到 8 小时,防疫药品、医疗器械、口罩、手套等防疫重点物资 87 批 4041 件准时运达。不到 24 小时,医疗专家组、医疗救援队、解放军指战员,整装待发。军机、客机、货机……各种机型紧急起降。最繁忙的时候,每隔 3 分钟,就有一架国产运 –20 大型运输机降落武汉。从 1 月 24 日除夕至 3 月 8 日,从全国各地和军队调集 346 支医疗队、4.26 万名医务人员、900 多名公共卫生人员驰援湖北省和武汉市,包括多名院士在内的呼吸科和传染科专家、全国 10% 的重症医学骨干齐集武汉,为保障患者生命健康提供强力支撑。国务院联防联控机制迅速组织16个省区市对口支援湖北除武汉市以外的16个市州，以一省包一市的方式，支持湖北省加强病人的救治工作，解决湖北省医疗资源和病人需求之间的矛盾。

从中央到地方，从地方到基层，中共党组织高效运转，短时间内组建起横向到边、纵向到底的疫情防控机制。从省到村"五级书记"和党政领导干部深入防控疫情第一线，及时发声指导，及时掌握疫情，及时采取行动，确保党中央的各项决策部署落实落地，有令即行、有禁即止。460多万个基层党组织担负起属地防控工作的责任。在最危难之时，全国有3900多万名党员、干部战斗在抗疫一线，1300多万名党员参加志愿服务。近400名党员、干部献出宝贵生命。7436万名党员自愿捐款。

为解决疫情初期患者数量激增与床位资源不足的突出矛盾，从全国调集4万名建设者和几千台机械设备，分别用10天、14天时间建成火神山、雷神山两所抗击新冠肺炎专科医院，用十多天建成16座方舱医院。

在人民生命健康和经济利益之间，果断抉择生命至上。封城武汉，封路、封社区，超过7.6亿人被要求待在家中，"封"字的背后意味着经济和发展按下了暂停键。2020年一季度中国经济出现负增长，GDP同比下降6.8%，2020年上半年GDP同比下降1.6%。在2020年的《政府工作报告》中，李克强总理指出，"这是必须承受也是值得付出的代价"。

坚持平等保障每个人的生命健康权。上至108岁的老人，下至出生仅 30 小时的婴儿，都全力以赴投入救治。国家及时预拨疫情防控资金，确保患者不因费用问题影响就医，确保各地不因资金问题影响医疗救治和疫情防控。及时调整医保政策，明确确诊和疑似患者医疗保障政策，对确诊和疑似患者实行"先救治，后结算"。

在自身疫情防控面临巨大压力的情况下，开展了新中国历史上规模最大的一次全球紧急人道主义行动。向 150 多个国家和 9 个国际组织提供抗疫援助；向 34 个国家派出 36 支医疗专家组；向各国提供 2000 多亿只口罩、20 亿件防护服、8 亿份检测试剂盒；加入"新冠肺炎疫苗实施计划"；承诺将疫苗作为全球公共产品……

2020 年岁末，一些国家的民间机构评选年度热词，不约而同聚焦"疫情"。美国是"大流行"，日本是"三密（密闭、密集、密切接触）"，英国是"隔离"。而在中国，位列榜首的是"人民至上，生命至上"。

在保障人民生命健康的前提下，兼顾发展。在疫情防控的关键阶段，准确把握疫情形势变化，作出统筹推进疫情防控和经济社会发展的重大决策，有序恢复生产生活秩序，不失时机推进复工复产。率先实现经济增长由负转正，对世界经济贡献率超过 30%。

疫情没有成为中国的"切尔诺贝利时刻"，反而成了社会主义中国的"高光时刻"。中国取得抗击新冠肺炎疫情斗争重大成果，交出了一份人民满意、世界瞩目、可以载入史册的答卷。

九十七

社会生活百科全书
《民法典》颁布施行

民法,是法律体系的重要支柱。

因见义勇为受伤了,找谁承担民事责任?

居民小区的电梯和外墙面的广告收入,归谁所有?

什么是住房的居住权,与继承权相比哪一个更优先?

个人信息被App等收集者非法提供给其他人该怎么办?

夫妻双方到民政部门协议离婚,当天能拿到离婚证吗?

这些与我们每个人都息息相关的,不论是工作、结婚、生育、继承等人生大事,还是物业服务、饲养宠物等日常生活小事,都可以在一部法典里找到解决办法,这就是《中华人民共和国民法典》(简称《民法典》)。

2020年5月28日下午,十三届全国人大三次会议,以2879票赞成、2票反对、5票弃权,高票通过《民法典》。

中国自此迈入"民法典时代",共和国法治建设,迎来历史性一刻。

《民法典》,是民事领域的基础性、综合性法律,是新中国第一部以法典命名的法律,在法律体系中居于基础性地位。编纂《民法典》,承载着几代立法者和法律工作者的梦想。

1954年,全国人大常委会就曾组织力量起草《民法典》,但由于反右斗争扩大化被迫停止了。

1962年,《民法典》起草工作再次被提上日程,并完成了草稿,但由于"文化大革命"又一次被迫中止。

1979年,《民法典》起草工作第三次被启动,并于1982年形成了《民法典》(草案)。虽然出于种种原因没有通过,但草案成为现行民法通则的基础。

只有经济社会发展、人民安居乐业、法治深入人心,《民法典》才具备成功编纂的条件。

2014年10月,党的十八届四中全会,审议通过《关于全面推进依法治国若干重大问题的决定》,明确提出要编纂民法典。

2015年3月,全国人大常委会法制工作委员会正式启动编纂民法典。编纂工作分两步走,第一步制定民法总则,第二步全面整合民事法律。

2016年6月、2018年8月、2019年12月,习近平先后三次主持召开中央政治局常委会会议,听取全国人大常委会就编纂工作的汇报。

2017年3月,十二届全国人大五次会议审议通过民法总则,编纂工作第一步顺利完成。2018年8月,《民法典》各分编草案起草完成,进入拆分审议、征求意见阶段。全国人大常委会10次审议、向全社会公开征求意见10次、全国人大代表研读讨论3次,只为求得社会共识的"最大公约数"。

2020年5月,《民法典》获表决通过,自2021年1月1日起施行。届时《婚姻法》《继承法》《民法通则》《收养法》《合同法》《担保法》《物权法》《侵权责任法》《民法总则》等同时废止。

《民法典》共七编,1260条,各编依次为总则、物权、合同、人格权、婚姻家庭、继承、侵权责任和附则,创下新中国立法史的新纪录。该法典关乎我们每个人的整个人生,所以被称为"社会生活的百科全书"和"国民过日子的法律"。

《民法典》。

比如,即便是胎儿,也享有遗产继承、接受赠予权利;孩子出生后,既可以随父姓,也可以随母姓,还可以随奶奶和外婆姓。比如,数据、网络虚拟财产受到法律保护,包括电子邮箱地址和行踪信息在内的个人信息同样受到法律保护。比如,高空抛物致他人或他人财物受损,整栋建筑不能"连坐",而未采取措施的建筑物管理人要担责。比如,离婚双方提交申请后,引入为期一个月的离婚冷静期,这主要是为避免离婚者的草率。比如,言语骚扰也属于性骚扰,并且受害人性别不限,用人单位要对职场性骚扰行为担责。比如,见义勇为者依法不承担民事责任,就可以避免英雄流血又流泪的现象。

《民法典》的编纂和出台,见证着民主和法治进步的刻度,你可能一辈子都不用到《刑法》,但是你的衣食住行和经济生活都离不开它。

九十八

破解"世界之问"
构建人类命运共同体

当今世界正经历百年未有之大变局,人类社会再次走到"十字路口"——建设一个什么样的世界,如何建设这个世界,是整个世界都在思考的问题。中国提出的方案是"构建人类命运共同体",实现共赢共享。

2013年3月23日,习近平在俄罗斯莫斯科国际关系学院发表演讲,提出人类越来越成为你中有我、我中有你的命运共同体,呼吁各国共同推动建立以合作共赢为核心的新型国际关系。

2014年12月22日,恰逢中华民族传统节日冬至。这一天,纽约联合国总部中国厅(新大厅),经过三年建设终于落成。大厅里悬挂起全国政协常委王林旭教授专门创作的两幅艺术作品:《共同的家园》《互动的世界》。第二年的9月,习近平主席来到这里,出席第70届联合国大会一般性辩论并发表讲话。他向全世界发出携手构建合作共赢新伙伴,同心打造人类命运共同体的倡议。提出让铸剑为犁、永不再战的理念深植人心,让发展繁荣、公平正义的理念践行人间。他的讲话赢得经久不息的掌声。

2017年1月18日，在联合国日内瓦总部，习近平对构建人类命运共同体理念作出系统阐述：坚持对话协商，建设一个持久和平的世界；坚持共建共享，建设一个普遍安全的世界；坚持合作共赢，建设一个共同繁荣的世界；坚持交流互鉴，建设一个开放包容的世界；坚持绿色低碳，建设一个清洁美丽的世界。

构建人类命运共同体理念在国际社会迅速取得广泛共识。2017年2月10日，联合国将其写入联合国决议，3月17日又将其载入安理会决议，3月23日再次将其载入联合国人权理事会决议。

2018年6月，中央外事工作会议召开，将习近平外交思想确立为新时代中国对外工作的根本遵循和行动指南。

2020年3月，新冠肺炎疫情的暴发再次表明，人类是一个休戚与共的命运共同体。面对疫情，习近平再次呼吁国际社会树立人类命运共同体意识，守望相助，携手应对风险挑战，共建美好家园。在第73届世界卫生大会视频会议开幕式上，他进一步倡议"团结合作战胜疫情，共同构建人类卫生健康共同体"。

在倡导理念的同时，中国言必信，行必果。坚定维护以联合国为核心的国际体系，积极参与二十国集团、金砖国家、上合组织等多边机制建设，始终站在历史正确的一边。

习近平大力倡导加强世界上不同国家、不同民族、不同文化的交流互鉴，夯实共建人类命运共同体的人文基础。他明确提出要树立平等、互鉴、对话、包容的文明观，从不同文明中寻求智慧、汲取营养，为人们提供精神支撑和心灵慰藉，携手解决人类共同面临的各种挑战。2019年5月，中国成功举办亚洲文明对话大会，以实际行动推进文明对话与互鉴。

亚洲文明对话大会。

在抗击新冠肺炎疫情的斗争中，中国发起新中国历史上最大规模的人道主义行动，以行动证明，中国始终是世界和平的建设者、全球发展的贡献者、国际秩序的维护者。

九十九

告别绝对贫困
打赢脱贫攻坚战

2020年11月23日,在中华民族发展史上写下浓墨重彩的一笔,并被载入人类社会发展史册。这一天,贵州省宣布最后9个深度贫困县退出贫困县序列。这标志着贵州省66个贫困县实现整体脱贫,国务院扶贫办2014年确定的全国832个贫困县至此全部脱贫摘帽,中国脱贫攻坚目标任务圆满完成。困扰中华民族几千年的绝对贫困问题得到历史性解决,标志着决战脱贫攻坚取得决定性胜利。

12月3日,习近平郑重宣布:经过8年持续奋斗,我们如期完成了新时代脱贫攻坚目标任务,现行标准下农村贫困人口全部脱贫,贫困县全部摘帽,消除了绝对贫困和区域性整体贫困,近1亿贫困人口实现脱贫。

摆脱贫困,是中华民族几千年来的梦想与期盼。消除贫困,是中国共产党向中国人民作出的庄严承诺。

改革开放后,国家实施有组织有计划大规模扶贫行动,分阶段制定中长期减贫规划,持续推进扶贫工作,贫困地区面貌不断改善。贫困群众生活水平不断提高。

9年前,也就是2012年,中国还有9000多万贫困人口。2014年,全国832个贫困县名单公布,涉及22个省区市。其中,贫困县覆盖率最高的是西藏自治区,全区74个县都是贫困县。全国贫困县的面积总和占国土面积一半,大约每三个县中就有一个贫困县,完全没有贫困县的省份只有9个。这些贫困,都是贫中之贫,困中之困,是最难啃的"硬骨头"。

2012年12月29日至30日,习近平冒着零下十几摄氏度的严寒,驱车300多公里前往太行山深处的阜平县。阜平是革命老区,是当年晋察冀边区政府所在地,阜平县也是全国重点贫困县。习近平对老区干部群众十分挂念,元旦前特地来到这里看望。他表示,全面建成小康社会,最艰巨最繁重的任务在农村,特别是在贫困地区。没有农村的小康,特别是没有贫困地区的小康,就没有全面建成小康社会。他要求各级党委和政府要增强做好扶贫开发工作的责任感和使命感,做到有计划、有资金、有目标、有措施、有检查,大家一起来努力,让乡亲们都能快点脱贫致富奔小康。

2013年11月3日,习近平来到湖南湘西土家族苗族自治州花垣县排碧乡十八洞村,与乡亲们一起聊脱贫致富时,首次提出"精准扶贫"理念。他强调抓扶贫,既要整体联动、有共性的要求和措施,又要突出重点、加强对特困村和特困户的帮扶。在随后召开的中央经济工作会议上他进一步指出,扶贫工作要科学规划、因地制宜、抓住重点,提高精准性、有效性、持续性。扶贫开发成败系于精准，要找准"穷根"、明确靶向，量身定做、对症下药，真正扶到点上、扶到根上。

2015年11月，中共中央、国务院作出《关于打赢脱贫攻坚战的决定》，要求把精准扶贫、精准脱贫作为基本方略，解决好扶持谁、谁来扶、怎么扶的问题。《关于打赢脱贫攻坚战的决定》庄严宣告：到2020年稳定实现农村贫困人口不愁吃、不愁穿，义务教育、基本医疗、住房安全有保障，即"两不愁，三保障"，确保中国现行标准下农村贫困人口实现脱贫，贫困县全部摘帽，解决区域性整体贫困，所有贫困地区和贫困人口一道迈入全面小康社会。脱贫攻坚战全面打响。

2015年以来，习近平关于扶贫的精彩讲话被广泛传诵："我们这一代人有这样一个情结，一定要把我们的老百姓特别是我们的农民扶一把，社会主义道路上一个也不能少，共同富裕、全面小康，大家一起走这条路。""全面建成小康社会，一个也不能少；共同富裕路上，一个也不能掉队。""小康不小康，关键看老乡。""真扶贫、扶真贫、真脱贫。""既要看数量，更要看质量。"这是人民领袖人民情怀的真情流露，也是代表伟大政党的庄严承诺。

党的十八大以来，全国共派出25万多个驻村工作队，累计300多万名县级以上机关、国有企事业单位驻村干部。他们牢记习近平的嘱托，奋战在脱贫攻坚一线，付出汗水、心血乃至生命。

2013年至2018年，中国连续6年超额完成千万减贫任务。6年间，全国累计减少农村贫困人口8239万人，贫困发生率从2012年末的10.2%下降到2018年末的1.7%。

甘肃省渭源县元古堆村新貌。

2018年12月20日,第73届联合国大会通过了"77国集团和中国"共同提交的"消除农村贫困,落实2030年可持续发展议程"决议。联合国秘书长古特雷斯表示,精准扶贫方略是帮助贫困人口、实现2030年可持续发展议程设定的宏伟目标的唯一途径,中国的经验可以为其他发展中国家提供有益借鉴。

一百

把握新发展阶段
中国共产党第十九届五中全会

2020年10月，中国共产党第十九届五中全会隆重召开。全会深入分析中国国内和国际形势，就制定国民经济和社会发展"十四五"规划和二〇三五年远景目标提出建议。

提交会议的《中共中央关于制定国民经济和社会发展第十四个五年规划和二〇三五年远景目标的建议》（以下简称《建议》）是在习近平领导下，历经200多个日夜的调研、谋划、起草、修改，完成的一份决定未来5年和15年中国前途命运的宏伟蓝图。

会议召开两个月前，

《中共中央关于制定国民经济和社会发展第十四个五年规划和二〇三五年远景目标的建议》。

习近平主持召开党外人士座谈会，就起草《建议》提出三个"新"要求：要深刻认识新发展阶段，要全面贯彻新发展理念，要着力构建新发展格局。

——新发展阶段。"十四五"时期是中国全面建成小康社会、实现第一个百年奋斗目标之后，乘势而上开启全面建设社会主义现代化国家新征程、向第二个百年奋斗目标进军的第一个五年，中国将进入新发展阶段。进入新发展阶段，国内外环境的深刻变化既带来一系列新机遇，也带来一系列新挑战，危与机并存、危中有机、危可转机。着眼未来，习近平要求以辩证思维看待新发展阶段的新机遇新挑战，要准确识变、科学应变、主动求变，勇于开顶风船，善于转危为机，努力实现更高质量、更有效率、更加公平、更可持续、更为安全的发展。

——新发展理念。"创新、协调、绿色、开放、共享"的新发展理念是习近平在党的十八届五中全会上提出的。这是深刻总结国内外发展经验教训，针对中国经济发展进入新常态、世界经济复苏低迷开出的药方。2016年1月，习近平在"山城"重庆考察期间，为五大发展理念的每一理念增添了动词：崇尚创新、注重协调、倡导绿色、厚植开放、推进共享。五组新词，丰富了五大发展理念。在即将开启全面建设社会主义现代化新征程之际，习近平再次强调，要坚定不移贯彻创新、协调、绿色、开放、共享的新发展理念，把新发展理念贯穿发展全过程和各领域，构建新发展格局，切实转变发展方式，推动质量变革、效率变革、动力变革，实现更高质量、更有效率、更加公平、更可持续、更为安全的发展。

——新发展格局。加快构建以国内大循环为主体、国内国际双循环相互促进的新发展格局，不断提高贯彻新发展理念、构建新发展格局能力和水平，为实现高质量发展提供根本保证。

按照十九大对实现第二个百年奋斗目标作出的分两个阶段推进的战略安排，《建议》对"十四五"时期中国发展作出系统谋划和战略部署，提出到 2035 年基本实现社会主义现代化远景目标：中国经济实力、科技实力、综合国力将大幅跃升，经济总量和城乡居民人均收入将再迈上新的大台阶，关键核心技术实现重大突破，进入创新型国家前列；基本实现新型工业化、信息化、城镇化、农业现代化，建成现代化经济体系；基本实现国家治理体系和治理能力现代化，人民平等参与、平等发展权利得到充分保障，基本建成法治国家、法治政府、法治社会；建成文化强国、教育强国、人才强国、体育强国、健康中国，国民素质和社会文明程度达到新高度，国家文化软实力显著增强；广泛形成绿色生产生活方式，碳排放达峰后稳中有降，生态环境根本好转，美丽中国建设目标基本实现；形成对外开放新格局，参与国际经济合作和竞争新优势显著增强；人均国内生产总值达到中等发达国家水平，中等收入群体显著扩大，基本公共服务实现均等化，城乡区域发展差距和居民生活水平差距显著缩小；平安中国建设达到更高水平，基本实现国防和军队现代化；人民生活更加美好，人的全面发展、全体人民共同富裕取得更为明显的实质性进展。

《建议》按照新发展理念，对"十四五"时期经济社会发展和改革开放重点任务作出阐述，明确了从科技创新、产业发展、国内市场、深化改革、乡村振兴、区域发展，到文化建设、绿色发展、对外开放、社会建设、安全发展、国防建设等 12 个重点领域的思路和重点工作。阐述了加强党的集中统一领导、推进社会主义政治建设、健全规定和落实机制等内容。

图书在版编目（CIP）数据

百事说百年党史 / 张秀娟，梁营，屈婷著 . —北京：东方出版社，2022.4
ISBN 978-7-5207-2578-1

Ⅰ.①百⋯　Ⅱ.①张⋯　②梁⋯　③屈⋯　Ⅲ.①中国共产党—党史
Ⅳ.① D23

中国版本图书馆 CIP 数据核字（2022）第 033008 号

百事说百年党史

（BAISHI SHUO BAINIAN DANGSHI）

作　　者：	张秀娟　梁营　屈婷
责任编辑：	王学彦　申浩
出　　版：	东方出版社
发　　行：	人民东方出版传媒有限公司
地　　址：	北京市东城区朝阳门内大街 166 号
邮　　编：	100010
印　　刷：	北京联兴盛业印刷股份有限公司
版　　次：	2022 年 4 月第 1 版
印　　次：	2024 年 3 月第 5 次印刷
开　　本：	640 毫米 ×950 毫米　1/16
印　　张：	24.75
字　　数：	298 千字
书　　号：	ISBN 978-7-5207-2578-1
定　　价：	98.00 元
发行电话：	（010）85924663　85924644　85924641

版权所有，违者必究

如有印装质量问题，我社负责调换，请拨打电话：（010）85924602　85924603